教育部人文社会科学研究规划基金项目（12YJA770042）成果

孔氏南宗研究

吴锡标　刘小成　张俊岭等　著

国家圖書館出版社

图书在版编目（CIP）数据

孔氏南宗研究／吴锡标 刘小成 张俊岭等著. — 北京：国家图书馆出版社，2015. 6

ISBN 978 - 7 - 5013 - 5619 - 5

Ⅰ. ①孔… Ⅱ. ①吴… ②刘… ③张… Ⅲ. ①孔丘（前551～前479）—家族—研究 Ⅳ. ①K820. 9

中国版本图书馆 CIP 数据核字（2015）第 126756 号

书　名	孔氏南宗研究	
著　者	吴锡标　刘小成　张俊岭等　著	
责任编辑	靳　诺	
书名题字	赵雁君	

出　版　国家图书馆出版社（100034　北京西城区文津街7号）
　　　　　（原书目文献出版社　北京图书馆出版社）

发　行　010—66114536　66126153　66151313　66175620
　　　　　66121706（传真）　66126156（门市部）

E-mail　nlcpress@ nlc. cn（邮购）

Website　www. nlcpress. com→投稿中心

经　销　新华书店

印　装　河北三河弘翰印务有限公司

版　次　2015 年 6 月第 1 版　2015 年 6 月第 1 次印刷

开　本　787×1092 毫米　1/16

印　张　20. 25

字　数　231 千字

书　号　ISBN 978 - 7 - 5013 - 5619 - 5

定　价　58. 00 元

孔氏南宗家庙正门

孔氏南宗家庙孔府大门

孔氏南宗家庙思鲁阁

孔氏南宗家庙圣泽楼

孔氏南宗家庙主殿大成殿

孔氏南宗始祖孔端友铜像

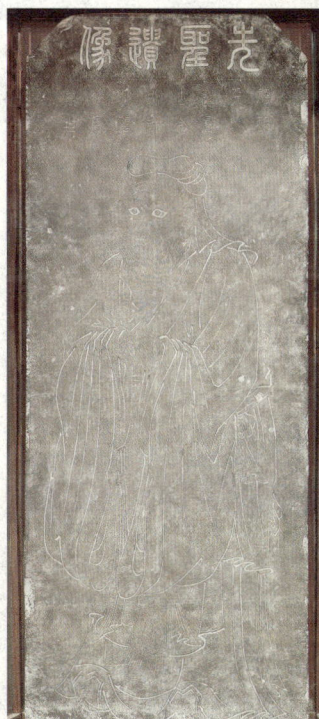

先圣遗像碑（据吴道子孔子像摹刻）

"万世师表" 匾额

"生民未有" 匾额

"泗淛同源" 匾额

《东家杂记》二卷　宋刻递修本

《孔氏六帖》三十卷　宋乾道二年刻本

以孔玠爲衍聖公誥　紹興二年

夫子之道 諭於克舜澤及萬世靡有所窮欽崇顯報
邦有彝典肆爾命爾紹于世封惟欽惟忠則無隆命
可

以孔揩爲衍聖公誥　紹興二十四年

仲尼之道垂休萬世自生民以來未有盛於此者襲
封奉祀宜及後昆以爾吉厚深醇世系可考選共乃
事是導典常命以京秩丕以公主非特爲爾身榮實
行以尊先聖也祥其懋哉惟可

以孔文遠爲衍聖公誥

孔子之後自漢以來世伴襲爵國家崇儒重道文過
前代於是有衍聖公之封爾於世次賁當紹續其務
恪恭以承祀可

以孔萬春爲衍聖公誥

朕聞盛德必百世祀而況詩書仁義之澤垂涎生民
炳然至今若干爾承休聖門端行傳序焉當焸補似
緒世封悰共烝祭當勉家荣使東魯文獻於此有考
焉不亦善乎可

《三衢孔氏家廟志》一卷　明嘉靖刻本

天一

白高明柔克　高明天也柔克寒暑不干
天尊甲地卑　成象　觀天之道而四時不忒
天行健　資始萬物資元
下降　天氣下降　高遠極窮高遠貞觀之道無私不息者清

《唐宋白孔六帖》一百卷　明嘉靖刻本

前　言

　　孔氏南宗是由孔子后裔从山东曲阜南迁浙江衢州后逐渐形成的。南宋初年，孔子第四十八世嫡长孙孔端友率部分族人扈跸南渡，寓居浙江衢州，重建宗庙，此即与曲阜孔庙具有同等地位的孔氏南宗家庙。史载自唐开元后，郡邑皆立孔庙，而"为孔氏之家庙者，惟曲阜与衢州耳"。在此后的近九百年历史长河中，孔子后裔在江南地区支分派衍，逐渐形成了以衢州孔氏家庙为重要物质遗存、以衢州孔氏为核心、支派遍布广大江南地区的孔氏南宗。

　　由于孔子在中国思想史和文化史上的特殊地位，孔氏南宗无论在孔氏家族史上，还是在中国宗族史上都具有特殊影响，因而历来备受关注。从明代衢州知府沈杰、清代士人陈朴，到民国学者徐映璞等，都对孔氏南宗及其文献给予了高度关注。二十世纪八十年代以来，学界在孔氏南宗史料整理和相关研究方面取得了较大进展。但到目前为止，孔氏南宗研究所取得的成果，与孔氏南宗所拥有的历史文化地位相比较，显然存在着较大差距。

　　长期以来，人们在论及孔氏南宗时，往往存在以下误区，即把孔氏南宗局限于孔氏南宗家庙和衢州孔氏，甚至将孔氏南宗简单等同于孔氏南宗家庙或衢州孔氏。因此，在研究孔氏南宗时也往往局限于孔氏南宗本身，且主要以孔氏南宗家庙和衢州孔氏为研究对象，而未能从江南社会视角认识孔氏南宗的演变及其历史地位，也未能从孔氏南宗视角认识江南社会文化的演变及其特点。

本书以专题研究为主，力求突破孔氏南宗家庙和衢州孔氏的局限，将研究范围立足于孔氏南宗支派广布的江南地区，着重考察孔氏南宗与江南社会文化的互动关系，通过梳理孔氏南宗形成、演变及其与江南社会文化互动演进的历程，从中揭示孔氏南宗的文化内涵与时代价值；通过梳理儒家文化从庙堂走向民间并与民间逐渐融合的历程，从中揭示孔氏南宗在江南思想史和文化史上的地位。

全书由五章三部分组成。第一部分即第一章，对明代以来对孔氏南宗相关文献的搜集、整理、史实考订等工作，以及孔氏南宗研究现状作了全面而系统的梳理，并对今后的研究提出了方向性思路。本章厘清了孔氏南宗、孔氏南宗家庙与孔氏南宗文化三者之间的关系，认为孔氏南宗这一概念由以衢州孔氏家庙为重要物质遗存、以衢州孔氏为核心、支派遍布广大江南地区等三个核心要素组成；孔氏南宗文化则是孔氏文化与江南文化在长期互动融合基础上而形成的、以儒家文化为核心内容的区域文明教化体系。第二部分由第二、三、四章组成，立足于孔氏南宗的宗族文化及其与江南社会、文化教育的互动融合等视角，阐述孔氏南宗的作为与影响。第二章着重梳理了孔氏南宗形成、发展与演变的基本历史脉络，探讨了孔氏南宗家庙与江南祠堂建筑文化的关系；以谱牒传承与敬宗收族等活动为重点，并以明清时期为个案，着重展示了孔氏南宗的宗族形态及其文化内涵与特征。第三章运用综合分析与个案研究相结合的方法，以孔氏南宗的交游活动和政治活动为主要考察点，阐述其交游的文化内涵与社会影响、政治主张与政治实践及其成效，从而揭示了孔氏南宗与江南社会的互动融合。第四章以孔氏南宗的文献整理和重教兴学，及其与南宋书院和理学家的互动关系为切入点，论述了孔氏南宗对江南教育和思想文化的影响，揭示了孔氏南宗对江南思想文化发展的贡献。第三部分即第五章，以历史与现实互动的视角，阐释了孔氏南宗的文化精神与时代意义。首先，从宗族文化、地方文化、政治文化、思想文化等维度和层次分析了孔氏南宗的文化内涵和精神，揭示其传承机制；其次，从和谐思想与平民化教育两个角度揭示其当代意义和启示，以期古为今用，有裨当下。

在大力传承和弘扬中华优秀传统文化的当下，对孔氏南宗开展系统研究无疑具有重要意义。首先，通过孔氏南宗历史脉络的系统梳理、文化精神与传承机制的揭示，为传统文化的传承与创新提供新的思路。其次，通过具有典型意义的孔氏宗族的历史透视，为重新审视宗族文化在中国历史进程中的作用提供新的视角。最后，通过南北文化有机融合的孔氏南宗文化研究，丰富江南区域文化内涵，并为区域文化史研究提供新的历史解释。

"孔洙让爵"后处于平民地位的孔氏南宗，其所作所为不仅体现出深刻的人文价值，而且具有重要的现实借鉴意义。孔氏南宗时刻不忘"圣裔"身份，以衍圣弘道为己任，以平民之地位，行平民之凡事，履圣裔之职责，从中体现的坚守精神和担当意识所折射的社会责任感，为现今重构社会责任体系提供了重要启迪；其"以治耕而治其心"的德才并育的教育理念以及"教以孝弟忠信，立身行己之事"的教育实践，充分体现了教育的育人本质，为当今的教育改革树立了典型示范；其主动融入民间，积极传承和创新儒家学说所体现的文化自觉意识，为当今学术研究成果的普及化和大众化提供了有益思路。所有这些，不仅是我们研究孔氏南宗的出发点，更是我们的重要价值指向和努力目标，即把孔氏南宗的文化精神与当今社会的时代特征紧密结合，为儒家文化为代表的中华优秀传统文化，在培育弘扬社会主义核心价值观的实践中发挥引领示范开创一条可行的路径。

著　者

2015 年 5 月

目　录

第一章　孔氏南宗研究现状及其趋势

　　众所周知，孔子是中国历史上最伟大的教育家、思想家，儒家学说的创始人和奠基人。孔子所创立的儒家思想不仅整整影响了两千多年的中国传统社会，而且在当今社会仍具有重要的价值和意义。正因为如此，历代对孔子及其思想尊重至极，"孔子垂教万世，天下共尊其教，故天下得通祀孔子，报本之礼不可废"[①]；"孔子道高如天，德厚如地，教化无穷如四时，为盛世帝王之师"[②]。不仅如此，上至帝王下至百姓把对孔子的尊崇延伸到其后裔身上，其子孙后裔因而倍得恩泽。孔氏家族因此成为中国历史上具有特殊地位和意义的家族，"衍圣弘道"成为孔子后裔的重要历史使命和社会责任。孔子后裔在拥有特殊政治、经济和社会地位的同时，也肩负着特殊的使命和责任，此所谓"礼之所在，君子慎之，况其子若孙，人将曰圣人之后也，将以圣人望之，

---

　　①　张廷玉等：《明史》卷一三九《钱唐程徐列传》，中华书局 1974 年版，第 3982 页。

　　②　康熙《衢州府志》卷七《圣庙图第七·修建·罗璟记》。

崇德象贤"①。如此，孔子后裔尽管因各种原因在历史上也曾出现过不同规模的迁徙，如孔潜于汉末避乱迁居会稽（今绍兴），孔昌弼于唐末避地广东南雄，孔桧于五代时期避乱至浙江平阳等等，但孔子的嫡长孙们却一直在山东曲阜，直到第四十八代嫡长孙孔端友，他们"虽然也曾经到外地做官，但是一代代的踪迹却从未离开过曲阜"，他们与孔氏族长一道"主持着孔子的祭祀，办理着曲阜的民事，苦读着孔子的典籍"②。然而到第四十八代孙孔端友晚年即两宋之交，因金兵南下而引发的一场政治变革却改变了孔子后裔的历史命运和孔氏家族的历史轨迹。

南宋建炎二年（1128）十一月，宋高宗于扬州郊祀，孔子第四十八世孙、衍圣公孔端友（字子交，1078—1132）与孔氏族长、孔子第四十七世孙孔传（字世文，1065—1139）奉诏陪祀，祀毕返鲁。不久，宋室危亡，形势危急，孔氏族人在孔端友、孔传率领下，扈跸南渡，于建炎三年（1129）辗转来到衢州。孔子后裔在南渡途中，历经坎坷，寓衢以后，筚路蓝缕。这就是历史上著名的孔氏南渡，也被称为孔氏大宗南渡。孔氏南渡成为孔氏家族史上具有转折意义的重大事件。

孔子后裔在南渡过程中充分展现了孔氏家族始终秉承的诗礼精神、忠义襟抱以及勇者气局，真可谓惊天地、泣鬼

---

① 康熙《衢州府志》卷七《圣庙图第七·修建·罗璟记》。

② 崔铭先：《孔夫子的嫡长孙们》，浙江人民出版社2009年版，第8—9页。

神。孔子后裔南迁并被朝廷赐家衢州，使衢州成为闻名遐迩的"东南阙里"①、"南孔圣地"。孔氏南渡这一事件对于孔氏家族本身而言，或许是不幸之事，然而对于衢州、浙西南、浙江乃至江南地区而言，则是莫大之幸事。从人文环境与教育层面上说，孔氏南渡使衢州直至江南士人与民众得以与"圣裔"为邻，近距离地仰其风神、闻其教诲、观其风范。从文化发展与学术层面上说，孔氏南渡推动了浙西南乃至江南地区以儒学为核心的学术繁荣与文化发展，促进了中原文化与江南文化的融合互动，极大地丰富了江南文化的内涵。从文明教化与社会层面上说，孔氏南渡使广大的江南士民如沐春风，底蕴深厚的孔氏宗族文化与江南各地的大家望族所体现的宗族文化，互相吸收、互为影响，形成一股强大的文化合力，对江南地区民风民俗的改善和社会环境的优化发挥了良好的典范作用，对推动江南社会的文明进步产生了重大影响。所有这些，从不同侧面展示了孔氏南宗文化的丰富内涵和深远影响。滕复先生认为，孔氏南宗对于南宋以后浙东学术及其发展产生了三方面影响：一是使儒家"崇文厚德"的社会风气进一步深入民间，对于宋代以后浙江的社会起到了移风易俗的作用，从而构成浙东学术繁荣的丰沃土壤。二是孔氏南宗文化促进了儒学在浙江的进一步传播，使浙东学术及思想的发展遵循儒学的轨道但又融合了本土注

---

① 据《辞海》上海辞书出版社 1989 年版：阙里，春秋时孔子住地，在今山东曲阜城内阙里街。因有两石阙，故名。孔子曾在此讲学。后建有孔庙，几占全城之半。旧亦曾用作曲阜的别称。衢州地处东南地区，因孔氏南宗家庙在此，故被称为"东南阙里"。

重实际的特点。永嘉学派"以经制言事功"的思想主张，可以看出其中的某种关联。三是孔氏南宗在浙江的文化存在及发展，某种程度上逐渐培育了浙江文化和学术的主流意识。也有人认为南宗儒学所推崇的"义利并重"主张，不仅推动了南方思想文化发展的进程，而且催生了近代以来江南的商业文明和工业文明，并且直接作用于长三角经济和珠三角经济社会的发展①。

然而到目前为止，对于孔氏南渡这一在中国思想史和文化史上具有重大影响的历史事件，以及对以此为原点而衍生的孔氏南宗的形成发展、宗族活动、文化传承及其社会影响诸命题，具有系统性和深层次的研究成果仍显得不足。当然，对孔氏南宗及相关问题展开系统而深入的研究，确实具有较大难度。原因之一是孔氏南宗支系众多、头绪纷繁；原因之二是除族谱资料相对完整之外，有关孔氏南宗的文献资料十分缺乏，而且资料散佚情况也十分严重。

一、两个重要概念：孔氏南宗研究的逻辑起点

厘清孔氏南宗的历史文化渊源、演变与发展脉络，明确孔氏南宗家庙的地位与文化意义，对于分析孔氏南宗在中国思想史和文化史上的地位至关重要。因此，准确把握孔氏南宗与孔氏南宗家庙两个概念的含义及其相互关系，必然成为

①　转引自：《马梅芝委员的发言——打响南孔文化品牌提升浙江文化软实力》，http：//www. zjzx. gov. cn/Item. aspx? id = 9051。

孔氏南宗研究的逻辑起点。

1. 孔氏南宗

南宋初年扈跸南渡之后,孔子后裔居于以浙江衢州为中心的江南地区。之所以说以衢州为中心,是因为衢州是孔氏家庙所在之地,也是衍圣公与五经博士居住之地。在继南渡之前已袭封为衍圣公的孔端友之后,孔子第四十九世孙至第五十三世孙孔玠、孔搢、孔文远、孔万春、孔洙,先后被南宋朝廷封为衍圣公。在衍圣公与孔氏族长的率领下,孔氏族人在江南广大地区积极开展传统的宗族活动,南北两宗于是形成极大反差,"靖康之变,曲阜中衰,而南渡族属因宋室南迁而形成南宗,衢州也就成为孔子后裔的第二故乡,史称'东南阙里'"①。

孔氏南宗是相对于以山东曲阜为中心的北宗而言的。有关学者认为,可从狭义与广义两个维度上阐释和理解孔氏南宗这一概念。

首先从狭义上说,孔氏南宗是指南宋初年随宋室南渡的孔氏族人及其后代,"'宗'者,此系'宗族''宗派'之谓也。'南宗派'的内涵,是宋金战争和对峙时期,始终效忠于赵宋王朝而南迁的孔子后裔;其外延则是所有与孔端友一起,或像他一样从宋室南迁的孔氏族人"②。此解释很显

---

① 《衢州孔氏南宗家庙志》,浙江人民出版社 2001 年版,第 3 页。

② 徐寿昌:《孔氏南宗史实辨正》,载孔祥楷主编《儒学研究》(上),杭州出版社 2006 年版,第 121 页。

然从狭义维度上揭示了孔氏南宗的内涵与外延，这也正是后来大多数学者以及广大社会民众所认同的孔氏南宗，本书的写作也正是主要基于这一维度。

其次从广义上说，孔氏南宗除了扈从宋室南渡的孔氏族人及其后代之外，还包括南宋以前已南迁、南宋时归附南宗衍圣公的孔氏后代，如会稽支孔氏始于孔子第二十二世孙孔潜避地会稽；广州支孔氏始于孔子第四十一世孙孔昌弼于唐末时避地南雄，其后移居广州；温州支孔氏始于孔子第四十二世孙孔桧于后唐时迁居温州，等等。孔氏大宗南渡以后，衢州成为南宋境内各支孔氏族人（包括南宋以前南迁的孔氏族人）会族的中心，"南宋境内之孔氏，却仍以衍圣公马首是瞻，心悦诚服地接受孔氏南宗府管理。即便是早于孔端友南迁的孔氏族人，亦到衢州叙旧典、续昭穆，也把衢州当做是东南之阙里，心甘情愿地接受其制约"[①]。这样，南宋以前先后南迁的孔氏族人及随宋室南渡的孔氏族人便以衍圣公（南宗）为中心，形成了规模庞大、支派众多的更广意义上的孔氏南宗。如上所述，衢州之所以成为中心，当然是源于衍圣公、五经博士的地位以及衢州孔氏家庙这一重要物质遗存。

2. 孔氏南宗家庙

对于孔氏南宗族人而言，南宗世子作为他们的宗主，孔

---

① 崔铭先：《孔夫子的嫡长孙们》，浙江人民出版社 2009 年版，第539 页。

氏南宗家庙自然而然地成为心目中的圣地；对于衢州乃至江南世人而言，"公卿大夫以及韦布之士，遇孔子之后，亦莫不厚敬爱以相接"①，拜谒孔氏南宗家庙则如"登洙泗之堂"②。的确，孔氏南宗家庙作为孔氏南宗以及儒家文化的重要象征符号，具有特殊历史地位与丰富文化内涵。

首先，孔氏南宗家庙和各地学庙具有本质区别。孔氏南宗家庙是与曲阜孔庙具有同等地位的孔氏家庙，"自唐开元后，郡邑皆立孔子庙，有司岁时奉祠，至于今不废，而为孔氏之家庙者，惟曲阜与衢州耳"③。

曲阜孔庙是中国历史上第一座孔庙，当然也是第一座孔氏家庙。有学者曾对孔庙的发展历史作了较为清晰的梳理，认为孔庙在北朝时期因"孝文帝下诏全国各郡县学均祀孔子"而发生了"历史性的转折"；隋朝时期，要求"各级学校在其庙内释奠孔子"；唐朝时期，"各地孔庙有了进一步发展"④，"武德二年（619），始诏国子学立周公、孔子庙；七年（624），高祖释奠焉，以周公为先圣，孔子配……贞观二年（628），左仆射房玄龄、博士朱子奢建言……乃罢周公，升孔子为先圣，以颜回配。四年（630），诏州、县

---

① 杨士奇：《东里集（文集）》卷三《鲁林怀思图诗后序》，文渊阁四库全书本。

② 康熙《衢州府志》卷七《圣庙图第七·修建·李之芳记》。

③ 康熙《衢州府志》卷七《圣庙图第七·修建·李之芳记》。

④ 张晓旭：《一、中国孔庙发展史纲》（《中国孔庙研究专辑》），《南方文物》2002 年第 4 期。

学皆作孔子庙"①。

根据性质或类别，孔庙可分为孔氏家庙、国庙和学庙三类②。古代郡邑所立的孔子庙（简称孔庙）就是通称的学庙或文庙，是古代士人祭祀孔子的重要场所。文庙遍布国内各地，同时海外一些国家也建有许多孔庙。根据曲阜《阙里孔府档案》的相关统计，到清朝末年，全国各地都设有孔庙，"数量达1560多处。现存保护完好，或有遗址、遗迹可寻的有近200处"。在国外，"朝鲜历史上有362个礼制性孔庙"，日本、越南、缅甸、英国、德国、美国等国家都曾建有孔庙③。孔庙在全国各地乃至海外的纷纷建立，充分体现了人们的尊孔情愫，无论对于推动儒学的传承，还是增强世人的信仰都具有重要意义。

与学庙所不同的是，衢州孔氏家庙是"孔氏嫡系长房长孙主持供奉先祖的庙宇"④，这也正是只有家庙才能拥有的地位和规格，因此，衢州孔氏家庙历来为政府和民众所重，"自京师至直省各府州县莫不有学，学皆祀孔子，而为孔氏之家庙者则惟曲阜与衢"⑤。所以，古人在谈及衢州孔

---

① 宋祁、欧阳修等：《新唐书》卷十五《礼乐五》，中华书局1975年版，第373页。

② 张晓旭：《二、历史上孔庙的称谓和类型》（《中国孔庙研究专辑》），《南方文物》2002年第4期。

③ 张晓旭：《一、中国孔庙发展史纲》（《中国孔庙研究专辑》），《南方文物》2002年第4期。

④ 周斌：《衢州南宗孔氏家庙》，《浙江档案》2009年第9期。

⑤ 民国《衢县志》卷十六《碑碣志一·清道光重修衢郡至圣家庙碑记》。

氏家庙时，往往与曲阜孔庙相提并论，方豪赞其为"地位崇广，规制壮严，遐瞻阙里，实相辉映，斯文金快，吾道益尊"①；帅承瀛称其"与阙里之堂，南北并峙"②。衢州孔氏家庙作为与曲阜孔庙相映成辉的家庙，在世人心目中拥有极其神圣的地位，虽历经沧桑，但历代对此所进行的精心修葺和维护，使其永远矗立在江南大地之上和人们心目之中，"庙既成，因序其巅末，以告后之君子踵而增新之"，从而使"衢之家庙与曲阜并垂不朽"③。

其次，衢州孔氏家庙与曲阜孔庙具有同等重要的文化内涵与意义。就建筑风格和文化内涵而言，衢州孔氏家庙与曲阜孔庙存在差异。崔铭先先生曾就两者作过较为详尽的比较，认为曲阜孔庙具有很高地位，历代多有帝王亲临曲阜祭祀孔子，并指出"曲阜有两庙。一是名声显赫之孔庙，二是知者甚寡之家庙。前者是皇家祭祀之所，后者是宗子祭祖之处。两庙分设，各有自己的作用"。衢州孔氏家庙则与之不同，其拥有的"双重作用"正是其特殊性所在，更突显了它的历史文化地位。第一，从文化内涵上分析，一方面，衢州孔氏家庙的兴衰，是"国家安定与否的象征"；一方

---

① 民国《衢县志》卷十六《碑碣志一·明正德衢州孔氏家庙碑》。
② 民国《衢县志》卷十六《碑碣志一·清道光重修衢州孔氏家庙碑记》。
③ 民国《衢县志》卷十六《碑碣志一·清道光重修衢郡至圣家庙碑记》。

面，衢州孔氏家庙"强烈地体现了孔子的主张"①。第二，从功能上分析，衢州孔氏家庙一方面具有官庙性质，即作为历代"统治者推崇孔子思想的物化象征"；一方面具有家庙性质，即具有"家祭的作用"，是孔氏南宗族人家祭的重要场所。此外，曲阜孔庙以官庙性质闻名于世，而衢州孔氏家庙则以"家庙"性质见称于历代典籍和碑记，"南宋礼部尚书赵汝腾称之为南渡家庙，元代金华学者胡翰称之为孔氏家庙，明代开化方豪称之为衢州孔氏家庙，清代知府谭瑞东称之为衢郡至圣家庙，现在则将之定名为孔氏南宗家庙"。但无论名称如何，孔氏南宗家庙却"始终作为一种家庙建筑在生存发展"②。

当然，在孔氏南宗历史上也曾有过类似"衣冠祭仪，混同流俗"③的坎坷历程，但衢州孔氏家庙不仅始终与朝廷（国家）的兴衰息息相关，而且与孔氏南宗本身的历史命运息息相关。从该意义上说，孔氏南宗家庙是孔氏南宗历史的有力见证者，"南北相比，南方的衢州孔氏家庙所表现的大起大落则更加突出地表现了历代皇朝的兴衰、动乱与安定"④。

动乱之秋的扈跸南渡、远离故土之举，赋予衢州孔氏家

---

① 崔铭先：《孔夫子的嫡长孙们》，浙江人民出版社 2009 年版，第 516—523 页。
② 《衢州孔氏南宗家庙志》，浙江人民出版社 2001 年版，第 35 页。
③ 嘉靖《衢州府志》卷十二《人物纪三·孔氏家庙》。
④ 崔铭先：《孔夫子的嫡长孙们》，浙江人民出版社 2009 年版，第 521 页。

庙以独特的历史文化内涵与地位，"由春秋以来，传序五十有三世，庙于鲁者，礼也；舍鲁而南者，宗子去国，以庙从焉，亦礼也"①。无论是"宗子去国，以庙从焉"，还是"庙于鲁者"，都是基于先圣孔子所倡导的"礼"。就孔氏南宗家庙建筑而言，也合乎礼的精神，从"布局、配置乃至各个方面均反映了儒家的礼治思想和宗法伦理道德的观念"②，它不但"沿袭了曲阜家庙的惯例"，而且"一直保留着思鲁阁，还悬挂起'东南阙里''泗浙（引者注："浙"在匾额上为"淛"字，"淛"系"浙"的异体字）同源'等匾额，表达了强烈的思乡之情。可见，它的内容远比曲阜的孔氏家庙丰富"③。孔氏南宗家庙从建筑规制、风格以及宗族活动诸方面，充分折射出其中所蕴含的强烈的礼义精神，"衢之庙为博士子孙所世守，家法常存，式凭如在，与阙里之堂，南北并峙，四方观礼而至止者，不啻溯洙泗而跻凫峄也"④。

孔氏南宗家庙不仅是孔氏族人开展各项宗族活动的场所，而且一直是江南士人和民众心目中的圣地。孔氏南宗家庙的建立与修葺、孔氏南宗族人的所作所为以及孔氏南宗的繁荣发展，对江南社会文化产生了广泛而深远的影响。同

---

① 弘治《衢州府志》卷十四《孔氏家庙记》。
② 《衢州孔氏南宗家庙志》，浙江人民出版社 2001 年版，第 37 页。
③ 崔铭先：《孔夫子的嫡长孙们》，浙江人民出版社 2009 年版，第 521 页。
④ 民国《衢县志》卷十六《碑碣志一·清道光重修衢州孔氏家庙记》。

时，孔氏南宗也深受江南地区政治、社会、文化以及风俗等方面的广泛影响，自觉地融入到当地社会环境和文化风俗之中，由此形成了较为鲜明的文化特色。

我们可以从上述分析中得出以下结论：孔氏南宗这一概念由三个核心要素组成：一是以衢州孔氏家庙为重要物质遗存，二是以衢州孔氏为核心，三是支派遍布江南广大地区。孔氏南宗文化则是孔氏文化与江南文化在长期互动融合基础上形成的以儒家文化为核心的区域文明教化体系。

二、孔氏南宗研究的历史与现状

1. 历史上的文献整理工作

有关孔氏南宗史料的挖掘、整理与研究，实际上早在南宋时期就已经开始。历代衢州地方官员非常重视孔氏南宗有关文献的搜罗、整理与编刻，明代衢州知府沈杰在推动南宗复爵同时，重印孔传《东家杂记》、编刻《三衢孔氏家庙志》可谓其中代表。地方士人也十分关注孔氏南宗的文献整理，清道光年间（1821—1850），衢州士人陈朴因"孔氏家庙栋宇倾圮，心焉伤之"，在"采史鉴及各家文集百余种尊圣之言"① 的基础上，辑成《孔氏家庙志》二卷。民国年间，衢州宿儒徐映璞在广泛搜罗和认真考订相关史实的基础上著成《孔氏南宗考略》，较为详尽地介绍了南渡以后孔氏

① 民国《衢县志》卷十四《艺文志上·史部·孔氏家庙志》。

南宗的世系、圣裔支派、衢州家庙、衢州家塾、庙塾历代碑碣、孔氏南宗历代名贤事迹等内容，影响极大。孔庆臣高度评价了该书的价值与地位："于吾宗世系源流、典章文物，网罗赅备，折衷至当。"① 此外，历代衢州地方志也十分注重对孔氏南宗相关史实的考证与记载。所有这些，为研究孔氏南宗留下了大量难得的珍贵史料。

2. 1949 年以来的文献整理与研究

1949 年以来，孔氏南宗一直受到政府和社会各界的大力关注和重视，尤其是二十世纪八十年代以来，围绕孔氏南宗史料的整理和研究做了大量工作，因而在孔氏南宗史料整理、重大史实考证、孔氏南宗家庙研究、孔氏南宗思想及其影响研究等方面取得了一定成果。

（1）史料搜集和整理

孔氏南宗史料的散佚现象相当严重，史料搜集和整理的难度之大可以想见。徐寿昌、崔铭先等先生为此付出了大量心血，为深入研究孔氏南宗及其文化奠定了良好基础。2001年，崔铭先先生校勘的《东家杂记》（孔传撰）、《三衢孔氏家庙志》（沈杰辑）、《孔氏南宗考略》（徐映璞撰），由衢州市政协合编为一册，并于 2013 年编入由中华书局出版的《衢州历史文献集成》（文集专辑）。2004 年，由崔铭先先生整理辑成、收录七百多首的《孔氏南宗府藏诗》，由崔铭先先生编

---

① 徐映璞：《两浙史事丛稿》，浙江古籍出版社 1988 年版，第 52页。

辑、祝瑜英女士审定的《孔氏南宗家庙诗稿》，均由孔氏南宗家庙管委会内部刊印。孔子第七十五世嫡长孙孔祥楷先生认为，《孔氏南宗府藏诗》的编印是"孔氏族人于历史文化名城之贡献"[①]；2009年，由叶裕龙先生编辑、祝瑜英女士审定的《孔氏南宗家庙诗稿》第二辑刊印。2004年，由徐寿昌先生整理编辑的《孔氏南宗史料》（卷一至卷八）由孔氏南宗家庙管委会内部刊印，徐氏所辑"史料"，"按宋、元、明、清、民国的历史顺序，集录了一百多部史书、典志、史志、家志、别集中涉及衢州孔氏家庙的历史资料，为南孔文化的研究由文献收集转向文本研究提供了坚实的基础，也为深入研究南宗历史开创了崭新的领域"[②]。此后，徐寿昌先生又从历代史籍、藏书目录、别集以及谱牒等文献中辑录了有关史料，汇编成《孔氏南宗史料》（卷九至卷十六），并于2009年由孔氏南宗家庙管委会内部刊印。此外，徐寿昌先生还辑录了孔氏南宗的其他相关史料，如孔思模的《东家举要》（部分）、《永康〈孔氏宗谱〉补遗》，等等。

（2）相关研究及主要成果

一是孔氏南宗概貌及历史活动。在对孔氏南宗史料进行搜集与整理的同时，从专业人士到业余爱好者，对孔氏南宗及其文化表现出较大关注，着重围绕孔氏南宗概貌及历史活动展开了探析。徐寿昌先生就孔氏南宗的一系列重大史实作

---

① 孔祥楷：《〈孔氏南宗府藏诗〉序》，载《孔祥楷文稿》，人民日报出版社2006年版，第54页。

② 《让历史照亮前程——记〈大国崛起〉主创人员之一、衢籍学者徐健》，http：//www.zjqzez.com/onews.asp？id=1707。

了考证，"对《四库全书》中宋代至清代的全部文献，进行了'拉网式'的研究，从中发现了不少被岁月淹没了的珍贵资料"，就"孔氏大宗扈跸南渡后的若干有影响的问题进行考证，发表了7篇《孔氏南宗辨正》，达十万余字"①，旁征博引，条分缕析，对诸如"'避难'还是'扈跸'""孔端友、孔玠、孔搢考""谁始寓衢州""从'求孔子后'到'疑所立'和'议所立'""孔端友考""孔洙考""孔彦绳复爵的前前后后"等若干重大问题进行了详尽考证。《衢州孔氏南宗家庙志》（浙江人民出版社，2001年版），集众人之智慧，对当时"所能见到的所有南孔文献档案，志乘野史广泛搜集，同时又注意吸取近年来我市南孔文化研究所取得的成果，并以科学的方法，将这些资料分门别类加以编排，使八百多年史料萃于一帙"②。从文献整理的角度看，《衢州孔氏南宗家庙志》对推动孔氏南宗研究的确具有较高价值。徐建平、章浙中主编的《南孔文化》（浙江大学出版社，2004年版），涉及孔氏南宗渊源（南渡、让爵、世系）、家规、祭孔礼仪以及孔氏南宗与衢州教育的关系等内容，对孔氏南宗文化的普及传承、衢州中小学儒学校园建设具有促进推动作用。王霄冰的《南宗祭孔》（浙江人民出版社，2008年版），一方面在考证孔氏南宗重大史实和孔氏南宗祭孔的基础上，认为历史上南宗祭孔的价值主要在于其"正

---

① 《孔氏南宗史研究有新进展》，《浙西文学》（内部资料）2002年（冬）。

② 木铎：《一个个孔子后代迎面而来——写在〈衢州孔氏南宗家庙志〉出版之际》，《浙西文学》（内部资料）2001年（冬）。

统性""地方性和民间性",一方面在梳理和分析"孔子与中华民族的文化记忆""儒家思想的当代价值""当代祭孔的历史和现实意义"等问题的基础上,阐释了衢州当代祭孔的时代特色,并对进一步完善孔氏南宗祭孔提出了建设性意见。乔卫平先生的《孔氏南北宗裔若干世系考辨》(《孔子研究》2009 年第 4 期),就孔氏南宗与江南其他孔氏族系之间的关系、世系袭封的相关规定以及南北合宗前的世系争议等问题作了考证,认为宋、金、元三朝存在四个衍圣公世系,承袭先后顺序为"南宗、金代北宗、合宗后的孔思晦(孔元孝世系)、元代北宗",从而较为清晰地展示了宋、金、元三朝时期衍圣公袭封的历史情形。刘国庆先生的《孔氏南宗谱牒述略》、占剑先生的《清末南宗孔府机构分析》、陈定謇先生的《孔氏赐居衢州一说》(以上均载《南孔研究》,中国戏剧出版社,2001 年版),对孔氏南宗的谱牒修订等问题作了论述。山东师范大学齐鲁文化研究中心赵文坦先生的《孔氏南宗"让爵"考》(《史学月刊》2012 年第 3 期)就"孔洙让爵"这一重大历史事件的细节尤其是元世祖对孔洙的赞语作了考证。郭冰的《孔氏南宗研究》(浙江工商大学硕士学位论文,2014 年),概述了孔氏南宗发展的历史,从孔氏南宗嫡裔子孙的活动与孔氏南宗家族家规对族人的影响两方面探讨了南宗族人的宗族活动,论述了孔氏南宗的文化活动。

二是孔氏南宗家庙建筑与文化。孔氏南宗家庙作为孔氏南宗的重要物质遗存和精神文化象征,其建筑风格及文化内涵历来受到人们关注。崔铭先生的《衢州孔氏家庙及其文化内涵》（载《衢州孔氏南宗家庙志》），揭示了衢州家庙的双重作用以及深厚的文化内涵。柴福有、汤春山等先生的《衢州南宗孔府遗址发掘报告》（载《南孔研究》），就地层关系、明代遗迹与遗物、清代遗迹与遗物等方面内容，对1998年所进行的两期考古发掘成就作了总结。占剑先生的《衢州孔氏南宗嫡派和家庙》（《寻根》2006年第4期），着重梳理了从南宋到清代的祭孔礼仪。李小宁先生的《孔氏南宗家庙庙制探析》（《文化史论》2002年第1期），对历代家庙的建筑布局、规制及其与南宗子孙生活之间的关系作了详细分析。庄月江先生的《孔氏南宗家庙奉祀官及其他》、孔柳先生的《孔裔南迁与孔氏南宗家庙》、郑艮安先生的《家庙、孔庙与"祭之以礼"》（以上均载《南孔研究》）、徐雪莲女士的《孔氏南宗家庙现存文物的特点及意义（载《儒学研究》上）、周斌先生的《衢州南宗孔氏家庙》（《浙江档案》2009年第9期），分别就南宗奉祀官、家庙修建、文物遗存等问题对孔氏南宗文化作了初步探讨。

三是孔氏南宗的文化影响。孔氏南宗诗礼传家，族学相承，其思想文化随着时代的变迁而不断演进发展，并且通过政治、经济和教育等方面的活动，走向民间，走向社会，产生了广泛而积极的社会影响。崔铭先生的《孔夫子的嫡长孙们》（浙江人民出版社，2009年版），对孔子嫡长孙的事迹进行了系统梳理，重点在于描写"衢州孔氏的经历"，从各个侧面展示了孔氏南宗宗子和族人的忠君爱国、扈跸南渡、教诲族众、收宗敬族、为官尽责、化民成俗、为师尽心、传道授业等事迹，既展现了孔子嫡长孙之性情志趣，也揭示了孔氏南宗的文化精神和内涵。崔铭先先生的《孔氏南宗之作为及其影响》（载《儒学研究》下），从忠君爱国、担任学官、创办学校、授业解惑、崇仁尚孝、克己律族等方面阐述了孔氏南宗的作为，并从促进学术中心南移、弘扬孔子重义而不轻利思想、促进商业发展和文学艺术发展等方面，揭示了孔氏南宗对江南社会文化发展的影响。陈定謇先生的《孔氏的迁徙和中国文化中心的转移》、金召卫先生的《孔氏南宗对衢州教育的影响》、鄢卫建先生的《孔氏南宗与衢州的刻书业》（以上均载《南孔研究》）、雷发云先生的《儒学南渐中孔氏南宗的贡献》（载《儒学研究》上）、何蔚萍女士的《南孔儒学对"长三角"的影响》（《小康》2006 年第 5 期）等，分别对孔氏南宗的思想、教育及文化影响作了探讨。

与此同时，有些研究也关注孔氏南宗对儒家思想的继承与发展。徐寿昌先生的《孔氏南宗的教育思想与教育实践》（载《南孔研究》），阐述了孔氏南宗教育思想的演进，并结合孔氏南宗的教育实践及浙西南地区儒学的演进与教育的发展，肯定了孔氏南宗在"为儒学的南渐、北传""为中华民族精神的铸造"等方面所作的历史贡献。汪群的《孔氏南宗对孔子和谐思想的发展》（《台州学院学报》2008 年第 1 期），认为孔氏南宗继承和发展了孔子修己安人、有教无类、礼让治国等思想主张，对江南社会的和谐发展作出了重要贡献。

四是孔氏南宗支系研究。孔氏南渡以来，在广大的江南地区形成了众多支系，因而对孔氏南宗支派的考研也自然成为人们关注的焦点。洪铁城先生的《沉浮槠溪》（机械工业出版社，2006 年版），对婺州孔氏、槠溪孔庙进行了考证，在探究婺州孔氏形成与发展的同时，揭示了婺州孔氏的宗族文化及其历史文化影响。孔繁廉先生的《温岭孔子后裔》（香港天马图书有限公司，2005 年版），就温岭孔氏的形成、宗族活动以及当地遗迹（如江绾孔庙、温岭孔庙等）等问题作了较为系统的梳理，厘清了温岭三支孔氏的历史文脉，认为温岭三支孔氏的支祖分别是孔延集、孔端廉、孔彦邦，并得出其中的孔端廉是在南宋初年扈跸南渡而来的结论。孔庆华先生的《临川孔氏考略》（《东华理工学院学报》2004 年第 2 期），对临川孔氏的始迁祖身世、宗族活动、族人的德行、事功、著述等方面进行了考证，认为临川孔氏"始迁祖有二：孔彦邦、孔琬，同为孔子四十九代孙"，其中孔琬为孔传之孙，孔琬一支属衢州派长支。所有这些，拓展和丰富了孔氏南宗的研究领域和研究内容，为人们更全面、更深入地认识孔氏南宗奠定了良好基础。

　　综观上述研究，我们欣喜地看到，在孔氏南宗史料的挖掘与整理、孔氏南宗相关专题研究等方面，都取得一定突破和成果。然而，相对于孔氏南宗的历史之久、规模之大、影响之深而言，对孔氏南宗的研究仍未引起学界的高度关注，缺乏应有的广度和深度，因而具有很大的学术空间。目前为止的研究群体则主要集中于衢州本土的文史工作者，远未上升到全国性的研究层面。衢州市委、市政府于 2004 年开始举办"中国·衢州国际孔子文化节"，并于 2006 年开始举办"中国·衢州国际儒学论坛"。举办文化节和论坛的重要目的之一就在于推动孔氏南宗文化的深入研究。但至今为止，在历届儒学论坛所应征到的国内外专家、学者的论文中，鲜有涉及孔氏南宗的论文，与孔氏南宗紧密结合的研究成果则是屈指可数。这既从一个方面说明国内外学术界对孔氏南宗缺乏应有的认知度与关注度，又从一个侧面反映出深入推进孔氏南宗文化研究的重要性和迫切性。

（3）孔氏南宗文化研究中心

令人欣慰的是，在 2006 年举行的第二届"中国·衢州国际孔子文化节"暨首届"中国·衢州国际儒学论坛"上，时任浙江省社会科学院院长的万斌教授向当时处于筹建本科的衢州学院授予浙江省社科院孔氏南宗文化研究中心的牌子，宣告了孔氏南宗文化研究中心的成立。之后，衢州学院主要采取内招与外聘结合的形式，着手组建研究队伍。所谓内招，即从学校内部选拔具有较好基础并有此志趣的教师为专兼职研究人员；所谓外聘，即聘请若干在儒学或中国传统文化研究方面具有较高造诣的专家担任兼职研究员或顾问。接着，研究中心积极开始开展文献整理和调研工作，逐渐明确研究方向，认真谋划和申报各级各类课题，积极开展相关研究。

孔氏南宗文化研究中心成立以来，承担了浙江省文化研究工程、教育部人文社会科学研究等多项课题（项目），在《探索与争鸣》《浙江社会科学》《齐鲁学刊》等核心刊物上，发表了一系列孔氏南宗文化研究成果，并取得了良好的社会反响，相关成果被《中国社会科学文摘》《新华文摘》《光明日报》等重要报刊转载，同时也引起了其他媒体的广泛关注。2013 年 1 月 4 日《中国新闻网》以《浙江衢州依托孔氏南宗文化，打造人文社科研究品牌》为题，对孔氏南宗文化研究中心及其成果作了专题报道。

与此同时，孔氏南宗文化研究中心积极参与地方文化建设工作，积极推动孔氏南宗文化走出去工作和普及工作。2011 年 11 月，孔氏南宗文化研究研究中心与衢州市台办、孔氏南宗家庙管委会合作，精心策划并成功举办的"孔氏南宗文化台湾行"活动，得到原中共浙江省委书记赵洪祝的高度评价。2012 年 9 月，孔氏南宗文化研究中心参与的由衢州市人民政府组织、在韩国忠南大学举办的"纪念中韩建交 20 周年儒学研讨会"活动，得到国家汉办的好评。在 2013—2014 年衢州市委、市政府组织的十大专项工作中，孔氏南宗文化研究中心积极参与衢州儒学文化区建设的相关工作。此外，孔氏南宗文化研究中心还精心策划和组织了儒家文化进大中小学校园的系列活动，为区域特色文化融入学校教育提供了有益启示。

三、孔氏南宗研究趋势展望

从学界已有研究成果及孔氏南宗文化研究中心近年来的研究基础分析，孔氏南宗的文献整理工作及其取得的成果，为深入推进孔氏南宗的相关研究提供了极大方便。但从总体上分析，孔氏南宗研究的已有成果与孔氏南宗的历史之久、规模之大、影响之深相比较，则是不相匹配的。从某种意义上说，孔氏南宗研究成果尚处于起步阶段，研究成果相对缺乏，已有成果主要局限于一般性的介绍或较零散的探讨层面，缺乏理论深度和系统性。

今后，孔氏南宗研究应突出以下趋势：一是要突破衢州孔氏和孔氏南宗家庙的局限，扩大研究范围，即将研究范围扩大到以衢州为核心、南宗支系遍布的江南广大地区，从而更加全面地认识孔氏南宗。二是要拓展研究视野，一方面要从江南文化环境的视角审视孔氏南宗的演变，一方面要从孔氏南宗文化影响的视角审视江南文化的发展。只有这样，才能更为全面系统地梳理孔氏南宗的形成、演变及其与江南文化互动演进的历史进程，揭示其文化内涵与时代价值；同时系统考察宋元以来孔氏南宗对儒学在江南演进过程中的作用，更好地展示儒家文化如何从庙堂走向民间并与民间逐渐融合（即去权威化、去意识形态化）的历史进程，揭示孔氏南宗在江南文化史上的地位。三是提升研究层次，使孔氏南宗研究上升到更高的学术层面，扩大其学术影响，从而使之更好地走出衢州、走出浙江而走向全国，使人们充分认识到孔氏南宗不仅仅是衢州的、浙江的，更是江南的、全国的，甚至是世界的。

2013 年 11 月，孔氏南宗文化研究中心与上海市社科联《探索与争鸣》杂志社联合举办了“孔氏南宗与江南社会文化”学术研讨会。来自复旦大学、华东师范大学、上海大学、上海市社会科学院、上海市社科联、浙江师范大学等高校和研究机构的二十多位专家、学者与会。会议围绕孔氏南渡、孔洙让爵等重大历史事件对儒家文化传播的影响；南渡之后，孔氏南宗与北宗之间产生的对话与交融；孔氏南宗与江南社会文化之间的互动影响等问题展开了热烈讨论，与会专家一致认为应从多角度、多学科审视儒学发展和儒学复兴的问题，更好地揭示孔氏南宗与江南社会文化的互动关系。专家学者提出的问题正是今后孔氏南宗的主要研究方向与学术发展趋势。

华东师范大学终身教授王家范认为，孔氏南宗不要仅仅局限于地域性研究，今后的目标是要在已有基础上拓展和深化学术研究，主动融入到全国的学术潮流之中，使之能与国内外学术对话，从而进一步扩大和提升学术影响。在具体研究中，可与全国经济重心的南移相联系，把社会经济的因素贯穿到孔氏南宗文化的流变研究之中。比如国学研究还有哪些新的问题、新的发展和新的突破，孔氏南宗的研究资料就可以渗透进去。他着重围绕孔氏南宗与儒学流变的关系提出了独到见解，以及一系列值得深入探讨的课题。首先是重视研究孔氏南宗与吕祖谦等浙东学派学者以及明末清初顾炎武、王夫之、黄宗羲三大思想家之间的联系。他认为，孔子是中国传统文化的象征，其存在使中国几千年来积累的文化不致于下坠，使基本的道德准则、人生要求不致于丧失。其次是重视梳理孔氏南宗与江南学术流派的关联。任何一种学派或思想在历史延续过程中，既要保持原典的坚韧，还要与水土相符。儒学传到江南之后，与江南的水土是否相符？如果相符合，那我们在儒学上做了什么工作，应倡导什么，这就需要把南方的儒学研究融入到全国的儒学研究之中。江南学术文化有很多流派，那么孔氏南宗与哪些流派有关系？这从《宋元学案》《明儒学案》中应该能够发掘一些研究资料。因此，可把孔氏南迁与中原文化中儒学的正宗向南方传播相结合，从中探讨北方儒学向南方传播过程中发生的变化及其特点。再次是重视考察江南地区重"利"思想与孔氏南宗之间的关联。江南地区特别是浙江地区比较重视"利"，儒学传播到浙江地区之后发生了怎样的变化，吕祖谦、顾炎武、黄宗羲、陈亮、叶适等作为东南地区有影响的思想家对孔氏南宗又产生了怎样的影响？从这一系列问题出发，可以弄清孔氏南宗与儒学流变之间的学术脉络。当然，对学术流变的研究，不能仅从师承关系来看，主要是考察学者对人生、社会的思考所引起的变化。关于江南文化尤其是儒学流变的研究，可从《宋元学案》《明儒学案》等方面下功夫，从中发掘和梳理出可以对话的资料。

浙江师范大学陈国灿教授指出，地域性研究在当前越来越受到重视，但往往局限于个案研究，范围比较狭窄，未能上升到比较宏观的层次。孔氏南宗文化研究中心对孔氏南宗的研究不仅在材料挖掘上比较深入，而且在体系构建上能超越地方视角和宗族视角。在此基础上，他主张结合特定历史背景来研究孔氏南宗。南宋是孔氏南宗的形成期，该时期有三个方面值得关注：首先，宋室南渡导致的大规模北人南迁，促进了南北文化的碰撞与融合。其次，南宋时期，中国经济、文化重心南移基本完成，中国文明体系得到调整，南宋也是中国文明呈现海洋文明特性比较明显的时期，虽不能说该时期中国文明转变为海洋文明，但从中可以看出这种倾向。再次，南宋也是江南文化在南北文化交融中重构的重要时期。南北文化交融、中国文明体系调整和江南文化重构所呈现的进程及特点，在形成于该时期的孔氏南宗身上得到了不同程度的反映。从孔氏南宗的演变过程看，它是由一个宗族形态转变为一种文化形态的过程，即由孔氏南宗到孔氏南宗文化的转变。后来孔氏南宗作为一个宗族的地位虽然降低了，但其文化影响却逐渐增强。孔氏南宗的文化内涵主要表现为：第一，孔氏南宗文化作为一种政治文化，尊孔是中国古代政治上所倡导的主导思想。第二，孔氏南宗文化作为一种特定的宗族文化，具有很多社会文化功能。第三，孔氏南宗文化包涵着儒学文化，对传承儒学起到了很大作用。第四，孔氏南宗文化包括生活文化，平民化以后的孔氏南宗虽然过着平民生活，但具有超越平民的意识。孔氏南宗文化还呈现出一系列文化意识，包括天下观、正统观、国家观、教育观、人生观、乡土观等。陈国灿认为，从孔氏南宗视角看江南文化，再从江南文化体系研究孔氏南宗文化，以此能够更好地揭示孔氏南宗与江南文化的内在关系。今后的孔氏南宗研究应着重立足于这种研究思路和方法。

华东师范大学赵修义教授认为，孔洙让爵是体现孔氏南宗特点的重大事件，研究孔洙让爵及其影响对当今社会现实很有启示意义。他指出，儒学在兴起之时是私学，后来成为官学。孔氏南宗在让爵后，在地方传播儒家文化，儒学又回到民间。孔氏南宗在让爵后所作的文化普及、改善民风士风工作具有重要意义。由此，以下问题值得进一步研究，一是孔洙让爵作为中国文化史上的一个现象，应该如何看待和评价？与当今大肆争取各种资源和头衔相比较，更能显示南宗"让爵"精神的可贵。二是官学与私学的关系始终是中国知识分子面临的难题和矛盾。在官学兴盛之时，私学也得到了发展，宋代以来兴盛的书院就是私学。他由此提出了诸多可供深入研究的问题——孔氏南宗是如何处理官学和私学之间的关系的，元、清两代对以孔子为代表的中国文化是怎样的态度，在元、清两代，孔氏南宗对异族统治的政权又是怎样的态度。这些问题，对于研究中国古代士人的生存环境及其应对之道很有价值。

上海社会科学院余治平研究员指出，已有成果从原生态角度对孔氏南宗与江南社会文化加以研究，超越了过去仅以文本研究的模式，而从史学角度进行形态研究，很有意义和价值。他认为，儒家是中国文化的重要符号，未来中国儒家文化将大行其道，儒家思想是数千年历史孕育的核心价值。"儒学"并不仅仅限于儒家本身，具有一定的普世价值和超越意义。孔子在儒家思想发展史上无疑是一位特别重要的人物。他主张在今后的孔氏南宗研究中，可做些田野调查工作，以不断充实研究材料。上海社会科学院何锡蓉研究员认为孔氏南宗文化研究中心的前期研究具有开拓性、系统性和学术性。她提出了一系列可延伸研究的论题：如何准确定位孔氏南宗的文化价值和历史地位；在对江南地区民风的推动方面，儒学与政治力量之间的关系如何；孔氏南宗与南方原有儒学之间的关系如何；朱熹等学者与孔氏南宗有何关系；孔氏南宗有没有参与到南宋朱、陆、吕三派的融合关系之中；孔氏南宗与道家、佛教之间有何关系，等等。她认为，这些问题不仅可以拓展孔氏南宗的研究领域、内涵和思路，而且能从一个侧面更好地回答江南文化的融合性、多元化等特点。

复旦大学刘清平、杨泽波教授从各自学术旨趣出发，提出了拓展孔氏南宗研究的新思路。刘清平认为对孔氏南宗的研究，应更多地分析孔氏南宗文化所包涵的文化内蕴，比如要揭示孔洙让爵的真实面目，就要从忠孝悖论的角度更多地开展批判性研究，孔氏南宗的平民化研究值得深入挖掘。孔氏南宗对儒学的贡献不是创造和发展，更多的是对儒学的传承，孔氏南宗让爵后依然坚持传承儒家文化的方向。杨泽波教授建议从社会学角度作社会调查，深入开展纯义理研究，从而进一步创新孔氏南宗研究方法，并对孔子后裔进行口述史研究等提出了有益见解。

第二章　孔氏南宗家庙及其宗族文化

　　孔氏南宗家庙作为孔氏南宗的重要物质遗存，具有重要的历史地位、文化内涵、人文价值和象征意义。从唐朝开元年间开始，全国各地纷纷建立孔子庙，但孔氏家庙，在全国却只有山东曲阜与浙江衢州两座。孔氏南宗家庙不仅是孔氏族人开展各项宗族活动的场所，也是孔氏南宗族人心目中的圣地；对于江南士人和民众来说，见南宗世子、圣人后裔"不敢众人视之"，拜谒孔氏南宗家庙则如"登洙泗之堂"。正因为如此，自南宋以来，孔氏南宗家庙先后经历了四庙、三建、三迁及十多次修葺。历代文献所涉及的孔氏南宗家庙建筑形制及现存建筑，在一定程度上反映了江南地区建筑艺术的发展与特点，也是江南地区祠堂建筑艺术变迁的缩影。

　　自南宋初年南渡以来，孔氏南宗十分重视宗族事务，一方面继承了曲阜的传统宗族形态，一方面因时、因地制宜，制定完善并恪守宗族规制，编修家谱，不断创新宗族活动形式，丰富宗族文化内涵。同时，通过各种途径加强与北宗以及南宗各支派的交往，充分发挥其在敬宗收族方面的积极作用。明清时期，孔氏南宗族人继承南渡以来的优秀传统，谨守祖训，承传礼仪，不断完善宗族规制，形成了底蕴深厚、特色鲜明的宗族文化。南宗士人的诗文佳作蕴含深厚的人文内涵，体现了高尚的圣裔风范。孔氏南宗凭借其独特的宗族文化，与江南各地望族一道，身体力行，形成了强大的内聚力，发挥了良好的示范辐射作用，在促进江南地区社会和谐稳定、推动好学尚理之风、优化江南区域人文环境、淳朴民风民俗与丰富精神世界等方面都具有重要影响。

一、孔氏南宗嫡派及其家庙

"为孔氏之家庙者，遍行天下惟曲阜与衢州耳。"南宋初年，以衍圣公孔端友为首的孔氏族人辗转千里来到浙江衢州，孔氏家族遂分为南北两宗。孔氏南宗族人在衢州建立家庙，在以衢州为中心的江南广大地区繁衍生息了近九百年。

1. 孔氏南宗的基本脉络

南宋建炎二年（1128）秋，宋高宗于扬州行宫郊祀，孔子第四十八世孙、衍圣公孔端友及其从父、中奉大夫孔传奉诏侍祀。嗣后，金兵大举南下，锋芒直指淮扬，高宗与群臣仓皇南渡。在从父孔传的支持下，孔端友奉端木子贡手摹"孔子及亓官夫人楷木像"、北宋政和年间所颁铜印，率近支族属扈跸而南，辗转数千里，于建炎三年（1129）底来到今浙江衢州。宋高宗驻跸临安后，孔端友携从父孔传等谒阙上疏，"叙家门旧典及离祖丧家之苦"，因功赐家衢州，以奉楷像。南渡的孔子后裔遂在衢州安家落户，孔氏遂有南北宗之分。

南宋一朝，孔氏南宗继始祖、于北宋崇宁三年（1104）袭封为衍圣公的孔端友之后，先后有孔玠（字锡老，1123—1154）、孔搢（字季绅，1146—1193）、孔文远（字绍先，1186—1226）、孔万春（字耆年，？—1241）、孔洙（字思鲁，1231—1291）等五代孔子嫡长孙承袭衍圣公爵位。他们与始祖孔端友一起，在历史上被称为孔氏南宗"六代公爵"。

元氏改物，元世祖忽必烈诏"议立孔子后"，确认"寓衢者乃其宗子"。至元十九年（1282），孔子第五十三世孙孔洙奉诏入觐，世祖令其载爵回曲阜承祀。孔洙以先祖庙墓在衢，将爵位让于曲阜族弟孔治（字世安），且以母老乞南还。元世祖赞其"宁违荣而不违亲，真圣人后也"①，于是授孔洙为国子监祭酒，提举浙东学校，并予护持林庙玺书，正宗之罢封由此始。

孔洙让爵后至明正德元年（1506），孔氏南宗嫡派失去世袭封爵长达二百二十四年之久，孔氏南宗也由此失去了正统地位。这一时期，孔氏南宗嫡派又传承了五代，先后是孔思许（字与道）、孔克忠（字信夫）、孔希路（字士正）、孔议（字明伯）、孔公诚（字贵文）。

孔氏南宗虽让"公爵"，而始终未违孔子之道。孔氏南宗族人以此为契机，坚定地走向民间，致力于平民教育，或为学官，或为山长，前后相望，为儒学南渐与理学北传作出

---

① 毕沅：《续资治通鉴》卷一八六《至元十九年十一月丁卯条》，中华书局1957年版，第5072页。

了贡献。

为充分显示"崇正道，植元气，不使泮涣分违，俾南北子孙均沾恩典"的宗旨，明弘治（1488—1505）末年，衢州知府沈杰根据"南渡""让爵"等史实，疏请援例复爵。明廷遂于正德元年（1506）诏授孔子第五十九世宗子孔彦绳（字朝武）为世袭翰林院五经博士，秩正八品，享受衍圣公次子待遇，孔氏南宗重又获袭封。

包括孔彦绳在内，明清两代孔氏南宗先后承袭了十五世翰林院五经博士。其中明代除孔彦绳之外为五世：孔承美（字永实）、孔弘章（字以达）、孔闻音（字鲁南）、孔贞运（字开仲）、孔尚乾（字象元）。清代九世：孔衍桢（字泗柯）、孔兴爝（字北衢）、孔毓垣（字东安）、孔传锦（字宫锡）、孔继涛（字念铭）、孔广杓（字衡观）、孔昭烜（字亘青）、孔宪坤（字静一）、孔庆仪（字寿钱）。

清代对世袭翰林院五经博士的承袭作出了严格的规定，主要需经过四道程序。第一道程序：考试，应袭者申请礼部考试，内容为四书一篇，"果能文理通晓"，由礼部注册在案；第二道程序：服丧，丁忧满二十七个月后，由应袭之人手书"亲供"，以资证明；第三道程序：甘结，由里长、邻居和亲族，包括族长、各支房长对以上两道程序出具甘结，证明应袭者确系孔氏南宗嫡长裔孙，且部考合格，丁忧服满；第四道程序：批准，将应袭之人的亲供、三代履历与里邻、亲族甘结由西安县（即今衢州市衢江区）逐级转呈，经衍圣公批示，呈请吏、礼部选任。吏、礼部批准后，给予"文凭"，咨文衍圣公府，转发至翰林公署。

民国改元，废翰林院五经博士，改称南宗奉祀官。孔庆仪为孔氏南宗首任奉祀官。其子孔繁豪（字孟雄）于民国十三年（1924）继任。民国二十四年（1935），南京政府下令废爵，将孔氏南宗奉祀官改称为"大成至圣先师南宗奉祀官"，以简任职待遇。民国三十六年（1947），孔子第七十五世孙孔祥楷（字子摹）继任大成至圣先师南宗奉祀官。孔祥楷先生历任沈阳黄金学院院长、中共衢州市委统战部部长、衢州市政协副主席等职，现任孔氏南宗家庙管理委员会主任。

2. 历代孔氏南宗家庙

孔氏南宗家庙，是孔氏南宗族人祭祀先圣孔子的场所。在孔氏大宗南迁后的近九百年历史长河中，孔氏南宗家庙屡建、屡毁、屡迁，前后计四庙、三建、三迁，大小修葺数十次。

一庙即以州学为家庙。衍圣公孔端友及其族属赐家衢州后，因种种原因，不可能也来不及立即兴建家庙。宋高宗绍兴六年（1136），"朝命权以家庙寓学宫"，"袭封奉祀者率族拜跪踧踏"[1] 孔子及亓官夫人楷木像及历代先宗；孔端友复将唐吴道子所绘的"先圣遗像"摹勒于石，恭奉庙中。以州学为家庙历时一百一十八年。

二庙一建一迁即菱湖家庙。宝祐元年（1253），宋理宗

---

① 赵汝腾：《南渡家庙碑记》，转引自《衢州历史文献集成》（文集专辑）第十册，中华书局2013年版，第75页。

敕准衍圣公孔洙、衢州知州孙子秀（字元实，1212—1266）所请，拨款三十六万缗，"如阙里制"建家庙于城中胜地菱湖芙蓉堤，其"规模弘阔，比拟曲阜"。故龙图阁大学士、礼部尚书赵汝腾在为新兴家庙所撰碑记中盛赞其"枕平湖以象洙泗，面龟峰以想东山"。可惜，菱湖家庙于元初毁于兵燹，前后仅存二十余年。

三庙二建二迁即城南家庙。元氏改物，衍圣公孔洙迁建家庙于城南，"庙故书楼，已非宝祐之旧"。城南家庙经元末、明初以及明中叶三次大规模修葺，存在了二百三十余年。其影响可从保留至今的崇文坊、道贯巷等遗迹中窥知。

四庙三建三迁即新桥街家庙。明正德十五年（1520），翰林博士孔承美经巡按监察御史唐凤仪、布政使何天衢疏请于朝，并获明廷批准，明朝廷拨给库银，诏许重建。家庙由同知陆钟、通判曾伦、推官杨文升及所属五县知县共同督造，于正德十六年（1521）四月建成，与翰林公署合一。新桥街家庙鼎建至今已有四百八十余年，经万历、顺治、康熙、雍正、乾隆历朝修葺、拓建，至道光年间完成，现存家庙基本定型。此后虽经屡毁屡葺，但未有重大改动。1999年5月，孔氏南宗家庙西轴线及南宗孔府复建工程动工，同时恢复南宗孔府后花园。

现存孔氏南宗家庙建筑分三条轴线。主轴线，首为先圣庙门，进入庙门为第一进院落，六棵古银杏树挺拔参天，为家庙频添几分肃穆安静气氛。右侧墙上嵌有明清家庙碑刻七块，记载了历代修缮家庙的盛况。

进为大成门又称仪门，硬山式建筑，三开间加两挟屋，恰同于金代曲阜北宗孔庙大成门规制，保留了宋金时代的风格。进门为第二进院落，是家庙建筑群的主要空间，院内古柏盘虬缠结。两侧为东西庑，三三九开间，向院内设廊。清末东庑祀中兴祖孔仁玉及孔传，西庑祀南渡祖孔端友。院中是由细卵石及石板铺成的甬道，尽端是高高的佾台，是祭祀孔子时表演佾舞的地方。拾级而进，便是家庙的中心建筑大成殿。

大成殿建在五尺高台上，重檐歇山顶式建筑。由于殿基和台形成一个二层台结构，使大成殿巍峨庄严且具有较高等级，突显了孔子的历史地位。大成殿平面近于方形，保留了江南地区宋元时期大殿作纵向长方形和方形的风格。殿内梁架结构特殊，使得内部空间高敞。整个建筑简洁无华，未用斗拱，亦少用雕饰，风格庄严简朴。殿内塑孔子及其子孔鲤（字伯鱼）、孙孔伋（字子思）三像。这是家庙与一般各级文庙最大的不同。

东轴线上首为孔塾，分前后进，为南宗私塾教育场所。二进孔塾西侧为报功祠，又名恩官祠，祀历代有功于孔氏南宗的官绅，如宋代孙子秀、明代沈杰、清代左宗棠等人。再进为崇圣祠，祠前有崇圣门，均为三开间硬山式建筑，祀孔子五世先祖。现存建筑有较大改动。最后为圣泽楼，用以陈放朝廷谕文、诏书、赏赐物品等珍品。现存五开间二层硬山式建筑为二十世纪九十年代初重建。

西轴线上首为"孔氏先宗"门，单檐硬山式建筑，两侧为八字形墙垣。穿过甬道，进为五支祠，祀孔氏南宗仁、义、礼、智、信五房支祖。再进为袭封祠，祀孔氏南宗十五世翰林院五经博士。再进为六代公爵祠，祀孔氏南宗六代衍圣公。最后为思鲁阁，是家庙最有特色的建筑。三开间二层单檐建筑，二坡顶硬山式结构，前檐上下层皆有廊庑。阁上供奉孔子及亓官夫人楷木像，阁下立孔端友据吴道子稿本所摹勒的《先圣遗像碑》。

孔氏南宗家庙及其附属建筑占地达14200平方米，1996年11月20日，孔氏南宗家庙被国务院列为全国重点文物保护单位。

3. 南宗孔府及其礼遇

明正德十五年（1520），世袭翰林院五经博士孔承美呈请朝廷新建家庙，并于家庙西侧另立一门，建翰林院五经博士署，简称"翰林公署"，正式建立起南宗孔府，民国时称之为南宗奉祀官府。明代南宗孔府机构不见史载，但门下设差役若干，包括家庙门子、家塾门子、力役、柴薪皂隶等。其费用由朝廷承担，并列入衢州府及相关各县年度税赋预算之中。清代沿袭此制。

清初，南宗孔府设有赍奏、随朝、伴官等属官。到了清末，几经增减，大致设督理1员，典籍1员，司仪2员，司乐2员，掌书2员，书写4员，驻杭州、龙游执事官各1员，散执事官4至8员，属官22员，视正、从八、九品，以年资议叙，其规模远大于一般府、县的机构人数。

民国奉祀官府下设秘书1员，仪制科科长、科员各1员，保管科科长、科员各1员，总务科科长1员，收发1员，监印1员，司书2员，报内务部批准任免。民国二十八年（1939），圣像南迁，增设留衢主任1员及卫士16员。南京政府按职员实有人数编制岁出预算书，核定南宗奉祀官府机构开支，并由浙江省政府向国库具领，就近转发。

南宗孔府现存共有五进建筑。出于风水的考虑，南宗孔府和家庙西轴线共用大门。入"孔氏先宗"门向西有小门直通南宗孔府第一进院落。

南宗孔府首为照壁。次为圣府门，三开间硬山式建筑，一门夹两厢结构。穿过大门，走过长长的甬道来到大堂。大堂面阔三间，进深四间，是世袭翰林院五经博士和奉祀官处理家族内部事务，管理乐舞生、礼生、庙户、佃户的地方。再进为花厅，五开间硬山式建筑，是翰林博士和奉祀官会客之地。花厅和内宅间有两搭厢，清末民国初年是翰林博士孔庆仪之妻、孔府太夫人的佛堂和休憩场所。最后一进是内宅，为五开间二层硬山式建筑，是南宗孔府女眷居所。内宅后是后花园，微波荡漾、绿树成荫，亭台楼阁、假山水榭一应俱全，是翰林博士及其眷属休憩之地。

自南宋以来，历代政府均给予南宗孔府以种种政治、经济特权，其中影响最大的是始于南宋的免差特权，即豁免相关人户的赋税和劳役负担。其涉及对象相当广泛，不仅翰林院五经博士本身能够享受，一些与其有关的或依附于他的人，包括府庙属官、礼生、乐舞生、庙户、仆役以及孔氏南宗族人等等，也能够得到优免。清代，孔氏南宗嫡派"除正供外，一切杂泛差徭，概行优免"，优免政策甚至惠及寓居福建、江西等地的南宗族人。

除免差特权外，南宗孔府还享有恩官特权。南宋时期恩例授官，一般从最低一级迪功郎（从九品）起，官职虽不高，但毕竟给孔氏南宗族人提供了一个出仕机会。到了元代和明初，南宗族人纷纷被恩授学官，从书院山长到教谕、学正、教授、学录，进而出任州县地方行政长官。更有特授儒学提举，主管一省教育行政。明中后期，南宗族人以岁贡、选贡等名义出仕。清代，南宗恩例集中体现为陪祀临雍大典、议叙恩贡等方面。乾隆五十年（1785），孔继翰、孔继潭兄弟临雍陪祀，礼成，送国子监，期满议叙恩贡，以直隶州州判分发河南、直隶。

其他特权还有仪仗特权、入觐特权、"无孔不开榜"等等。顺治九年（1652）改翰林院五经博士仪仗，由明代的皂色舆导改为黄色舆导。同年又请得三年入觐之例，贺万寿圣节。宣统元年（1909），孔子第七十三世孙孔庆仪入觐，钦加国子监祭酒衔（从四品）。康熙五十九年（1720），以曲阜四氏学乡试耳字号例，题准浙江衢州西安县孔氏南宗后裔，每学政按试，于正额外先行广额进儒童入学两名，即每年在正额之外给孔氏南宗秀才两个名额，号称"无孔不开榜"。

4. 孔氏南宗之祭孔礼仪

孔氏南宗的祭孔礼仪，可溯源到南宋绍兴年间（1131—1162），为保证祭祀的严肃性和规范性，还颁布了祭孔礼仪条例。此后年年如此，代代相传，直至清末民国时期仍经久不衰，最盛时每年大小祭祀达五十多次。孔氏南宗的主要祭祀包括四大祭、四仲丁、八小祭、节气祭、祭拜及特别祭，等等。

四大祭：在每年的春夏秋冬四季的仲月上丁之日举行，

故又名"四大丁"。这是一年中最隆重的祭仪，尤以春秋两季更为隆重，散居衢州各地的孔氏南宗族人均要前来参加。

四仲丁：分别在大祭后第十天进行，是四大祭的延伸。

八小祭：不祀太牢而祀以少牢，谓之小。在每年清明、端午、中秋、除夕、正月初一、十月初一、孔子生辰、忌日八个时间段举行。

节气祭：在每年的二十四个节气时举行，仪式简单、不邀宾客、族众，不祀太牢、少牢，只设祭品于祭器中，行三叩首礼。

祭拜：于每月初一、十五举行，不设祭品，行三叩首礼。

特别祭：每逢孔子生辰、忌日逢十年、百年祭，或重大事件的祭祀，以示庆祝。如在清初"平三藩"、道光三年（1823）拓建家庙、抗战胜利后迎接圣像回衢等重要时间，都曾经举行过特别祭。

南宗祭孔的准备工作极为周密，一般来说，大祭前十天就开始考核、确定乐舞生、礼生；前五天开始整理祭器；前三天翰林院五经博士及各执事官、乐舞生、礼生进入家庙居住，沐浴、习礼；前一天准备三牲祭品，至子时（即零时）一切就绪。

子时正，家庙内钟鼓齐鸣，灯火齐明。至丑时（二时）前再检查一遍，确认无误。寅卯相交之时（五时），钟鼓三鸣，祭祀开始。参加祭祀人员各就其位，乐舞生起舞，礼生赞礼。整个祭祀过程分三献礼，即初献、亚献、终献。主祭、助祭者由东阶上，进至大成殿神位前，献奠帛、献爵、诵祝文，行三跪九叩之礼，从西阶下复位，这样是为一献。三献之后，再行九叩之礼。礼毕，参加祭祀人员依次退出。整个仪式大约需要两个多小时。

南宋时，家庙祭祀以衍圣公为主祭。让爵后，则以族长为主祭。复爵后，大成殿以翰林院五经博士为主祭；族长主祭崇圣祠；翰林院五经博士不穿朝服，而以常服主祭报功祠，意为"以孔姓之情谢恩官之德"；由值年支系房长主祭五支祠、袭封祠、六代公爵祠。

繁多的祭祀活动要求孔氏南宗必须具有相应的经济实力。早在绍兴六年（1136），宋高宗即下诏"计口量赐田亩"，除用于祭祀活动之外，"均赡族人，并免租税"。绍兴八年（1138），赐衍圣公孔玠衢州祭田五顷，以供祠祀。

元初让爵后，由族长主祀事，祭田也归族长掌管，但仍以圣庙为户。

洪武十四年（1381），明太祖重造全国赋役黄册，不许以圣庙立户，祭田于是以族长孔希达为户，以民田纳赋。洪武十九年（1386），孔希达全户发配云南大理卫，祭田抄没入官。正统十年（1445），祭田拨还孔氏南宗，但改科重粮"一百二十六石零"。

正德元年（1506）南宗复爵，祭田赋税也因此得以减轻。万历四十年（1612），孔氏祭田五顷，每亩征银一分五厘多一点，约为当时衢县平均田赋的四分之一。清代，尽管民田田赋增长，但孔氏南宗祭田赋税继续沿袭明制，占衢县平均田赋比例降至百分之十七点六。民国时期，南京政府仍给予孔氏南宗祭田以极低的赋税，仅为全省平均正税的二十分之一，每亩仅收二分七厘。

清代，孔氏南宗源源不断地获赐田产。康熙五十九年（1720），浙江巡抚朱轼增拨拱辰门外濠田三十亩，以供祀事。逾年，又续给三十亩。同治八年（1869），浙江督学徐树铭奏将龙游荒田约两千亩之多，拨入南宗家庙。同治九年（1870）、十一年（1872），又先后将龙游的无主荒田拨入翰林院五经博士户，计田一千六百二十多亩，另有山、地、塘若干，以充族中赈济及家塾等费用支出。据现有资料统计，孔氏南宗在衢县、龙游等地的田产当在万亩以上。正是各种轻税政策和不断的赐田，在经济上保证了孔氏南宗祭祀活动的持续而顺利进行。

二、孔氏南宗家庙与江南祠堂建筑

坐落于浙江省衢州市新桥街的孔氏南宗家庙是中国仅有的两座孔氏家庙之一。自南宋宝祐元年（1253）兴建菱湖家庙开始，孔氏南宗家庙历经三建三迁、十多次修葺，留下了大量的文献（包括图片）资料，对研究中国古代的建筑、文化、艺术以及祭祀制度等都具有重要意义。孔氏南宗家庙现存建筑以及文献记载的建筑形制发展史料，不仅反映了衢州地区建筑艺术的发展，而且也是江南地区祠堂建筑艺术变迁的缩影。

1. 孔氏南宗家庙建筑历史演变

孔氏南宗家庙三建三迁，现址建筑始建于明代正德十五年（1520），现存建筑主要为清晚期遗构。

南宋菱湖家庙：绍兴六年（1136），高宗皇帝下诏"权以衢学奉祀"。直至南宋末年，衢州郡守孙子秀"奉常定制，得地于城之东北，陬浮屠氏废卢，撤而宫之"，历时大半年竣工，"经始于宝祐癸丑仲夏，落成于次年仲春朔"[1]，即菱湖家庙始建于宝祐元年（1253），落成于宝祐二年（1254）。此庙的落成，意味着孔氏南宗在经历了一百一十八年以州学为家庙的历史之后，终于拥有了真正意义上的第一座家庙。

元代至明初城南崇文坊家庙：元初，因菱湖家庙"毁于寇"，被迫"徙城南"。然而，"庙故书楼，其制非宝祐之旧"[2]。又据罗璟记载："永乐初，礼部尚书胡公过衢见之，始命有司迁庙于郡城崇文坊，即今地也。"[3] 其实，罗璟在此处的记载实属有误，永乐初当为修葺，而非迁庙。

明中期新桥街家庙：明武宗正德元年（1506），孔彦绳复爵为世袭翰林院五经博士。正德十五年（1520），翰林院五经博士孔承美，请巡按御史唐凤仪、布政使何天衢转奏朝廷，以城南家庙庙貌不配，且年久颓敝为由，要求迁建家庙并获武宗允准。衢州市博物馆珍藏一石碑，篆额为"明诏

---

① 赵汝腾：《南渡家庙》，转引自《衢州历史文献集成》（文集专辑）第十册，中华书局 2013 年版，第 44 页。

② 胡翰：《孔氏家庙碑记》，转引自《衢州历史文献集成》（文集专辑）第十册，中华书局 2013 年版，第 77 页。

③ 罗璟：《重修孔氏家庙记》，转引自《衢州历史文献集成》（文集专辑）第十册，中华书局 2013 年版，第 78 页。

建衢州孔氏家庙碑"，其中写道："明武宗正德元年，浙江巡按御史唐凤仪、布政使何天衢等请于朝，移建衢州孔氏庙先义坊西安县学宫旧地，即今日家庙地。"时人方豪如此记载新桥街家庙的修建景象和时间，"群材毕集，百工竞趣，肇于正德十五年十一月丙子，讫于明年夏四月辛亥"，从而使孔氏南宗"展奠有地，博士有居，斋宿牲庖，燕集弦诵之所，无弗备者"①。

清代修建活动：顺治、康熙、雍正、乾隆四朝均对新桥街孔氏南宗家庙作了不同程度的修葺，其中，"康熙甲寅之变，兵燹为灾，庙屋几毁，制府邺园李公视师于衢，捐俸力谋鼎新"②，经康熙二十一年（1682）"博士衍桢集赀重修"③，"庙貌煌煌，剑佩琴书悉增其彩"④。

晚清及以后的新桥街家庙修建活动：康熙二十一年修缮之后，历经一百四十年的风风雨雨，新桥街家庙"栋宇颓朽，瓴甓缺坏"，于是在帅承瀛和杜塂的倡议下，各方纷纷捐资，"合钱一万八百有余串"，于道光元年（1821）十二月至道光三年四月，"撤旧宇，起新宫，鸠工庀材，是筑是构"⑤。光

---

① 民国《衢县志》卷十六《碑碣志一·明正德衢州孔氏家庙》。
② 民国《衢县志》卷十六《碑碣志一·清康熙叶淑区撰孔氏家庙记》。
③ 民国《衢县志》卷十六《碑碣志一·清道光重修衢州孔氏家庙记》。
④ 民国《衢县志》卷十六《碑碣志一·清康熙叶淑区撰孔氏家庙记》。
⑤ 民国《衢县志》卷十六《碑碣志一·清道光重修衢州孔氏家庙记》。

绪八年（1882），金衢严道桑树勋令三属官绅对博士署、大成殿、大成门分别作了一定规模的整修。1946 年，衢州绥靖公署主任借驻办公并对孔氏家庙略作修葺。解放后，国家多次拨款整修南宗家庙。1996 年，孔氏南宗家庙被列为全国重点文物保护单位。

2. 历代孔氏南宗家庙的建筑规制

（1）南宋时期

赵汝腾在《南渡家庙碑记》中详细描述了孔氏南宗家庙的主体建筑、规模及其布局特征，"仿曲阜之制，追鲁庙之遗"，"对庙门而中为玄圣殿，西则齐鲁，后则郓国，祠沂泗二侯于庑之东西，又别为室，以祠袭封之得礼者。后为堂，曰思鲁，俾之合族讲学，且以志不忘阙里之旧也。堂之东亭曰咏春，以憩四方之士，仰止高山，低回而不能去者，为屋二百二十有五楹"。菱湖家庙屋宇总数约为当时曲阜孔庙的三分之二左右，主体建筑包括：庙门、玄圣殿（即正殿）、寝殿（即郓国夫人殿）和东、西庑等，称其奉旨按"常定制"营建。《孔氏祖庭广记》所载的"宋阙里庙制"图，反映了当时庙门规制：头门、书楼和仪门[①]。宋代衢州孔氏南宗家庙与曲阜孔庙相比，主要区别在于以下两方面：一是曲阜孔庙有专祠，以奉祀孔子父母；齐国公殿和鲁国夫人殿位于孔庙正殿的西面并自成一个院落；而衢州宋代菱湖

---

① 孔元措：《孔氏祖庭广记》卷首《图本·宋阙里庙制》，商务印书馆 1936 年版。

家庙并没有设置专祠，只设配祀于西庑。二是衢州宋代菱湖家庙建有思鲁堂，是"合族讲学"之场地，取"思鲁"之名，其寓意很显然是告诫南宗子孙世代不忘"阙里之旧"。值得注意的是，据《南渡家庙碑记》推测，菱湖家庙西侧设计有"家祠"，以"祠袭封之得祀者"，即是祭祀历代袭封衍圣公神主之所。从当时的平面布局来看，孔庙在左，家祠在右前，族人居住区在右后，这种布局与宋代重文、重祠的营建观念相符合（见图1）。

（2）元代至明代初期

明代初期，城南崇文坊家庙由同知萧显修拓移，主要建筑有前殿（即正殿）、寝殿（即郓国夫人殿）及东西厢房，并"建大成之门与殿相称"。元代开始至明代初期，孔氏南宗由于"让爵"而失去了"袭封"地位，因而未能得到官方的大力支持，崇文坊家庙大殿前厢房只能"东以待谒庙之宾，西设教读以训孔氏子孙"，也就是说只得将西厢作为私塾。可见，崇文坊家庙兼有祭祀与教育的双重用途，因而具有浓缩的文庙建筑特点：作为家庙，崇文坊家庙限于民间性建筑，规模较小，东西厢由传统的配祀功能转化为接待、家学功能。自从唐贞观四年（630）"诏令州县学皆作孔子庙"以来，"庙学合一"逐渐成为此后的定制。从"建大成之门与殿相称"的建制要求来看，大成门已成为当时的流行俗词，与其对应的"大成殿"则主要符合以下规制：正殿是孔庙的核心建筑，唐代时称为文宣王殿；北宋时期，由于宋徽宗尊崇孔子，取"集先圣先贤之大成"之意，故将其更名为大成殿（见图2）。

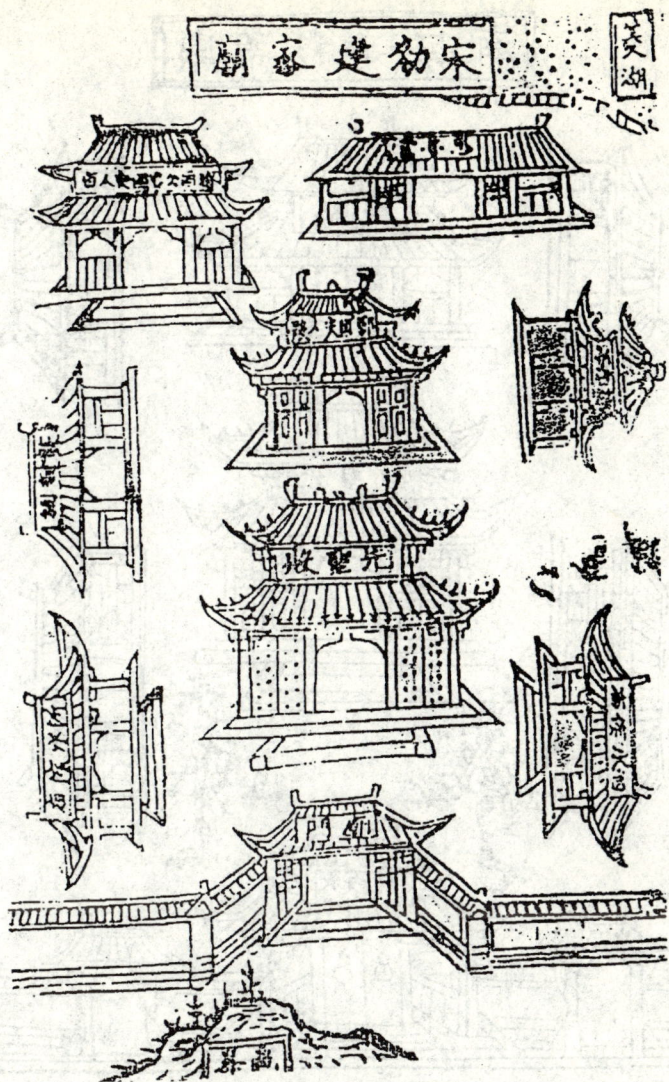

图 1　菱湖家庙推测图

来源：《三衢孔氏家庙志》

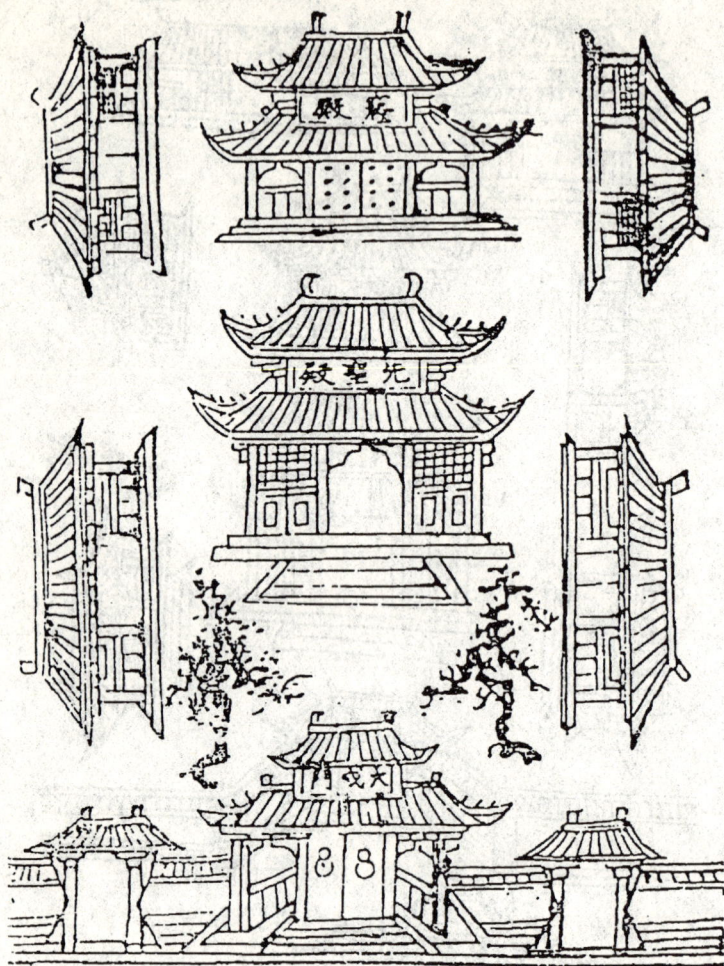

图2　崇文坊家庙推测图

来源:《三衢孔氏家庙志》

（3）明代中期

根据方豪所撰的《衢州孔氏家庙碑记》[①] 推测和分析，当时的新桥街家庙"规制壮严"。此次营建的主要变化表现在以下四方面：一是"界为二区，缭以高垣，立庙于东，作廨于西，外建二门，以别庙、廨"，即以门、墙分隔出"左庙右廨"的格局。这一特点还可从孔氏南宗家庙内现存石碑所刻的明代《诏建衢州孔氏家庙》图中得到印证。二是增加了许多祭祀建筑，如东侧的恩官祠（后称报功祠）、启圣祠；西侧的袭封祠、六代公爵祠等，这此建筑比较典型地体现出明代的宗族制度，可谓"妥灵有地，收族有方，凡庖、湢、燕、集之所，无弗焕然者，而庙始备矣"。三是孔庙中轴线大成殿后面的寝殿为楼阁建筑，上称"思鲁阁"，下称"燕居"（出自《礼记》"仲尼燕居，子张、子贡、言游侍"）。四是孔庙西侧的翰林院五经博士廨署（即通称的"孔府"）功能多样，主要为五经博士的办公与生活所用，其建筑主要有：孔圣先宗门、翰林公署（即大堂）、尼山嫡派、圣泽楼（即书楼），楼后围墙外建有咏春亭。博士廨署中的圣泽楼所体现的传统建筑中"左庙右学"的礼制，与元代文庙具有一定关联：元大德六年（1302）建文庙，国子监（即太学）建在庙西，北建崇文阁藏书。但孔氏南宗家庙没有供祀文昌帝君，也没出现文昌阁、魁星楼之类的建筑（见图3）。

（4）清代初期

---

① 民国《衢县志》卷十六《碑碣志一·明正德衢州孔氏家庙》。

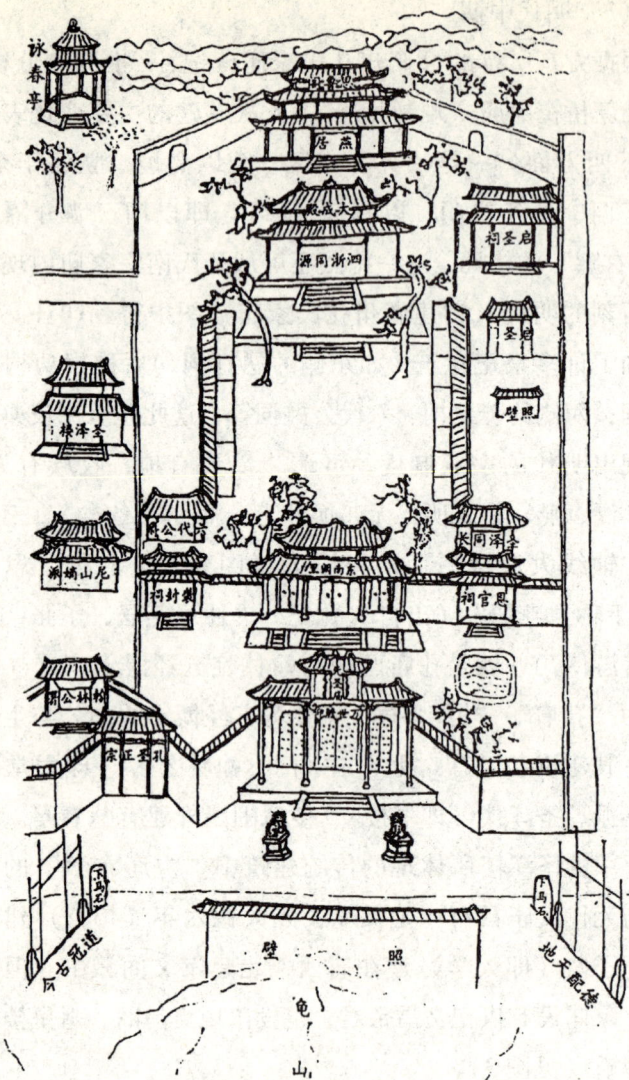

图 3　明《诏建衢州孔氏家庙》图

来源：图片由衢州孔氏南宗家庙管委会提供

民国《衢县志》所收录的《孔氏家庙旧图》，一方面表明当时家庙建筑"左庙右廨"的总体布局尚未发生变化；另一方面表明当时孔氏家庙"左庙右廨"中的"左庙"功能得到进一步强化，即头门（先圣庙门）与大成门（仪门）之间的空地东西两侧都设置了围墙及大门，其实质是加强了东西两轴线，因而使孔氏南宗家庙真正实现了中、东、西三条轴线之外加一"廨"轴线的建筑格局（见图4）。

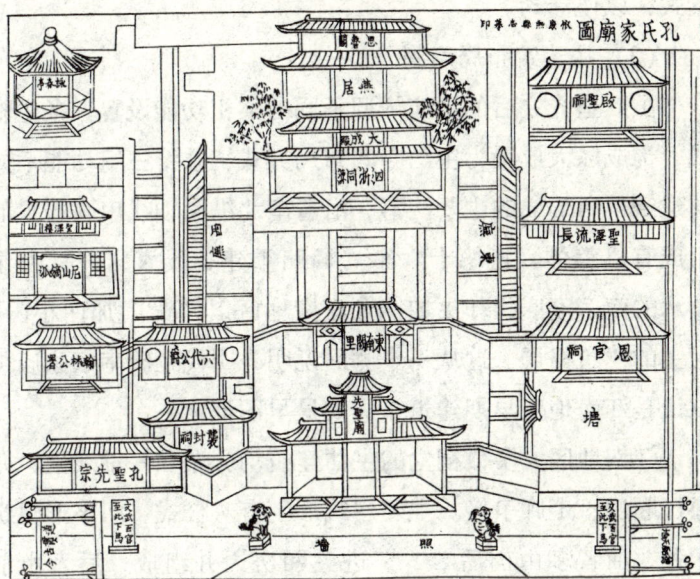

图4　康熙孔氏家庙图

来源：民国《衢县志》

3. 孔氏南宗家庙与江南祠堂建筑

（1）从建筑特征分析

从对正德十六年（1521）的《衢州重建孔氏家庙碑》

分析可知，孔氏南宗家庙建筑多为二层楼，寝堂为三层楼五开间，其规格比现存江南民间祠堂略高。江南明代祠堂的寝堂多有二层，如建德叶氏支祠、徽州宝轮阁等。从民国《衢县志》所收录的《孔氏家庙旧图》分析，孔氏南宗家庙建筑多为一层楼，其规格与现存江南民间祠堂建筑风格大致相符：清代江南地区祠堂大部分平面为正方形，面阔五间，多为矩形，除局部次间、梢间采用穿透式外，正间多采用抬梁式，以便活动。

（2）从建筑布局形制分析

虽然道光之后的孔庙依照不同的祭祀功能设置三条主轴线，构成以大成殿为主的空间布局方式，并将三组功能不同的建筑群所形成的主要院落，沿着南北纵深轴线串联布置而组成有机整体。正德十六年《衢州重建孔氏家庙碑》所录图示的南宗家庙，却更加符合江南地区以"大门加两小门"为主的建筑格局。这从一个侧面说明，明代孔氏南宗家庙可以说是江南地区早期建筑布局的最早图证之一。

江南地区大多数祠堂的主体建筑均分布在一轴线上，并通过厢房、走廊串接。主要建筑形制有对合式、回字形建筑两种，前者多由前后二、三进夹厢房天井组成，后者由前厅、享厅、寝堂、过廊和内天井构成，即在中轴的主建筑外围加侧屋、庑屋，形成一个"回"字，如明代芝堰孝思堂、长乐金氏大宗祠、兰溪女埠章氏家庙。这两类建筑与孔氏南宗家庙相比，对合式建筑较为紧凑，回字形建筑类似于孔氏南宗家庙的中轴线部分，只不过民间的祭祀要求远远没有孔氏南宗的祭祀复杂，孔氏南宗家庙的东西两侧轴线中的祭祀建筑在民间得到了整合，即从明代末期开始，民间祠堂正堂两侧的庑廊设计成一排以"间"为单位的祭祀功能区，金华兰溪长乐村金大宗祠即为典型，这不能与孔氏南宗家庙以"栋"为单位相比，从而也不能显现左右两侧的活动轴线。

（3）从家庙、住宅、文庙、学堂的位置关系分析

兴建于南宋末年的菱湖家庙位于"宅之左"，江南地区大部分祠堂建筑也是如此，如《季氏祠堂碑记》所描述的明代永嘉季氏祠堂，"祠建宅东，地临水面山，正堂峻翼，应以曹门，两庑廊轩，四周垣墙而通衢绕之"。到正德年间，新桥街孔氏南宗家庙趋向复杂化，即初步形成东、中、西三条轴线，中轴线已形成一文庙建筑群，对外界开放，具有某种官方性质，而东路则更是一个私密场合，是一个家祠，西路日渐转化为学堂。到明代晚期，学堂也成为祠堂营建位置的重要参考，如"二十二世章懋公登进士送翰林院修编，辞官归里后，办书院讲学。明万历年间，后代在其学里门旁建家庙睦亲堂"。

4. 孔氏南宗家庙与江南区域特色因素

（1）与祭祀制度的关联发展

官方祭孔：绍兴年间朝廷为孔氏南宗家庙铸制铜印，颁定祭奠孔子仪式。明清两代又规定了祭器、祭品和乐器名目、数量，这无疑是孔氏南宗家庙中轴线形成的主要原因。家祭：宋代的孔子及亓官夫人楷木像、宋代"思鲁阁"、明清两代的"五支祠""六代公爵祠"等建筑则是其他文庙建筑所不具备的。它们实质上是江南地区的一种家祠形式，同

时也是东、西轴线形成的主要原因。此外，报功祠等建筑在清代得到普及，如衢州江山张村的张氏宗祠。

（2）与宗族、书院、教育制度的关联发展

江南地区一般性的祠堂营建与其他普通建筑也略有不同，往往具有一系列活动，上报朝廷、取名、立石碑、设祠田、设管理团队与规章制度。南宋以来，孔氏南宗家庙在历史上大多时期都受到官方的经济支持，如绍兴六年（1136）"颁赐铜印，并计口赐田，以供族人祭祀、生活"，宝祐三年（1255）"拨钱三十六万缗"，明代初期"命知衢州军民事王恺修葺家庙"，正德元年（1506）"动用库银"，清代康熙、雍正、乾隆时期"三次报部拨款修葺"，道光元年（1821）"衢州知府周镐及继任谭瑞东倡捐改建"，等等。正如孔氏南宗家庙"因封爵未复，祭田仍纳官粮，无力自行修葺，遂又逐年损毁"一样，江南地区民间祠堂的营建与运行也需要大量资金，只能以民间的办法"靠祠田"而新建及运行，其背后则始终离不开宗族制度的强大支撑。同时，江南祠堂的营建大多与儒学、礼义等因素相关联。明代前期较后期公共建设的祠堂多，公共祠堂的服务对象主要包括传统公共名人（如陆贽祠、忠节祠、赵抃祠）与当代功臣（如詹金忠祠、陶成祠、汤和庙），这些公共名人庙也为明代以后江南地区的祠堂建筑提供了大量借鉴。

三、孔氏南宗的传统宗族形态

自从南宋初年孔传、孔端友率近支族人扈从宋高宗南渡，开创了孔氏南宗基业以来，孔氏南宗诗礼相承，贤才辈出，逐渐成为当地望族，同时在广大的江南地区繁衍出众多支派，产生了广泛影响。期间，孔氏南宗曾受到朝廷的种种优遇，也曾出现"衣冠祭仪，混同流俗"①的境遇。然而，不管处境如何，孔氏南宗都秉承诗礼传家的传统，订立家规并严格遵守，修订家谱以明谱系，加强各支派间的往来，形成了独特的宗族文化，既推动了孔氏南宗的宗族发展，又积极影响了江南地区其他宗族以及当地社会政治、思想学术及教育文化的发展。

1. 孔氏南宗的谱牒传承

家谱在传统宗族管理中对于增强宗亲联系、和睦以及推行教化都具有重要意义，诚如明代著名教育家罗钦顺（字允升，1465—1547）所说："王化必自睦族始，而睦之之道，情以恩亲，分以义正。自宗法废，而族无所统，犹赖世之仁人君子作为谱牒以联属之。"②的确，修谱牒可以广泛联络宗族宗亲，有助于"王化"的实现。鉴于此，包括孔氏南宗在内的孔氏家族十分重视修谱工作，"考我家乘，宋以前祗具册写，自四十六代宗翰祖始创为刊印，至明弘治二年（1489）首次重修，并定为六十年一大修，三十年一小修"③。

---

① 天启《衢州府志》卷九《人物志一·孔彦绳》。

② 罗钦顺：《整庵存稿》卷九《南安林氏重修族谱序》，文渊阁四库全书本。

③ 孔德成：《孔子世家谱》卷首《孔传埙序》。

便于"子孙溯本穷源"、促进"敬宗睦族"是历代修谱的重要宗旨。南渡以后，孔氏南宗族人自觉秉承优良传统，大力重视族谱续编工作。孔传曾（字鲁人）所主张的"辨氏族，别异同，令子孙族亿万世后得以溯本穷源，而不昧于敬宗睦族之道"①，反映了孔氏南宗族人对修谱工作的普遍态度。

孔子第四十七世孙孔传对宗族事务极为关注，重视谱牒修订，他在孔宗翰（字周翰，？—1088）所编古谱的基础上，"克承前志，推原谱牒，参考载籍，摘拾遗事，复成一书"，这就是成书于宣和六年（1124）的《孔氏祖庭杂记》，但十分不幸的是适逢战乱之际，此书"不暇镂行"②。孔传对家族轶事和旧闻十分关注，于是在陈迹之间、废墟之中广泛收集资料，正如他在"旧引"中所描述，将"历代褒崇之典，累朝班赉之恩宠""祖壁之遗书"等"故老世世传之"轶事、旧闻编纂成《孔氏祖庭杂记》，使宝贵的遗产得以传承，既能使"闻见之所未尝及者如接于耳目之近"，又能让"好古君子得以观览焉"③。

孔氏南渡过程中，"惟四十七代中奉公传偕四十八代衍圣公端友，于宋建炎间怀宗谱南迁，而衢鲁源流之分合，实

---

① 转引自孔繁廉：《温岭孔子后裔》，天马图书有限公司 2005 年版，第 91 页。

② 孔元措：《孔氏祖庭广记·引》，商务印书馆 1936 年版。

③ 孔元措：《孔氏祖庭广记·祖庭杂记旧引》，商务印书馆 1936 年版。

权舆诸此"①。即使是在如此颠沛的南迁途中，孔传依旧怀揣宗谱，足见其对宗谱的无比珍视。南渡以后，孔传又编纂《东家杂记》，成书于宋绍兴四年（1134），此后多次再版。《东家杂记》在孔氏家族史上具有重要地位，"系孔氏家乘之著作"，"是最早的孔氏志书"②，其编撰初衷则在于"昭示后代不忘祖先，清理孔氏谱牒，列数'历代褒崇之典，累朝班赏之恩宠'"③。

孔传对谱牒整理工作的极其重视和关注，对南宗族人具有良好的示范影响。孔洙于宋度宗咸淳元年（1265）重新刊刻《东家杂记》。当然，《东家杂记》的影响并不限于孔氏家族内部，晁公武（字子止，约1102—1106生，淳熙年间卒）的《郡斋读书志》、陈振孙（字伯玉，1183—?）的《直斋书录解题》都对其作了介绍。《东家杂记》于明代再次刊刻，郡守沈杰所作之跋阐释了重刊之目的："刻本旧在府治东斋，今遗存者仅半，因索其原本，命工补缀。复以家庙旧藏小影摹刻于前，使读者知所起敬，且以见孔氏文献之足征云。"④

由孔宗翰编纂的"孔氏旧谱"在孔氏南渡时尚存，后

① 孔行远：《续修南渡阙里世谱记》，载民国《（萧山）孔氏宗谱》，民国七年（1918）刻本。

② 孙聚友、杨晓伟：《孔子家族全书·典籍备览》，辽海出版社1999年版，第77页。

③ 刘炘：《研究孔氏南宗的珍贵史料》，载《南孔研究》，中国戏剧出版社2001年版，第159页。

④ 沈杰：《跋〈东家杂记〉后》，转引自《衢州历史文献集成》（文集专辑）第十册，中华书局2013年版，第80页。

在战火中险遭厄运，因而孔端朝对此谱的"失而复得"感慨万分，认为这是天之所恩，"辛亥（1131）四月赴官，六月张琪犯徽州，黟之四境，焚杀一空……所携上世告敕、祖父遗书，生生所资，皆失之矣。独此谱山中人得之，转以见归……今亡而更存，岂非天也"①。绍兴年间（1131—1162），孔端朝对此谱进行补续，增补至四十九世，此即为《阙里世系续》。景定年间（1260—1264），孔应得在通判广德军期间编成《家谱正误》一书。

正如《跋〈孔氏宗谱〉后》中所说，南渡之后，"南北阻隔百有余载，彼此世系多不相知"②。直到至元十九年（1282），孔洙遵旨北上曲阜与族众会聚，又北上大都让爵于曲阜族弟孔治以后，孔氏南宗与北宗的交往才得以恢复并得到逐渐增加。大德四年（1300），孔津与北宗孔淑等人参订南北宗图，合为一本。天历二年（1329），孔涛（字世平）前往曲阜会叙宗族，"南北子孙始相通谱。犹恐来者罔闻，遂与五十三代孙、秘书朝城宰淑，五十四代孙、袭封思晦，编订谱系"③。孔涛和孔淑、孔思晦一起编纂而成的《阙里谱系》是南北宗通谱的开始，这在孔氏家谱编修史上甚至在孔氏家族史上意义十分重大。至正十六年（1356），孔思朴对该谱作了重修。孔涛与孔思朴的合力修谱工作，充

---

　① 孔传：《东家杂记·后序·孔端朝序》，丛书集成初编本。

　② 周伯琦：《跋〈孔氏宗谱〉后》，转引自《衢州历史文献集成》（文集专辑）第十册，中华书局 2013 年版，第 79 页。

　③ 周伯琦：《跋〈孔氏宗谱〉后》，转引自《衢州历史文献集成》（文集专辑）第十册，中华书局 2013 年版，第 79 页。

分表现了南、北宗后裔对先祖的敬意，更体现了南宗族人对阙里及阙里族人的诚挚感情。这对促进南北两宗关系的和睦具有深远影响，从中体现的"尊祖敬宗之意至矣"，同时说明"地理南北虽有间，而圣人之泽固不以此而有间，此则思朴用意之广且深也"①。元代对其他孔氏家谱予以刊行，如"钱《补元史志》有《孔圣图谱》三卷，大德间（1297—1307），孔子五十三代孙泽刊"②。

明清时期，南、北两宗仍有共同编订谱牒的活动。洪武十二年（1379），孔思模（字修道）前往曲阜拜扫林庙期间，"与衍圣公孔希学（字士行，1335—1381）、曲阜世职知县孔克伸（字刚夫）等相处得十分融洽"③，孔希学、孔克伸所作的送行诗足见彼此间的情谊之深。后来，孔思模在《阙里世谱序》中深情地回顾了归拜林庙、与北宗族人一起考订谱牒的经历："洪武己未，思模持谱归拜林庙，修祀会族，得与五十六代衍圣公士行、祖庭家长五十三代世清翁、曲阜宰五十五代刚夫等参究编刻，考叙宗次，子孙有未载及事迹阙略者悉补之，讹舛者正之，莠葑苗辨，灿然在目。"南还以后，孔思模"又以欲取涛公旧谱续以祖庭闻见，诚恐僭逾，则所不敢。兹以《孔氏实录》《纂要》等书，采摭统绪，始自圣祖，下逮五十七代，从源至流，继承传系，名

---

① 周伯琦：《跋〈孔氏宗谱〉后》，转引自《衢州历史文献集成》（文集专辑）第十册，中华书局2013年版，第79页。
② 民国《衢县志》卷十四《艺文志上·史部·阙里谱系》。
③ 徐寿昌：《端友、洙皆有子》，载孔祥楷主编《儒学研究》（下），杭州出版社2006年版，第140页。

字、德行之当记，及附典故、年爵之梗概，芟就简编，书写成帙，题曰《东家举要》，俾后之人易于考求，嗣而辑之"①。可惜，"其手稿，亦已早佚，故沈杰辑于弘治乙丑的《三衢孔氏家庙志》，仅著录其三则史料。所幸修于成化年间、增修于弘治时之《孔氏宗谱》等保存其部分史料"②。可见，孔思模此次北行对于加强南北宗的交流起到了很大的作用，《东家举要》则保存了孔氏家族的大量珍贵史料，其手稿的遗失确实令后人惋惜，所幸的是沈杰等有识之士屡予辑录，使其在一定程度上得以保存和流传。乾隆十三年（1748），乾隆帝东巡至曲阜，孔子第六十八世孙孔传锦前往迎驾观礼，他趁此机会与曲阜宗人一起考订世系。衢州孔氏之外，南宗各支派也曾多次赴曲阜联谱会宗，如永康支孔氏曾六次北上谒林，并举行联谱、祭祀等活动。所有这些，对于南北两宗辨清世系源流、加强相互交流、增进彼此感情，都具有重要意义。

此外，孔希承、孔承美、孔闻音、孔昭煌等，也先后对南宗谱系进行了修订。他们以热诚的态度、务实的作风、严谨的笔法，厘清谱系，为南宗谱牒的不断完善作出了积极贡献。

因受当时交通等因素限制，"南宗谱系支自为支，派自

① 孔思模：《阙里世谱序》，载民国《（萧山）孔氏宗谱》，民国七年（1918）木刻本。
② 孔思模撰，徐寿昌辑：《东家举要》，转引自《衢商文化》（内部资料）2007 年（3–4），第 75 页。

为派，缺乏完书"① 的现象比较突出，但南宗各支派对谱牒修订的高度重视和积极努力，使南宗谱牒的内涵不断得以丰富、完善。如永康山西南宗孔氏，自宋淳祐年间（1241—1252）孔能举和堂弟孔旷从樺溪迁居方山北麓开创山西孔村后，家谱历经修订。《山西孔氏家谱》始修于元代，之后在弘治年间（1488—1505）、道光二十二年（1842）、同治十年（1871）、光绪二十五年（1899）都进行了多次续修。

孔氏南宗族人不但重视族谱的续修，而且异常珍惜这一宝贵遗产，"凡宗谱须用收掌端正，莫鼠漏所伤或十年纠众重修，倘遇水火先须守护，休放失落"②。"收掌端正"、遇紧急情况则"先须守护"等举措，充分体现了南宗族人对族谱的珍视。在关键时刻，南宗族人甚至将族谱看作比身家性命还重，如孔瀛（字世表）在湖北动乱之际，"被垢衣，伥伥走，持《孔氏南北谱》惟恐失之"③，有人因而说他是"迂人"，有人则说其是"知本"。我们完全有理由相信，孔瀛当时冒死保护族谱的源动力和真实动机恰恰来源于"知本"，从中说明他对族谱价值和重要性的认识程度，所谓的"迂"则也正好说明其对族谱的痴情与感情，这也是由"知本"所引发的结果。

---

① 徐寿昌：《孔氏南宗史实辨正》，载孔祥楷主编《儒学研究》（上），杭州出版社 2006 年版，第 121 页。

② 孔赵银主编：《（永康山西孔村）孔氏族志》，1997 年铅印本，第 34 页。

③ 宋濂著，罗月霞主编：《宋濂全集》，浙江古籍出版社 1999 年版，第 316 页。

2. 孔氏南宗的敬宗收族

在中国古代传统社会，"尊祖敬宗收族是宗法宗族制的根本原则"[①]，人们希望通过制定族规、编订谱牒、宗族祭祀、周济族人等活动，以达到敬宗收族的目标，孔氏南宗族人更是如此。朝廷的重视和优遇，加之良好的家族传统及本身的自觉意识，铸成了孔氏南宗在宗族活动与敬宗收族方面的典范。

孔氏南宗支派众多，遍布于浙江、江苏、湖南、湖北、江西、安徽、福建、广东等省。面对分布如此之广的支系，在交通极不发达的古代社会，要做到派系分明、宗族和睦自然有着很大难度。然而，孔氏南宗族人在敬宗收族方面却表现出一丝不苟、从不懈怠的精神，取得了显著成效。清乾隆四十七年（1782），孔子第六十九世孙孔继元在为桐乡《孔氏宗谱》所作的序中，引用了其叔叔孔宫锡的话："今吾南宗自衢州本支外，或迁吴兴，或迁慈溪，或迁句容，或迁嘉鱼、新城，约亦不下万人。诚得一通达任事者广为采辑，列诸小宗而合于衢，由衢而合诸曲阜，以成百川注海之观，以全敬宗收族之谊。余虽老，尚能识其要，采辑之任非予而谁？吾宗勉乎哉。"[②] 言辞之中充分表达了南宗族人在敬宗收族方面所体现的志向与舍我其谁的精神。正是这种令人敬

---

① 冯尔康：《18 世纪以来中国家族的现代转向》，上海人民出版社 2005 年版，第 71 页。

② 《（桐乡）孔氏宗谱·孔继元序》，清光绪三十三年（1907）刻本。

重的志向和孜孜以求的精神，激励着南宗族人团结一致、共同发展。

（1）孔氏南宗与北宗之间的交往

孔氏族人南渡以后，一直心系曲阜，怀念北宗族人。宝祐二年（1254），菱湖南宗家庙建成，"规模宏壮，仿佛鲁旧庙"①。家庙建有思鲁阁，"取名思鲁，当有思念鲁地，思念故乡，思念先祖孔子林墓，思念阙里亲族之意。思鲁堂为孔氏南宗后族讲学之地，体现了孔氏家族诗礼之风，也是孔氏南宗家塾教育之滥觞"②。但由于当时政局动荡，孔氏南宗与北宗之间并没有什么交往。直到元至元十九年（1282）孔洙北赴曲阜以后，孔氏南宗族人逐渐开始赴曲阜会叙宗族。孔淑因此而认为这是孔氏家族史的一大盛事：自孔端友"避兵南渡，遂与阙里宗族分而为二"，直至"宋故五十三代袭封洙，首膺召命，还谒林庙，与今袭封公治暨诸族会。百年之分，一旦复合，实吾族之盛事"③。的确，孔洙作为孔氏南渡后第一位重返故里的衍圣公，对孔子家族"百年之分，一旦复合"作出了重要贡献④。孔涛在阐释江南孔氏源流时也如此说道："浙鲁之隔，不过四十九代、五十代二

———

① 《孔氏实录·历代褒崇》，转引自《衢州历史文献集成》（文集专辑）第十册，中华书局2013年版，第66页。

② 《衢州孔氏南宗家庙志》，浙江人民出版社2001年版，第24页。

③ 孔淑：《阙里世系图题辞》，转引自《衢州历史文献集成》（文集专辑）第十册，中华书局2013年版，第63页。

④ 徐寿昌：《江南名贤孔洙及其子孙》，载《衢州名人》，天马图书有限公司2003年版，第150页。

辈而已。"① 孔洙北赴曲阜时，同行者有族长孔应祥。孔应祥为孔子五十一代孙，如果以孔应祥为始点，那么南宗从孔子第五十一世孙开始，便与北宗之间没有阻隔了。

元天历二年（1329），孔涛也曾"亲诣曲阜阙里，拜展林墓，惇叙宗次"②。明洪武十二年（1379），孔思模赴阙里居月余。在孔思模即将返衢之日，衍圣公孔希学赋诗为之送行，诗句"派出仙源本一宗，余枝绍祖固难同"旗帜鲜明地表达出南北一宗的理念；"三衢岁久成家业，千里心诚谒圣容"由衷地赞赏了南宗族人艰苦创业、情系故乡的品格；"愿期南北贤诸族，与道绵绵万古隆"则对南北弘道、共创辉煌寄予了美好期盼。宣德元年（1426），时为太常寺丞的孔克准受朝廷委派，赴曲阜祭祀。祭祀结束后，他在曲阜住了一月之久。期间，孔克准广泛拜访族人，共叙宗亲情谊。有感于这次曲阜之行，同时基于"南北异居，瞻望鲁林，相去数千余里，又不得躬拜扫于其下"的现实，为克服"劳思长怀"的思念之痛而请人绘制了《鲁林怀思图》③。王洪、杨荣（字勉仁，1371—1440）、金幼孜（名善，1367—1431）等人分别为之作《鲁林怀思并序》《题孔寺丞鲁林怀思》《鲁林怀思诗为太常孔克准赋》，从中也可知孔克准的

① 《（永康）孔氏宗谱》卷七《孔传（孔涛按语）》，民国八年（1919）木活字本。
② 周伯琦：《跋〈孔氏宗谱〉后》，转引自《衢州历史文献集成》（文集专辑）第十册，中华书局2013年版，第79页。
③ 吾绅：《鲁林怀思诗卷后序》，转引自《衢州历史文献集成》（文集专辑）第十册，中华书局2013年版，第91页。

为人与学识深得时人赞许。

此外，孔承美、孔传锦、孔庆仪等都曾拜谒曲阜林庙，为促进南、北宗之间交流作出了积极努力。孔氏南宗其他各支派也有北赴阙里、会叙宗族的传统，永康支、兴化支、建德支等南宗族人的谒林活动都曾见诸各支派家谱。

同时，北宗族人也有因为官等原因而来南宗家庙者。孔贞锐为北宗子孙，清朝时任西安知县。他到任后，将南宗家庙修葺一新，并恢复会族等惯例，见"栋宇摧残"，于是"督令修葺，俾为一新。复会族众于庙庭，彬彬穆穆，风气无异洙泗"。同时，孔贞锐因自己是第一位到南宗所在地衢州任职的北宗士人而感到十分荣幸，"阙里甲第蔚起，从未有履此邑者，不敏如锐，何幸莅此"，所以在任职期间谨遵"节爱之训"，"无论百姓安堵如故，至吾族林林，亦皆若训而无梗化者"。他十分关注南宗家庙的祭祀活动，故在离任之前，特"置田一区，补庙中夏冬二祭，俾与阙里无异，勒之庭中，示同宗共守之，无间焉，庶无负追远之意"①。所有这些，对清初孔氏南宗的发展具有特殊意义。孔氏南宗和北宗族人之间经常性的往来，加强了相互之间的沟通了解，促进了孔氏家族和睦，诚可谓泗浙同源、南北一家，"孔氏宗支一脉传，派分两地岂徒然。君臣大义扶持重，祖祢先茔护守坚。鲁北已承宗子爵，江南难舍旧家毡。百年有

---

① 孔贞锐：《清顺治恭修祖庙并设祭田碑记》，转引自《衢州孔氏南宗家庙志》，浙江人民出版社 2001 年版，第 158—159 页。

幸躬瞻扫，忠孝于今喜得全"①。

（2）孔氏南宗各支派之间的相互交往

如前所述，孔氏南宗支系繁多，遍布南方诸省。孔端友一系流寓后裔被称为"南宗派"，后又衍生出江夏支、漳州支、潮州支等。孔传一系流寓后裔被称为"衢州派"，逐渐衍生出抚州支、镇江支、江山支、泰兴支等。此外还有其他派系，如徽州支、永康支、高田支、长洲支等。面对如此繁多而且分布极广的支系，孔氏南宗通过建立有序的组织管理及实践，加强了各支派之间的联系，推动了孔氏南宗的发展。

为有效加强与南宗各支派的联系，衢州翰林院五经博士通过巡游各地、帮助各支派解决实际问题等具体行动，体现宗族内的一本之义，从而起到良好的"收族"效果。建炎年间（1127—1130），孔端躬与其子侍父孔若钧随高宗南渡，后定居于永康樟川，创立了永康南宗支脉。宋宝祐年间（1253—1258），在樟川南岸杏檀园建立孔庙。元至顺年间（1330—1333），孔子第五十五世孙孔克英（字积中）因孔庙倒塌，"往西安为修理恩典，复往阙里谒庙词投衍圣公府，移牒婺州路关会修理圣庙"②。此举体现了衢州孔氏南宗对永康孔氏修理孔庙之事的关心和支持。明代，应希圣、俞柳等人诬指孔端躬后裔冒认圣裔。清代，孔宪成率同族人

---

① 孔胤植重修：《阙里志》卷二十《五十八代孙衢州公易拜祖庙一首》，山东友谊出版社 1991 年《孔子文化大全》本。

② 洪铁城：《沉浮樟溪》，机械工业出版社 2006 年版，第 78 页。

随带谱志来到衢州，希望衢州族人澄清事实。衢州翰林院五经博士孔庆仪对此高度重视，亲临永康，拜谒郭明府和儒学施、戴两师尊，通过文献查阅核对，终于解决了历史疑案，使孔端躬之后代得以昭雪，"邑人之疑尽释，而桦川孔三百余年被诬冤屈亦明"①。

　　唐元和年间（806—820），孔戣祖曾任岭南节度使，惠政及民。唐光化三年（900），孔戣祖曾孙孔昌弼迁居岭南，其子孙分布于番禺、南海、顺德等地。岭南孔氏虽非南宋初南渡的支派，但也属衢州翰林院五经博士统辖。康熙三十四年（1695），该支孔毓发给南宗宗主孔衍桢的呈文中尊称其为"南宗子家大人""南宗子家老爷"。呈文明确记录了孔衍桢到岭南一事："今幸子家大人辱临祠庙，题赐省城匾额，复光顾发等叠溽房祖祠，印给衣巾相礼札付。"孔衍桢的到来对孔毓发等岭南孔氏后裔来说无疑是一种关怀、是一种荣耀。孔毓发在呈文中也提出了优免差徭等实际问题，希望南宗宗主孔衍桢批示申饬。在孔衍桢的关怀努力下，此事得以顺利解决。孔传锦曾到江西新城，游览孔氏族人所建的贤溪书院故址。当时，新城孔氏正在"踊跃趋事鸠工而缔造之"，孔传锦为之撰写的《书院记》对他们寄予厚望："所以兴朝廷之教化，衍先圣之统者，于建书辈有厚望也。"② 当然，这对新城孔氏族人来说也是一种莫大鼓励。

---

　　① 《（永康桦川）孔氏宗谱》卷二《辩诬冒认·圣裔碑记》，民国八年（1919）己未重修谱本。

　　② 转引自崔铭先《孔夫子的嫡长孙们》，浙江人民出版社2009年版，第533页。

孔氏南宗支派中，很多因各种原因未能享受优免差徭等特权。为此，衢州翰林院五经博士经常为南宗各地支派解决优免之事而奔波努力。康熙年间（1622—1722），孔子第六十五世孙孔衍景兄弟由建宁迁居兴安，但此后的一百多年间一直未能享受各种特权。道光三年（1823），道光帝举行临雍盛典，该支派人将族谱呈请衢州翰林院五经博士转诣阙里，最终获准照例享受恩免特权。孔传锦为新城支孔氏后裔、孔广杓为衢州开化孔氏族人的优免差徭之事也都曾上书。孔端木（字子与）等南宗士人利用在各地为官的机会，为当地孔氏族人优免赋役之事上书。明清时期，衢州翰林院五经博士利用推荐各支派所在书院奉祀生的机会，加强与各支派的关联①。

孔氏南宗各支系之间通过修谱等宗族活动，经常发生联系。在孔氏南宗族人看来，"谱，非所谓敬宗收族耶"②？的确，修谱等活动对于加深南宗各支系之间的感情、促进宗族和睦都具有重要意义，而南宗宗主在此过程中无疑具有主导作用。永康孔氏族人孔挺曾会合衢州南宗，续订《阙里宗系》，衢州翰林院五经博士孔承美、孔广杓都曾为桦川《孔氏宗谱》作序。作为南宗宗主，孔承美、孔广杓为支派谱牒作序，对南宗各支派族人而言则是莫大的鞭策和鼓舞。孔

<hr>

① 关于清代奉祀生选任、顶补程序及基本情形，请参见《衢州孔氏南宗家庙志》第三章《孔府》的相关论述，浙江人民出版社 2001 年版，第 61—62 页。

② 孔昭桢：《孔氏续修宗谱序》，载民国《（萧山）孔氏宗谱》，民国七年（1918）木刻本。

子第六十二世孙、衢州翰林院五经博士孔闻音曾到萧山考订宗谱，孔行远认为孔闻音此举具有特殊意义："三衢博士闻音公洞晰鲁浙谱系之详，稔知衢萧宗派之合，躬携图谱，贲然来思，参订明白，此有功于衢鲁，而迈种于吾萧也，吾萧宗亦厚幸也哉。"① 再如江绾孔氏修谱过程中，"请有名望的族人、族亲作序、制条例、订族规等"②。这里的族人、族亲当然不仅仅限于江绾孔氏本支。

古人非常看重宗族和睦，然而现实和理想之间却总有一定距离，"曾未四三传，已藐若秦越之相视"③。温岭孔子后裔曾感慨于以下情形，"宗党岁时不能以期叙拜，讲论少长，遂至不相识知，有失次弗问者，有相冒而弗避者焉……则族谊寝薄，其弊有不可胜言者矣"④。现实中"族谊寝薄"等现象虽时有存在，但孔氏南宗一直重视宗族的组织与管理、家规的制定与践行，通过编修家谱、发展族学、促进支派之间联系等多种途径，继承并发展了诗礼传家的宗族文化，起到了良好的敬宗睦族效果，由此形成了强大的内聚力。正是这种内聚力，成为推动孔氏南宗不断发展的源动力。内涵深厚的族规、自觉的"圣裔"意识、繁盛的族学，

① 孔行远：《续修南渡阙里世谱记》，载民国《（萧山）孔氏宗谱》，民国七年（1918）木刻本。

② 孔繁廉：《温岭孔子后裔》，天马图书有限公司 2005 年版，第 88页。

③ 宋濂著，黄灵庚点校：《宋濂全集》卷六《记五·莆田林氏重修先祠记》，人民文学出版社 2014 年版，第 143 页。

④ 孔繁廉：《温岭孔子后裔》，天马图书有限公司 2005 年版，第 89页。

使孔氏南宗代有英杰，他们"或以诗书擢进士弟，或以政事列刺雄藩，或以文学主教庠序，章绶辉艳，后先相望。初不拘拘于泗水之怀、尼山之思"①。

同时，孔氏南宗的宗族形态及其所蕴含的深厚文化内涵，其影响绝不仅仅限于孔氏家族内部，而且具有强大的辐射力。这种辐射作用在某种程度上是其他政治力量所无法替代的。由于孔氏家族的特殊地位，加之其深厚的文化内涵和良好的道德风范，孔氏南宗对江南各地其他宗族具有良好的示范作用，孔氏族人谦慎和厚的言行更为当地士人树立了良好榜样。在江南地区，孔氏南宗与浦江郑氏、衢州徐氏、江山毛氏等大家望族一道，对促进当地社会发展和文明教化具有积极而深远的影响。

四、明清时期孔氏南宗的宗族文化

自南宋初年南渡以来，孔氏南宗族人谨守祖训，承传礼仪，宗族规制不断严密、完善，进而形成了深厚的宗族文化。明清时期，在"崇儒重道"、注重宗族教化功能的社会大背景下，孔氏南宗深受朝廷重视与优待。明武宗正德元年（1506），明朝廷诏授孔子第五十九世孙孔彦绳为世袭翰林院五经博士，这是孔氏南宗自至元十九年（1282）"孔洙让爵"以来再次受袭封的开始。清朝廷给予孔氏南宗"除正

---

① 宋濂著，黄灵庚点校：《宋濂全集》卷三十二《序十一·赠孔君序》，人民文学出版社 2014 年版，第 697 页。

供外，一切杂泛差徭概行优免"等特权。这无疑在很大程度上推动了孔氏南宗对孔氏宗族文化的传承、创新与发展，在此基础上形成的孔氏南宗宗族文化，内涵丰富，特色鲜明，在江南地区堪称典范。孔氏南宗与当地各望族一道，在政治、文化、风俗等方面发挥示范辐射作用。在此，我们着重从族学与诗文两方面探讨孔氏南宗的宗族文化特色，并以浙西南为重点分析其对江南地区社会文化的历史影响。

1. 代相传承的孔氏南宗族学

孔氏南宗继承、创新、发展了孔氏家族诗礼传家的优良传统，"南宗家塾教育，萌芽于南宋初年孔传等家居时办的'私学'，发端于南宋后期的'思鲁堂'，兴盛于明清时期的家塾、书院，发展于清末民初的近代学校"[①]。孔氏南宗于明弘治（1488—1505）初年修葺的城南家庙，即在殿前西厢重建族学。正德年间，推官刘起宗在东岳庙废址上改建孔氏家塾。家塾规模可观，"为东序者三，以迪成材，为西序者三，以训幼稚"[②]。嘉靖二十年（1541），被黄宗羲称为"江右王门"第一人的邹守益（字谦之，1491—1562）在为孔氏南宗家塾所作的记中写道："刘子（指刘起宗）偕郡守王子聚诸师诸生，切磋于衢麓讲舍，携孔氏童子四十余人，歌《鹿鸣》《伐木》之章，恍然若游洙泗，聆丝竹也。"[③]

---

① 《衢州孔氏南宗家庙志》，浙江人民出版社 2001 年版，第 119 页。

② 民国《衢县志》卷三《建置志上·学校·孔氏家塾》。

③ 康熙《衢州府志》卷七《圣庙图第七·家塾·邹守益记》。

邹守益作为王阳明的嫡传弟子，发扬光大了王学中的"致良知"主张，其学说"得力于敬。敬也者，良知之精明，而不杂以尘俗"，"夫子之后，源远而流分，阳明之没，不失其传者，不得不以先生为宗子"①。具有如此学术地位和影响力的邹守益为南宗家塾作记，足见江南学者对其族学的首肯与重视。此外，王学之所以能在衢州得到较好传播，是与李遂镇守衢州密不可分的，"嘉靖戊戌，李公遂来守，政尚德化，民俗还淳，尤以造士为首务，督率六庠诸生，发明心学，严以科条，联以讲会，而士皆知所向往。"②由于其影响重大，衢州士人就捐资在李遂讲学的地方建立衢麓讲舍。邹守益、钱德洪、王畿、王玑等王学门人经常"会讲"于此，因而推动了儒学在衢州地区的发展。请邹守益作记，不仅体现了孔氏南宗族人对王学门人的敬重及其对王学的态度，而且从中折射出当时衢州儒学发展的方向以及孔氏南宗教育活动对王学传播的推动作用，"南宗的教育思想，随着从朱学逐渐发展为王学，进而使衢州当时的官、私学校成为传播心学的重要阵地，为王学的辐射作出不可低估的贡献"③。明末清初之交，孔氏南宗家塾逐渐衰败。咸丰年间（1850—1861），刘成万捐资在家庙东厅建承启家塾。同治（1861—1874）初年，浙江巡抚左宗棠倡议捐修家庙，并赎

---

① 黄宗羲著，沈善洪主编：《黄宗羲全集》第七册《明儒学案》卷十六《江右王门学案一》，浙江古籍出版社 2005 年版，第 381 页。

② 民国《衢县志》卷十六《碑碣志一·明嘉靖李公讲舍记》。

③ 徐建平、章浙中：《南孔文化》，浙江大学出版社 2004 年版，第 47 页。

回博士濠田，续置承启家塾。后来，孔氏南宗不断得到官方的拨款和士绅官吏的捐资等。经济上的资助在很大程度上保障和推动了孔氏南宗族学的发展。综观明清时期的孔氏南宗族学的发展历程，其教育内容与影响不仅推动了王学的传播，而且随着时代变迁与儒学发展而不断演进，在推动衢州教育走向近代化方面发挥了重要作用。

在良好的族学背景下，孔氏南宗族人一方面学习和继承儒家思想，一方面与社会现实紧密结合，推动儒学发展。洪武六年（1373），孔克表"以学行举，入见上，与语经史，皆称旨，拜修撰，兼国史编修官"①。孔克表因"博学笃行，尤精于史学"② 而在洪武年间被"荐为翰林修撰"，"皆称旨"说明其对经史研读之深刻、理解之透彻。孔大德（字登小）学养深厚，不但安贫乐道，而且著述丰富，"南宫罢归，杜门著述，缾无储粟，意兴豁如。著《史评》十五卷，《易解》八卷，《秀野堂集聚园诗草》十余卷"③。孔贞运为孔子第六十三代孙，官至宰辅，时人将其学问和人品与唐初大儒孔颖达相提并论，崇祯二年（1629）正月，"帝临雍，贞运进讲《书经》。唐贞观时，祭酒孔颖达讲《孝经》，有《释奠颂》。孔氏子孙以国师进讲，至贞运乃再见。帝以圣

---

① 黄佐：《翰林记》卷三《录用圣贤后裔》，文渊阁四库全书本。
② 李贤：《明一统志》卷四十八《温州府·人物·孔克表》，文渊阁四库全书本。
③ 陶成等：《江西通志》卷八十二《人物十七·抚州府三·孔大德》，文渊阁四库全书本。

裔故，从优赐一品服"①。

与空谈性理者不同，孔氏南宗士人历来注重研读经典与关注现实的结合，主张儒学应有资于世用，即对时局有所裨助，或力挽其颓势，或推动其振兴，从而造就了许多栋梁之材。明清时期也是如此。孔克仁学识过人，又注重实学，曾与宋濂共侍明太祖，"太祖数与论天下形势及前代兴亡事"。对于太祖退守两淮、待时以图中原的计划，孔克仁主张"积粮训兵，观衅待时"；对于太祖关于汉朝"治道不纯者何""谁执其咎"等问题，孔克仁认为"王霸杂故""责在高祖"，而汉高祖得以一统中原的原因则在于"知人善任"②。这些回答不仅反映出孔克仁对历史和时势的深入思考，更体现出其充满智慧的谋略，孔克仁也因此深得明太祖赏识。洪武二年（1369），明太祖诏命孔克仁等教授诸皇子及功臣子弟，并且强调："人有积金，必求良冶而范之；有美玉，必求良工而琢之。至于子弟，有美质不求明师教之，岂爱子女不如金玉耶？盖师，所以模范后学者，使之成器……宜辅以实学，毋使效文士记诵词章而已。"③孔克仁被委以如此重任，足见其在明太祖心目中的地位，从中也反映出其经师与人师有机统一的优秀品质。

---

① 张廷玉等：《明史》卷二五三《孔贞运传》，中华书局 1974 年版，第 6535 页。

② 张廷玉等：《明史》卷一三五《孔克仁传》，中华书局 1974 年版，第 3923 页。

③ 林尧俞：《礼部志稿》卷一《圣训·兴学之训》，文渊阁四库全书本。

生于清末的孔庆仪，忧国忧时，力图挽救时艰。他推陈出新，率先推行新学，因而成为晚清至民国初期孔氏南宗士人中由传统向现代转型的关键人物。第一，在宗族管理方面，"躬承祀典，趋跄有度"，"聿新家祠，更建公署，经营祀产，百废俱举"。第二，在文化教育方面，"慨旧学之不足以图存，力与维新，倡立孔氏中学校，培植族内寒畯，复长县立高小学，灌溉地方文明"。第三，在发展经济方面，实行创商会、督堰功等措施。第四，在社会建设方面，提倡厉行烟禁。所有这些，"莫不得风气之先"①。此外，位至宰辅的孔贞运、被时人誉为有宰相之才的孔贞时、通晓世务的孔尚豫、官至吏部员外郎的孔谟等孔氏南宗族人，都注重实学，才干卓绝。这种风气并不是一朝一夕形成的，而是长期以来儒家推崇"笃行"思想的结晶，也是孔氏南宗注重学行统一的家学传统的结晶。

"孔子办教育，以品德修行为第一位，在家教上也很重视这方面的教育"，其家教思想"呈现出强调恪守礼法、教子宜严、父权以及治家是治国基础的特色"②。孔氏南宗族人在继承这些思想的基础之上，认真研读儒家经典，更在言行上恪守孔子训导，从而推动了家学的兴盛。孔克准为人孝敬，在任太常博士期间，其于家，"母夫人在堂，旦则出营职，及暇而归，即率妇子侍左右，备物敬养焉，夫人乐

---

① 民国《衢县志》卷二十三《人物志三·孔庆仪》。

② 孔德懋、高建军：《孔子家族全书·家规礼仪》，辽海出版社1999年版，第161—162页。

之";其为人为事,"谦慎和厚,秉礼而蹈义,其奉职尤尽诚。与人交,久而敬",因而深得时人尊重,"人亦无不爱敬君者",以至去世后"相知者莫不哀之"。其妻则"贤而谨礼……亲处友、睦姻戚、和乡党"。孔克准真可谓"圣泽之长,君行之良;宜寿宜昌,而忽已亡;纳铭其藏,后世之光"①。孔克进曾任奉议大夫、宗人府经历,杨士奇(名寓,1366—1444)的《孔经历挽诗》称他"谦和自天性,文雅出时髦"。孔有斌"为人克俭克勤,其厚于持家也;安分守己,其厚于处世也。而且弗损于人,无利于己,善亲朋,睦乡里,训其子孙循乎规矩,此皆公之所厚者也"②。孔昭晙(字寅谷)博通经史,但为了方便照料年事已高的祖母和母亲,"不思远离"而"就职候铨",以"娱亲课子授徒"为业,每年"及门获隽者常八九人",其身上所体现的孝与尽心尽责的优秀品德,被瞿宗师誉为"品学两优,不愧为圣人之后裔"③。由此可见,孔氏南宗族人不辱圣人后裔之殊遇,时刻遵循孝悌之道,谦和爱人,深得世人尊敬,其宗族文化的教化作用也因此历久弥新,成为当地民众待人处世的典范,诚如徐映璞所说:"足为乡邦弁冕。"④"弁冕"原意为居首,在此则为示范、典范之意。

---

① 王直:《抑庵文后集》卷二十九《孔君墓志铭》,文渊阁四库全书本。

② 施其略:《有斌翁传赞》,载孔赵银主编《(永康山西孔村)孔氏族志》,1997年铅印本,第40页。

③ 民国《衢县志》卷二十三《人物志三·孔昭晙》。

④ 徐映璞:《两浙史事丛稿》,浙江古籍出版社1988年版,第26页。

2. 精彩纷呈的孔氏南宗诗文

以诗抒怀、以文咏志是历代中国文人的优秀传统。孔氏南宗族人认真研读儒家经典，反复体悟，修身养性。基于这种深厚学养的诗文，其境界自然不俗。孔氏南宗士人常常以诗文寄托忠孝情怀。孔广升（字允升）"平生具忠义之概"，寓拳拳之心于诗歌之中。其《秋暮登城有感》尽情地抒发了忧国情怀与报国之志："斗大山城气肃秋，征衫有泪落登楼。西风唳鹤惊寒木，落日饥鸿散古洲。时难虽筹团字策，天高空抱杞人忧。书生无路长缨请，志在楼兰未肯收。"他通过西风、落日、唳鹤、饥鸿等意象，既深刻揭示了时局艰难、民不聊生的悲凉景象，也充分表达自身"空抱杞人忧"的孤愤和"志在楼兰"的情怀。与此对应的《书愤》则流露出不得用世的幽忧孤愤："囊有济时策，中怀报国心。可怜不成用，空自发豪吟。"孔广升以诗歌抒发怀抱，是儒家诗教"以诗言志"主张的具体实践。

孔氏南宗族人也为后人留下了不少山水诗，以表达他们寄情山水的心境。孔闻音《九日登高》中"把酒酣歌忘落帽，盘桓赋就抚孤松"，生动描写了登高饮酒、忘情自然的情形。孔昭睃在《恭和宾臣公祖游柯山作原韵集字》中的"相期文化事，乐此寄群贤"，由对柯山传说的联想，抒发了弘扬文化的志向；其《西湖竹枝词》用清新自然的语言痛快淋漓地描绘西湖美景："疑云疑雾山头树，时去时来堤外船。羡杀六桥风景好，满湖明月荡秋烟。"

在孔氏南宗士人中，建德（今安徽东至）支孔氏族人孔贞时因作品之多、成就之高尤为引人注目。孔贞时博极群书，以博大胸怀与天地相接，目之所接，景象万般，心之所感，不同流俗。他强调文章的经世功能，"文以经天纬地，不在于字画彩绘之间也"①。以"文以经天纬地"为创作观念，孔贞时多有诗文佳作，"先生生有智骨，有道心，有不可一世意，不喜读世间无用书，作世间无用文字"②。晚明时期，中原板荡，战事不断，民不聊生，孔贞时的《送吴师每年兄饷节云中》《鹿乹岳年兄留借金花左摘出都》（其二）等诗，生动刻画出动荡的时局、忧虑的内心，同时流露出对百姓乱离的感怀，宛如"史诗"："狼烟未靖羽书驰，处处军糈苦度支。鸿雁泽中声呖呖，车牛道上靰迟迟"；"谁忘汉耻任天骄，偏急琼林不急辽"。在《阅辽左边图》的最后，孔贞时不禁发出"漠漠风尘归指顾，谁投班笔佐宸谟"的感叹，多么期望有人能效班超投笔从戎，建功疆场，为国效力。其《初寒念边戍》既描写了边地的寒苦、征人的情感——"日落千营沙碛寒，风高九月阴山雪。可怜砧杵授衣时，断续声中有所思"；又寄托了美好的愿望——"安得销兵作农器，尽归胡地咏尧天"，盼望战争早日结束、人民早日过上安定生活的美好愿望跃然于诗中。

孔贞时也时常将自己的忧虑、牢愁以及不可排遣的烦愁倾注诗中。试看其《闲坐》诗所描写："幽怀不可遣，鹈鹕

① 孔贞时：《在鲁斋文集》卷三《文章根本六经解》，《四库禁毁书丛刊》本。
② 孔贞时：《在鲁斋文集》卷首《小叙（曹可明撰）》，《四库禁毁书丛刊》本。

枝头哜。日色去迎秋，闲人闭庭院。病来无些力，顾影问消息。心病几时瘳，树云都邑邑。"此诗开头一句就让人感到作者的无限忧愁，奠定了全诗的情感基调。在此心境下，鹊的叫声徒增烦恼，日色迎秋则勾勒出萧条的景象。"顾影问消息"，所问何事，"心病几时瘳"，所病何事，很难确指。在作者眼中，树、云也都是忧郁不乐。全诗语言质朴凝重，虽未明言忧愁的具体内容，但其欲言又止、婉曲隐微的风格更让读者感受到他的忧心忡忡。

孔贞时的诗作题材丰富，形式各异，然都能曲尽其情，动人肺腑。其古体诗内容丰富，往往在一篇之中表达多种情感，情迁笔转，浑然一体。他善于在诗中表情达意，或含蓄或畅达，或委曲或直率。其诗作情感激荡，撼人心魄。其《读陆宣公奏议有感》，对陆贽"平生所学不负君，成败利钝岂心计？百疏若丹社稷臣，宁砭六失碱九弊"的忠贞与功业十分推崇，对其"白日不照黄金蔽""孤影零丁峡江濙"的结局又深感惋惜和悲愤，并由此抒发了"从古忠贞何代无，遇巷每难逢圣世""吁嗟何代无忠贞，安得明良千载契"的感慨。该诗抒情慷慨淋漓，多处运用反问形式，"激发披陈，淋漓盈楮""惟气撼山岳，所以字挟风霜"①。其《金台行》则以如椽大笔，再现了燕昭王筑台招贤时的风云际会，同时由对历史的追怀转到对天子的期冀，借古讽今，希望当朝皇帝能礼贤下士，振兴朝纲。

---

① 孔贞时：《在鲁斋文集》卷首《小叙（曹可明撰）》，《四库禁毁书丛刊》本。

孔氏南宗族人擅长诗文者不在少数。宋濂称孔克仁：
"孔氏孙子以学行知名者，代有其人，而克仁亦以文章家自
显。"① 孔克良（字善夫）涵养深厚，"俊爽以外扬，贞介以
内确"，且"其诗若文，皆清雅有古法"②。孔贞时有治世之
才，其文章言之有物，议论精当，真可谓"酌古准今，不
屑务铅华"，其"足兵足饷议，娓娓千言，悉中窾要"③。清
初，临川支派的孔尚典、孔毓琼、孔毓功三人在文学上均有
较深造诣和影响，都有集子被收入《四库全书》。令人遗憾
的是，南宗族人的很多作品已散佚不见，难以考索。

孔氏南宗族人的诗文创作及其与历代苍衢文人的唱和之
作，不仅丰富了文坛，也丰富了衢州文化，更丰富了孔氏南
宗的宗族文化。他们以儒家"修身、齐家、治国、平天下"
的思想为人生信条，借诗文抒发抱负、寄托理想，并从诗文
中折射出崇高的人格风范。这些作品，一方面让人们仰慕其
人格，一方面有裨于教化，启迪人们更好地理解和践行儒家
思想，推动文化创新与发展。

3. 敦品励学的示范教化功能

长期以来，孔氏南宗族人一方面严守"孝悌""谦和"
等道德规范，一方面通过参与政治活动、教育活动及担任乡

---

① 宋濂著，黄灵庚点校：《宋濂全集》卷四十《题识五·孔氏谱系
后跋》，人民文学出版社 2014 年版，第 895 页。

② 林弼：《林登州集》卷八《送孔善夫序》，文渊阁四库全书本。

③ 《古今图书集成·明伦汇编·氏族典》卷三七八《孔姓部列传二
·孔贞时》，中华书局 1986 年影印本。

饮正宾等方式，规劝民众，引领风尚，倡导弘扬优秀道德，具有良好的教化示范作用，这在浙西南地区体现得尤为明显。

其一，在当地宗族中率先垂范，为地方稳定发挥积极作用。古代社会秩序的维持，除了官吏的作用，很大程度上有赖于民间的各种社会管理组织，宗族则是其中不可或缺的重要力量。基于血缘的宗族具有一种内在凝聚力，宗族和睦对于协调人们之间的关系、维护地方治安、促进地方和谐发展具有重要意义。在古代传统社会，人们往往聚族而居，浙西南地区也是如此，叶氏、毛氏、徐氏等望族在当地乡村社会中发挥了重要的组织功能。如龙游，"族不问大小各自为村，有事则集于一堂，宗法虽亡犹有古敦睦遗（"遗"，引者疑为"遗"）风"[1]。具有鲜明文化特色的孔氏南宗，其作用自然不容忽视，"南渡以还，搢绅显宦，往往遁迹于衢，由是徐、王、孔、叶为著姓。数传之后，族大支繁，不能尽纪，炳蔚史册，代有科名"[2]，"衢州著姓，初以徐、王、郑、叶并称，及孔氏南渡，乃推徐、王、孔、叶，阀阅相承，世为婚媾"[3]。孔氏南宗在衢州的影响力由此可窥一斑。雍正二年（1724）颁发的《圣谕广训》将宗族活动的作用概括为四方面，"立家庙以荐烝尝，设家塾以课子弟，置义田以赡贫乏，修族谱以联疏远"，即祭祀、教育、济贫、敬

---

①　余绍宋：《龙游县志》（第一册），语丝出版社1999年版，第88页。

②　民国《衢县志》卷十一《族望志》。

③　徐映璞：《两浙史事丛稿》，浙江古籍出版社1988年版，第48页。

宗收族。孔氏南宗在此四方面都堪称典范，对当地宗族起到了示范作用，推动了其他宗族的发展，从而促进了地方稳定。

其二，推动了浙西南地区的好学尚理之风。衢州素有尚学之风，“吴、越地卑，而此方独高厚……名山大川，既丽且清，俗尚文学，有古遗风”[①]。南宋以降，孔氏南宗更积极地推动了这种风气。孔氏南宗家庙的存在使衢州成为历代文人名士竞相瞻仰的圣地，如南宋的朱熹、吕祖谦、张栻，明朝的刘基、胡翰、李遂、徐渭，清朝的李渔、朱彝尊、陈鹏年、刘国光等一批又一批著名学者和文人，都曾来到衢州拜谒孔氏南宗家庙，并留下了大量名篇佳作，一方面极大地丰富了以衢州为中心的区域文化内涵，推动了江南社会文明发展；一方面极大地激励了衢州士人，极大地优化了区域人文环境。正如朱彝尊所评说：“西安之俗，其君子敏于事，士之志于学者不少……得侯所购之书贮于学，有不相观而善，相悦而解，辨其同异而博喻之者乎！吾知教之所由兴，必自西安始，爰摭其本末而书之于右。”[②] 同时，以好学为重要特征的孔氏南宗宗族文化也对衢州士人产生了积极影响，衢州士人于学理、修身方面更加孜孜以求，“力学操觚，安贫砥行，不越礼犯分、告讦狡狯之事。尤多师范，经师人师后先辈出，故后进人品学问皆有原本”，注重修养，以期

---

① 民国《衢县志》卷八《风俗志·习尚》引李华《衢州刺史厅壁记》。

② 朱彝尊：《修建西安县儒学记》，转引自王志邦点校雍正《浙江通志》，中华书局 2001 年版，第 871 页。

有为，"以低昂为荣辱，各树坛坫，争自濯磨"①，从而形成了"风土朴野，民众醇厚"的良好风气。当然，这种风气形成的因素很多，但包括孔氏南宗在内的诸多世家大族的南迁，以及由此带来的中原文化影响则是重要因素之一。

其三，促进了浙西南地区"悍而果"民风的改变。长期以来，浙西南地区民风强悍，"衢属各县，文吏或包揽词讼，武夫则睚眦杀人。江、常两县尤甚，素称难治"②，"龙邑愚民，偶因雀角之忿辄思自尽以图诈害，亲属又不行救援听其殒命，即为奇货可居，纠合党羽席卷仇家"③。如此民风自然不利于百姓的安居乐业与地方社会稳定。历代统治者为此通过各种方式推行教化，"乡饮酒礼"作为流传久远的习俗，成为推行教化的重要途径之一，"《记》曰：'乡饮酒之礼废，则争斗之狱繁矣。'故《仪礼》所记，惟乡饮之礼达于庶民。自周迄明，损益代殊，而其礼不废"④。明太祖希望借此达到"叙长幼，论贤良，别奸顽，异罪人"⑤ 的功效。德高望重者被奉为乡饮正宾而居于尊位。孔氏南宗族人中先后担任乡饮正宾的人不少，如孔克惠、孔希敏、孔希政

---

① 民国《衢县志》卷八《风俗志·习尚》引《大清一统志》。

② 徐映璞：《两浙史事丛稿》，浙江古籍出版社 1988 年版，第 358 页。

③ 余绍宋：《龙游县志》（第一册），语丝出版社 1999 年版，第 129 页。

④ 张廷玉等：《明史》卷五十六《礼十·乡饮酒礼》，中华书局 1974 年版，第 1419 页。

⑤ 钱伯城等：《全明文》（第一册），上海古籍出版社 1992 年版，第 612 页。

等，孔公诚担任乡饮大宾，孔弘章居三宾位。他们严于律己、宽厚待人的道德操守成为当地民众的楷模，促进了地方风气的改善。孔氏南宗族人还通过日常规劝以改善世人品行。孔子第六十六代孙孔兴道文辞出众，"欲令肆业敷文书院，以亲老辞"，昭示了其孝心。他在父亲去世后"不复志科第，闭户著书，常戒子弟曰：'吾家世业经畬。勿堕先绪'"。他品性端方，注重身教，其规劝效果因而十分明显，"见人过每动容相规，人亦无怨之者"①。孔氏南宗族人的身体力行使其声望不断提高，当地百姓为其中的一些士人立祠建庙。孔宥称以其人格风范在当地影响深远，"德巨服人，慈祥固美，方肆情怀，出于儒家"，士人与百姓在祭祀与追念中自然受到道德感化。他葬于峡源，坑村人为他立祠建庙，奉祀香火，"自元迄今终年不绝，每岁忌日，专请戏班演戏表示祀念，家家户户非常隆重。文革期间，庙毁像璀（"璀"，引者疑为"摧"）。一九九三年峡源村人重建庙宇，重塑金身纪念"②。

其四，孔氏南宗祭孔活动丰富了衢州士绅和民众的精神世界。对国家而言，祭孔的重要意义在于行尊圣之礼。孔氏南宗历来重视祭孔活动，明清时期仪式更加隆重，其中以春秋两大祭为最盛。祭孔活动对士绅和民众精神世界的影响主要体现在以下方面：一是通过超自然的、富有宗教意味的氛

---

① 嘉庆《西安县志》卷三十四《文苑·国朝·孔兴道》。
② 孔赵银主编：《（永康山西孔村）孔氏族志·孔宥称传》，1997年铅印本，第39页。

围，让民众产生敬畏心和对国家政权的认同感，"种类繁多、反复操演的政治仪式常常成为演示和灌输国家神话和民族意识的中心节目"①。二是通过对圣人崇拜之礼的体悟，让民众更好地理解和接受儒家思想，"孔子以道设教，天下祀之，非祀其人，祀其教也，祀其道也。今使天下之人，读其书，由其教，行其道，而不得举其祀，非所以维人心扶世教也"②。

衢州古代多"鲁阜山神庙"（又称三圣庙）。这与冯世科笔记中所记述的传说密切相关："衍圣公孔端友负楷木像扈跸来南，夜泊镇江。奉像舟覆风浪中，有三神人拥像逆流而上，得于江滨，公焚香祷谢，烟篆'鲁阜山神'四字。公后赐家于衢，因建祠祀神。"明清直至民国时期，"三圣之祀遍于衢地，三家之村、三叉之路及于园圃之间，几乎无处无之"③，遍衢"鲁阜山神"所寄托的恰恰是"崇敬圣人之意"④。由此可见，无论是祭孔还是祭祀山神，都表达了民众对圣人的崇敬，因而有助于净化人们的精神世界。

①　马敏：《政治象征——符号的文化功能浅析》，《华南师范大学学报》2007 年第 4 期。

②　张廷玉等：《明史》卷一三九《钱唐程徐列传》，中华书局 1974 年版，第 3982 页。

③　民国《衢县志》卷四《建置志下·鲁阜山神祠》。

④　刘禺生：《世载堂杂忆》，中华书局 1960 年版，第 267 页。

第三章 孔氏南宗与江南社会的互动融合

　　自南渡以来，孔氏南宗族人一方面勤读经史、诗礼相传，一方面积极融入当地社会，与各地学者士人开展交游活动，以此不断丰富其文化内涵。孔氏南宗积极而广泛的交游，充分体现出其对儒家道德的坚守、对现实的关注以及与世相推的精神。孔氏南宗在与婺州学者的交游中，以许谦（字益之，1269—1337）、吴师道（字正传，1283—1344）、黄溍（字晋卿，1277—1357）、胡翰（字仲申，1307—1381）、宋濂（字景濂，1310—1381）等婺州名儒为代表。在江西境内的临川、黎川、金溪、宁都、新建、鹰潭等孔氏南宗诸支派，与王英（字时彦）、魏禧（字冰叔，堂名易堂，1624—1680）、魏礼（字和公，1628—1693）、彭士望（字躬庵，1610—1683）、林时益（字确斋，1618—1678）等江西学者和名士广泛交游。各地学者士人对孔氏南宗的敬仰、评价、推崇具有较强的一致性，不但尊崇孔氏南宗族人的人品与才学，盛赞其诗礼之风，而且充分肯定孔氏南宗的大宗地位。孔氏南宗的交游活动，从一个侧面折射出讲求实学、内涵丰富、底蕴深厚的孔氏南宗文化特征。交游活动不仅扩大了孔氏南宗的影响，促进了孔氏南宗及各支派在江南地区的发展，而且极大地推动江南区域社会的发展。

与此同时，孔氏南宗族人继承和发扬了儒家学说中经世致用、修己以安人以及礼让治国的思想，强调教养在政治活动中的作用，注重政治举措的现实针对性，并以各种形式积极从事和参与政治活动。由于孔氏家族的独特身份和地位，更加之良好的"德让"风范，孔氏南宗士人的政治活动为江南社会注入了强大凝聚力。衢州因有孔氏南宗家庙和孔氏后裔而成为宋元之际江南学者士人的向往之地，吾衍作为元代衢州开化人，自小受到孔氏南宗文化的影响，具有较深的儒家文化情结，出于文化寻根而自称为"鲁郡吾衍"，这也正是江南学者士人对孔氏南宗尊崇的一个缩影。

一、明清时期孔氏南宗之交游

师友交游是古代士人达到博学与明道的重要途径。孔氏南宗秉承儒家"以文会友，以友辅仁"的宗旨，具有与历代学者士人广泛交游的优良传统。孔氏南宗的交游对象及其与学者士人的往来诗文，在很大程度上折射出孔氏南宗的学术旨趣与文化意义。在此，我们以明清时期为重点，就孔氏南宗的交游活动首先进行概括性的总体分析。

1. 历史与文化基础

元至元十九年（1282），孔氏南宗宗主、孔子第五十三世嫡长孙孔洙让爵于曲阜宗弟孔治，孔氏南宗的宗族活动与族人生活从此陷入困境。直到明清时期，孔氏南宗才得以复爵与振兴。孔氏南宗的振兴为此后广泛的交游活动奠定了重要基础。

首先，复爵促进了孔氏南宗的振兴与发展。孔洙让爵无论在经济上还是政治上都对孔氏南宗造成了重大损失，甚至出现了洪武十九年（1386）五顷祭田被抄没的不幸之事。失去爵位与祭田被抄没，导致钟鼓玉帛式等礼仪活动难以延续，时人谢迁（字于乔，1449—1531）曾对孔氏南宗遭受的境遇作了如此描述："址存派紊，租税之入，无以计其虚盈；时祭之行，无以考其官称，祠墓圮毁而莫之理，赐田淹没而莫之究，子孙繁衍，旁正混淆，同衣冠于流俗，而与阙里相霄壤。"[①] 尽管如此，孔氏南宗族人依然诗礼传承，明道弘道。族人或担任地方官员，或担任学官，或亦耕亦读，不管身处何境，注重修身，谨守礼义。明代翰林学士江澜以"孝义"称孔洙让爵之德，并称赞其子孙淡泊守志。为生计而奔忙，生活清苦的孔氏南宗族人以"君子固穷"自勉，不忘明道弘道之志，亦可谓诗礼不坠。

直到明正德元年（1506），明廷准衢州知府沈杰授衢州孔子子孙一人以五经博士之奏请，授孔子第五十九世孙孔彦绳为翰林院五经博士，子孙世袭，孔氏南宗爵位由此得以恢复。孔氏南宗由此再度引起了人们的更多关注，众多时人也因之得以了解孔氏南宗，沈杰主持编刻的《三衢孔氏家庙

---

① 谢迁：《博士记》，转引自《衢州历史文献集成》（文集专辑）第十册，中华书局 2013 年版，第 102 页。

志》则更扩大了孔氏南宗的影响。此后，孔氏南宗重展世家大族风范。正德十六年（1521）鼎建的新桥街家庙，其规模与格局均非此前州学与家庙所能比拟；孔氏家塾逐渐走向兴盛，族学繁昌，人才辈出；修谱、祭祀、会族等宗族活动广泛开展，世家大族风范令世人瞩目，前往拜谒家庙、领略孔氏南宗礼乐文化的士绅民众络绎不绝。

其次，孔氏南宗的复兴，造就了一批学养深醇、才干突出的人才。复爵之后，无论是宗族事务、宗族文化，还是族人的社会作为，均使孔氏南宗声名大振，令人称道。为政方面，孔氏南宗不乏身居要职，政绩突出，为同僚与士民交口称赞者。孔克仁与宋濂共侍明太祖，并受太祖之命为皇室子弟和功臣子弟授经。孔克准在明初任工部都水司主事、太常博士、太常丞，其人品为时人推崇，称其"奉职尤尽诚。与人交，久而敬，人亦无不爱敬君者"[1]。建德支孔氏族人孔贞时、孔贞运兄弟在晚明身居高位，孔贞时任翰林院检讨，孔贞运曾任翰林院编修、国学祭酒、礼部尚书等职，官至首辅，兄弟两人殚精竭虑，为国尽心，其品行、才学与政绩皆为当世所称。晚清时期的孔庆仪在各方面都较有作为，无愧"得风气之先"[2]，为当地教育、经济、水利等事业作出了贡献。从教方面，孔氏南宗不乏才学优长、悉心从教、门生众多之士。孔思模曾任西安儒学教谕、国子监学正等

① 王直：《五十五世孙太常丞孔则夫墓志铭》，转引自《衢州历史文献集成》（文集专辑）第十册，中华书局2013年版，第94页。
② 民国《衢县志》卷二十三《人物志三·孔庆仪》。

职。孔毓芝、孔传曾父子孜孜于学，才思通敏，将心血与精力付诸教育，为士人民众所尊敬。桐乡支南宗孔氏族人孔自洙深得刘宗周（字起东，1578—1645）赏识，曾任剑南参藩、福建学政等职。孔克安、孔克谦、孔宪采等人，皆熟读经史，涵养深厚，言行莫不合乎仁义，致力于言传身教，培育人才，移风易俗。

因"圣裔"身份所赋予的特殊文化符号，更由于自身的作为，孔氏南宗为历代学者士人所谙知。明代刑部主事、礼部侍郎、南京刑部侍郎吾绅（字叔缙，1381—1441）所说的"士之谈孔氏之盛者，北则曰鲁，南则曰衢"①，反映出孔氏南宗地位之重要，影响之广大。

2. 交游形式与内涵

由于影响广大、作为显著，明清时期，孔氏南宗与学者士人之交游广泛而密切。交游对象既有朝廷官员，又有地方士人；既有学问淹通的学者，又有才情纵横的文人，其间不乏饱负盛名者。明代"开国文臣之首"宋濂，与孔瀛、孔克英、孔克仁等孔氏南宗族人均有深厚的交往。关于孔氏南宗与婺州学者的交游活动，我们将在随后篇幅中作专题论述。

宋濂弟子方孝孺，学识卓异，深受世人尊崇。方孝孺及其弟子章朴与宁海孔氏的关系甚为密切。宁海孔氏为孔氏南

---

① 吾绅：《鲁林怀思诗卷后序》，转引自《衢州历史文献集成》（文集专辑）第十册，中华书局 2013 年版，第 91 页。

宗分支，孔子第五十三世孙孔淋避乱迁居会稽，后又迁于宁海，为隅南孔氏始迁祖。章朴在应老师方孝孺之嘱而为隅南孔氏族谱所作的序中，描写了与隅南孔氏族人孔克聪的交往之情，"与予联姻，世契同博弟子员，殆犹夫子德教而范我矜式"，且"克聪公之祖母为方氏，而逊志先生以内侄居督海，率予同受业者久之"①，孔克聪与章朴、方孝孺三人之间的关系于此可见一斑，后人也常常会提及三人之间的这种关系。此外，章朴还记述了隅南孔氏的风雨历程，并对其繁荣发展给予高度评价："五十三代祖讳淋公者，树帜艺林司铎。邹序遭乱，挂冠入山，栖会稽，复迁宁海隅南居焉。至克聪公与克坚、克表、克愚诸公为雁行，历五十五世矣。子姓繁衍，昭穆森森，一如鲁庭家训"②。

杨士奇、杨荣、杨溥并称"三杨"，在明代政坛德高望重。杨士奇、杨荣与孔氏南宗族人的往来较为频繁。前文所说的孔克准因思念曲阜林庙而请人作的《鲁林怀思图》，众多士人为之题写诗文，其中就包括杨士奇的《鲁林怀思图诗后序》。杨士奇的"后序"，对孔克准"北望尼山"而从不忘却"水木本源之念"的情怀大加赞赏，并认为这是其"孝"的重要体现，"孝哉，克准之用心也"，"孝者，善继人之志，善述人之事者也。推克准之心，诚由先圣之道，可谓孔氏贤子孙"，由是表达了由衷的崇敬之情，甚至于"重

① 《古今图书集成·明伦汇编·氏族典》卷三七八《孔圣部艺文·隅南孔氏谱序》，中华书局 1986 年影印本。
② 《古今图书集成·明伦汇编·氏族典》卷三七八《孔圣部艺文·隅南孔氏谱序》，中华书局 1986 年影印本。

致爱敬之意"①。与杨士奇有同样认识的还有：历任侍讲、户部右侍郎兼文渊阁大学士、两朝实录总裁官等职的金幼孜，历任翰林检讨、修撰、侍讲、《永乐大典》副总裁官等职的王洪，翰林院庶吉士吾绅等。由此可见孔克准的人品之高及其影响之大。在朝为官的衢州孔氏族人，除孔克准与杨士奇交往密切之外，还有孔思模、孔克惠父子，以及曾任宗人府经历的孔克进等。杨士奇所作的《孔经历挽诗》两首，不仅对孔克进谦和文雅的人品大为赞赏，并且表达了无限哀思。

王直（字行俭，1379—1462），永乐二年（1404）进士，曾任礼部侍郎、吏部尚书、少傅等职，与金溪王英并称"二王"。曾任太常博士、太常丞的孔克准与王直之间的往来十分密切，两人相交二十年，结下了深厚感情。王直为孔克准所作的墓志铭，追忆了两人从初识、相知到分别、复见的经历，笔端饱含深情。孔克准之子孔希经幼年时即已才华俊逸，令王直称奇。宣德七年（1432），孔希经入太学，王直作序赠之，以勉励其修身明道。

黎淳，天顺元年（1457）状元，曾任南京礼部尚书，《明史》有传。孔子第五十五世孙、嘉鱼支族人孔克儒的学问、道德、才干不仅受到时人敬重，而且深得黎淳赏识。孔克儒提任南京浙江道监察御史时，黎淳为其作的序，既称赞其突出的才干，又希望其竭忠尽力，建立功勋。

---

① 杨士奇：《东里集（文集）》卷三《鲁林怀思图诗后序》，文渊阁四库全书本。

明中叶后，王守仁学说的风行对明代思潮产生了重大影响。孔氏南宗族人与王学人物多有交游，王守仁弟子王玑、邹守益等均为孔氏南宗赋诗作文。

李遂（字邦良，生卒年不详），江西丰城人，与王学人物多有往来，但"并未完全融入阳明学的学术信仰之中，始终与阳明学者保持着一定距离"①。嘉靖十七年（1538），李遂出任衢州太守，拜谒南宗孔庙后得知孔氏之艰难，感慨万分，于是下令拨给孔氏官田三十多亩，以缓解孔氏南宗的困难，体现了一任地方官的"尊重之意"。王玑对此事评价极高，认为"宣天子化而明德，恤祀忠且敬也。所恤者孔祀，重本也"，李遂为孔氏南宗增加祭田，实在是"一事而众美形"②。嘉靖二十年（1541），邹守益应孔说、孔彦继、孔彦才、孔彦统等孔氏南宗族人之邀而作的孔氏家塾记，勉励南宗族人循良知之旨，承孔门遗教。

方豪，衢州士人，王守仁在《方思道送西峰》一诗中盛赞方豪的才干与诗情。方豪与孔氏南宗族人多有往来，与孔子第六十世孙孔承美相知。孔承美入朝袭封爵位时，方豪为其所作的送行诗曰："圣道原无极，贤孙尚有官。晓日摇朱芾，春风样锦鞍。光辉增阙里，安稳上严滩。烦与尊翁约，柯山扫石坛"③，从送别到相约，可见两人交情之笃深。

---

① 刘勇：《明儒李遂的讲学活动及其与阳明学之关系》，载《明史研究论丛》第九辑，紫禁城出版社 2011 年版，第 213 页。

② 民国《衢县志》卷十六《碑碣志一·明嘉靖增孔庙祭田记》。

③ 方豪：《赠孔大博菱湖先生袭爵南还》，转引自《衢州历史文献集成》（文集专辑）第十册，中华书局 2013 年版，第 111 页。

正德十四年（1519），方豪为新建的新桥街家庙作《明正德衢州孔氏家庙碑》。

朱彝尊，清初著名学者，擅诗词、考据，著有《曝书亭集》《经义考》等。桐乡孔氏族人孔兴俊与朱彝尊曾共游晋祠，"康熙丁未三月三日"，"修禊祠下，酌难老之泉，采长生之苹，网鱼于渊，古桑落于市，相与聚饮溪亭之上，留宿朝阳之宫。既旦，感后会之难期，重念此乐之不可泯也，乃继马于林，纪同游姓氏于壁"①。

出生于文学世家的杜堮对当时文坛影响很大。南宗族人孔传曾请杜堮为家藏的先人耕读遗照题诗，所谓"孔生三衢秀，家世金丝堂……隆冬践岩壑，从我于括苍。袖出耕读图，切切语傍徨"。杜堮看到耕读图，感慨深沉："对图忽叹息，抚案翻迴徨。北风震户牖，飒飒吹大荒。"② 道光三年（1823），杜堮又为重修竣工的孔氏南宗家庙作《清道光重修衢州孔氏家庙记》。

在接待前来拜谒家庙的士绅民众时，孔氏南宗士人还请士绅民众观瞻祖传珍宝，孔子及亓官夫人楷木像便是孔氏南宗家庙的重要珍宝。清代学者朱珏在拜谒家庙、瞻仰楷木像后作诗云："我来拜遗像，抠衣屏骈役。俨然五岳真，亓官

---

① 朱彝尊：《曝书亭集》卷六十八《题名·重游晋祠禊饮题名》，文渊阁四库全书本。"古"在四部丛刊初编本中为"沽"，根据文意，此处应为"沽"字。
② 杜堮：《遂初草庐诗集》卷九《越吟集·孔生传曾携其先人耕读遗照乞题因书其事》，续修四库全书本。

对几席",并自注说:"楷木二真像犹留,传周时所雕也。"①
与魏源、龚自珍、汤鹏并称为"道光四子"的清代诗人张
际亮在拜谒衢州孔庙后也作诗记之,既盛叹楷木像之传神,
"追摹出端木,气象谁能言";又感慨孔氏南渡之艰辛,"感
念丧乱日,万族遭艰屯;礼乐付灰烬,衣冠成钳髡;大运往
必复,盛衰相为根;自从南渡来,更历兵戈繁";最后表达
了道济苍生的志愿,"何以报君师,旦夕康黎元"②。

3. 交游影响与启示

明清时期孔氏南宗的交游活动,不仅扩大了孔氏南宗的
社会交往面,提高了孔氏南宗的地位与影响,而且丰富了江
南地区士绅民众的文化活动,推动了地方社会文化的建设与
发展。

首先,明清时期孔氏南宗的交游活动提高了孔氏南宗的
地位与影响,更多学者充分认识并肯定了孔氏南宗的大宗地
位。交游过程是彼此不断熟悉的过程,随着交游面的不断扩
大和交游活动的深入,人们对孔氏南宗历史的认识和了解也
更为全面和深入。程敏政、刘宗周、魏禧、李元度等明清学
者,强调和肯定了孔氏南宗的大宗地位。徐寿昌先生熟谙孔
氏南宗史料,其《孔彦绳复爵的前前后后》一文对历史上

---

① 朱珪:《知足斋诗集》卷七《谒夫子家庙示孔氏诸生用前移居二
首韵》,续修四库全书本。

② 张际亮著,王飚校点:《思伯子堂诗文集》卷三十《九月十六日
衢州谒先圣家庙拜瞻遗像恭纪十八韵》,上海古籍出版社 2007 年版,第
1190 页。

"谁是孔氏宗子"之争作了详尽考索。在此，我们以明清学者心目中的孔氏南宗地位问题为切入，对该问题作进一步探讨。

孔氏南宗失爵期间，士绅民众深知其在孔氏家族中的地位，对其艰难之境遇，"人皆恻之"。对衢州孔氏的这一共识，正是明正德元年（1506）孔氏南宗得以复爵的思想基础和历史基础。孔氏南宗复爵之后，其影响进一步扩大。孔子第六十世孙孔承美袭爵南还之时，翰林学士江澜为其所作的序就说："宣圣之后，在曲阜者以公爵相传远矣，而三衢孔氏乃其大宗也。"[1] 江澜的"大宗"之说，代表了明清时期诸多学者的共识，此后类似的表述不断见诸文人笔端。

并称"南朱北王"的清初著名学者朱彝尊与王士祯，均对孔氏南宗认识深入，并明确阐述了孔氏南宗的大宗地位。朱彝尊不但高度评价了孔洙让爵的可贵精神，此所谓"元人思复立大宗，而宗子辞不受，能以礼让，是人之所难也"。不仅如此，朱彝尊对孔宏幹《孔门金载》"于三衢一支弃而不录"的做法表示极大愤慨："奠系世辨昭穆者宜如是乎？可为长太息也矣！"[2] 王士祯则更为旗帜鲜明地认为："孔氏大宗在衢州，别派居句容、仪封"[3]。

"清初三大家"之一的魏禧，不但高度赞誉孔氏南宗对

---

① 江澜：《送孔君承美授翰林世袭荣归序》，转引自《衢州历史文献集成》（文集专辑）第十册，中华书局 2013 年版，第 111 页。

② 朱彝尊：《曝书亭集》卷四十七《书韩敕孔庙前后二碑并阴足本》，文渊阁四库全书本。

③ 王士祯：《居易录》卷三十四，文渊阁四库全书本。

孔氏家学的传承，而且以孔氏南宗"子孙仅一官博士"为憾，以为"圣君贤宰相复起，其必有以厘定"①。魏禧的观点引起李咸斋、李元度等人的强烈共鸣。李元度为晚清将领，对孔氏南宗颇为关注，曾阅读魏禧、陈庚焕关于孔氏南宗的文章，对魏禧将公爵还给孔氏南宗的观点极为赞成。

其次，孔氏南宗的交游活动促进了其与江南士绅民众的文化互动，既推动了孔氏南宗自身的发展，又推动了当地社会文化的发展。孔氏南宗文化既体现于其世家大族风范之上，也体现于族人的言行处世之中。孔氏南宗族人与士绅民众的交游，也正是孔氏南宗文化与江南各地文化互动融合的过程。

孔氏南宗在明清时期得到了较好发展，出现了人才鼎盛、宗族繁昌的景象，爵位的恢复固然是重要原因，但孔氏南宗与学者之间的广泛交游则是不容忽视的又一重要因素。一方面，明清学者对孔氏南宗的盛赞与推崇扩大了其文化影响，提升了其社会地位；一方面，学者们的规诫、劝勉对孔氏南宗族人的立身行事起到了重要鞭策、激励作用，从而有利于孔氏南宗的发展。更重要的是，交游为孔氏南宗与当时名儒士绅的文化互动和思想碰撞提供了契机，从而为孔氏南宗的与时俱进创造了良好的社会文化环境。

明清时期，人们普遍希望通过强化宗族组织、加强敬宗收族以改善社会风俗，但效果却并不理想。孔氏南宗不但拥

---

① 魏禧：《魏叔子文集外编》卷十二《跋·贤溪重修孔圣庙碑记跋》，续修四库全书本。

有丰富的宗族思想与优良传统，而且在修谱、祭祀、家学、会族等方面的实践都堪称典范，加之孔氏家族的特殊身份，其宗族文化的影响自然不容低估。作为孔氏南宗核心地，衢州吸引了无数士人前来登堂观礼，罗璟、方豪、李之芳、朱珪、杜堮、张际亮等知名士人都曾拜谒家庙。士人观礼之余，受其感染，知所向往，对当地风俗的改善和文化的发展起到了良好的推动作用。

不但衢州孔氏素为当地望族，孔氏南宗各支派也多是儒风浩荡、诗礼相继，在江南各地都具有相应影响。桐乡、新城、句容、萧山、嘉鱼等孔氏南宗支派，都因淳厚的家族文化得到时人称赞。明代散曲名家冯惟敏曾游句容孔东山园，作有《游句曲孔东山园》八首。他不但称赞句容孔氏的文化习尚，而且流连于孔东山园的山水溪径，称赏令人向往、和乐怡然的环境。嘉鱼孔氏属衢州派四支，涌现了孔福元、孔克儒、孔克仪等名贤，黎淳所称的"嘉鱼为县雄武昌，其钜姓则孔氏实甲乙也"①，充分反映了嘉鱼南宗孔氏在当地的作为与地位。

源远流长、内涵深厚的孔氏南宗文化培育了无数贤达，其人格风范为世人所仰。杨椿为《衢州府志》作序时，表达了深受孔氏南宗家庙及孔氏南宗族人风范沐浴之感："比来衢州，州于宋时为辅郡，孔氏家庙今在焉，祗谒之余，如

---

① 黎淳：《黎文僖公集》卷十一《序·庆孔宗学授南京监察御史序》，续修四库全书本。

登阙里。其子姓在州者，咸断断有邹鲁之风。"[1] 由此可见孔氏南宗族人的交游对士人所起的影响何其之广，何其之深，何其之远！

近年来，史学发展缓慢已引起高度关注。有学者认为，要改变这一现状，一方面"当以真实示天下"，"真实的魅力就在于它不可重复的历史价值"[2]，一方面要有补于世。从历史中挖掘与提炼具有当代价值的文化内涵，是有补于世的重要途径，孔氏南宗交游活动及其影响在很大程度上折射出这样的文化内涵与价值取向。在中国文化传统中，十分重视师友交游，强调"以友辅仁"，从而形成了丰富的交游思想与交游文化，诸如仁爱、择友、诚信、敬友、规劝等问题，古人都有深刻的论述。孔氏南宗在交游活动中，积极践行友道，不仅让世人感受"圣裔"的人格风范，而且让世人感知其关注现实、与世相推的文化精神。

二、孔氏南宗与婺州学者之交游

自建炎三年（1129）南渡以来，孔氏南宗一方面积极推动宗族发展，一方面致力于明道弘道，其社会影响也不断扩大。孔氏南宗声誉之隆，既得力于孔氏南宗的多方面作为，又得力于孔氏南宗的广泛交游。"圣裔"的特殊身份，

① 杨椿：《孟邻堂文抄》卷十四《衢州府志小序》，续修四库全书本。

② 刘志琴：《史书，当以真实示天下》，《社会科学报》2013 年 3 月 28 日。

加之自身向学好学、乐与士人切磋，孔氏南宗的交游相当广泛。以历代学者来说，孔氏南宗师友交游者不计其数。其中，孔氏南宗与婺州学者之间交游之广、之深尤为引人注目。

1. 孔氏南宗与婺州学者交游概述

南宋以来，衢州是孔子嫡长孙生活之地，孔氏南宗家庙所在地。南宋初年，孔子第四十七世孙孔传，第四十八世孙、衍圣公孔端友率部分孔氏族人筚路蓝缕，开创基业，孔子后裔继而由衢州不断散居浙、苏、湘、鄂、闽等南方各地。在浙西南一带，孔氏南宗支派之分布甚为广泛。就衢州而言，除城区之外，南宗支派遍及江山、常山等县，且影响较大；就金华而言，大理寺评事孔端躬侍父南渡，后家于永康榉川，开创永康支，"其后裔广布于今浙江永康、磐安、新昌、仙居、缙云等县山区，为南宗一大支脉"①。

婺州地区学术繁昌。尤其是宋元以来，以陈亮为代表的永康之学，以吕祖谦为代表的婺学，以何基（字子恭，1188—1268）、王柏（字会之，1197—1274）、金履祥（字吉父，1232—1303）、许谦为代表的北山学派，都对中国思想文化的演进产生了深远影响。对婺州学者来说，孔氏南渡使之得以"近圣人之居"②，衢州孔氏南宗家庙"与阙里之

---

① 《衢州孔氏南宗家庙志》，浙江人民出版社 2001 年版，第 17 页。
② 朱熹：《四书章句集注·孟子集注》，岳麓书社 2007 年版，第519 页。

堂南北并峙"①。婺州学者于是纷纷赴衢拜谒孔氏家庙，与孔氏南宗族人结交、交游。同时，广布于浙西南地区的孔氏南宗族人也得地利之便，与婺州学者交流、切磋，加上宦场结交等途径，孔氏南宗族人和婺州学者之间的交游广泛而密切，产生了重要的社会文化影响。

许谦和何基、王柏、金履祥并称"金华四先生"。他们"曾受学于吕祖谦，婺学色彩较重，但其后期的思想重心渐渐地转到了朱学之上，因其推广朱学有功，受到后世统治者的褒扬，列为理学正宗"②，许谦则更是"把金华朱学推向了鼎盛时期"③。孔氏南宗族人与许谦的交游极为深厚。孔涛曾携孔道辅击蛇笏请许谦题诗，许谦在诗中写道："君家爱甘棠，什袭传八世。岂惟子孙珍，观者咸起畏。勿徒宝此传，肖德惟尚志。"④孔洙之子孔楷深得许谦赏识，许谦"以女妻之"。吴师道（字正传）与许谦"在师友之间"⑤，也应孔涛之请作《宋中丞孔公击蛇笏赞》。

黄溍在元代任侍讲学士、知制诰等职，文章为世人所推

---

① 民国《衢县志》卷十六《碑碣志一·清道光重修衢州孔氏家庙记》。

② 沈冬梅、范立舟：《浙江通史》（宋代卷），浙江人民出版社2005年版，第440页。

③ 沈冬梅、范立舟：《浙江通史》（宋代卷），浙江人民出版社2005年版，第44页。

④ 许谦：《白云集》卷一《孔涛巨源携八世祖中丞击蛇槐笏求诗》，文渊阁四库全书本。

⑤ 黄宗羲著，沈善洪主编：《黄宗羲全集》第六册《宋元学案》卷八十一《西山真氏学案》，浙江古籍出版社2005年版，第254页。

崇。去世之时，"学士大夫闻之，俱流涕曰：'黄公亡矣，一代文章尽矣'"①。黄溍在应孔涛之请所作的《击蛇笏赞》和之后为其所撰的墓志铭中，对孔涛的家世、学术、文章、仕途、行事、轶事等记之甚详，对孔涛的学术、品行、才干等评价甚高，足见两人之间的情谊之深，"予缔交于君最久且亲，自谓知君莫予若"②。

胡翰在经史、古文等方面造诣很高，曾任衢州教授。元末孔氏南宗城南家庙修葺之后，胡翰为之作《孔氏家庙记》。城南家庙建于孔洙让爵（1282）之前，是孔氏南宗的第二座家庙。元至正十九年（1359），"王恺董郡军民事……谒拜庙庭，以为水木本源所系不可无以示衢人，命有司葺而新之"，这是城南家庙的第一次修葺。《孔氏家庙记》对孔氏南宗及家庙变迁等史实的记述翔实清晰，胡翰在作记前后与孔氏南宗族人的交往由此可见一斑。孔克仁与胡翰交往尤深，且有史料为证。孔克仁在明初任浙东按察使，其事迹虽"未见记载"，但可"从李昱写给他的诗和胡翰写给他的书信（引者注：此信为《与孔元夫按察书》）中了解一二"③。此信的原由是孔克仁请胡翰出仕，其中原因"除了两人早就相识之外，恐怕还有胡翰曾担任过衢州府教授，为

---

① 宋濂著，罗月霞主编：《宋濂全集》，浙江古籍出版社 1999 年版，第 308 页。
② 黄溍：《文献集》卷九上《承直郎潮州路总管府知事孔君墓志铭》，文渊阁四库全书本。
③ 崔铭先：《孔夫子的嫡长孙们》，浙江人民出版社 2009 版，第 209 页。

孔氏家庙的修葺作过贡献，并且亲笔为重修的家庙撰写过碑记"① 等有关，从中可见孔克仁与胡翰之交情及其对胡翰之推崇。信中，胡翰对孔克仁在谋略、涵养、风采等方面给予高度赞赏，称其"在省为端人，按部为贤使，其谋猷言，皆经纬献替"，为人"刚明正大，公平易直，有古君子之风"②。

　　宋濂是明代"开国文臣之首，士大夫造门乞文者，后先相踵"③。孔氏南宗士人和宋濂的交往十分密切，孔瀛、孔克仁、孔克英、孔希仁等人与宋濂的交往情况，宋濂文章和其他文献中均有详细记载。孔瀛为孔子第五十三世孙，与宋濂堪称知音。对宋濂的造访，孔瀛十分激动，"吾见子殆欲忘食也"④。宋濂对孔瀛的去世十分悲痛，闻之"哭之恸"，"因克仁请志其事"而撰的《故检校孔君权厝志》写道，"未卒十五日，与会稽梁君元亨，会饮克仁家。公居筵端剧谈至日西下，饮酒虽稍减，精神浮动，犹津津然，不意公之遽亡也"⑤，两人之间的深厚感情，以及宋濂对孔瀛的

① 崔铭先：《孔夫子的嫡长孙们》，浙江人民出版社 2009 版，第211 页。
② 胡翰：《胡仲子集》卷三《与孔元夫按察书》，文渊阁四库全书本。
③ 张廷玉等：《明史》卷一二八《宋濂传》，中华书局 1974 年版，第 3787—3788 页。
④ 宋濂著，罗月霞主编：《宋濂全集》，浙江古籍出版社 1999 年版，第 317 页。
⑤ 宋濂著，罗月霞主编：《宋濂全集》，浙江古籍出版社 1999 年版，第 317 页。

痛惜之意、悲痛之情溢于言表。孔克仁为孔子第五十五世孙，其学识与才干深得明太祖赏识。孔克仁与宋濂早在朱元璋为吴王之时就共侍左右，两人因而有着频繁接触和交往，相互间也十分了解。朱元璋与孔、宋共商政事之外，还涉及家事，从中可知其对两人的信任。至正二十四年（1364），朱元璋在看了中书省所呈的"宗庙祭飨及月朔荐新礼仪"之后触景生情，于是"悲怆流涕"地向宋濂、孔克仁诉说了自己早年的身世遭遇，"昔遭艰难，饥馑相仍"，所以二亲在时"欲养而力不给"，而今"赖天地之佑，化家为国"，可惜"二亲又不及养"。有感于此，朱元璋即刻"命并录皇考妣忌日，岁时飨祀以为常"①。明太祖在研读《汉书》之时，"宋濂、孔克仁等在侧"②。鉴于对子弟教育重要性的高度认识，明太祖于洪武二年（1369）将教育诸皇子及功臣子弟的重任交给了孔克仁等大臣，并提出了明确的目标和要求。宋濂、孔克仁之间的深厚交往和至深情谊，也可从宋濂为孔克仁所作的《孔氏谱系后题》和《故检校孔君权厝志》中得到充分反映。孔克英为孔子第五十五世孙，永康支南宗族人，宋濂年少时曾在金华山中聆听孔克英讲学，孔克英去世后，宋濂在《丹阳书院山长克英墓铭》中，对孔克英"浮沉下游，竟不能少展所学而殁"的命运深表痛心，并发

　① 毕沅：《续资治通鉴》卷二一八《至正二十四年夏四月甲午朔条》，中华书局1957年版，第5926页。
　② 黄光昇：《昭代典则》卷三《甲辰五月条》，续修四库全书本。

出了"诚有不可窥测者"① 的感慨。孔克英之子孔希仁往曲阜谒庙会族，宋濂撰《送永康孔教谕士安往曲阜谒庙序》，以资勉励。

2. 婺州学者心目中的孔氏南宗

孔氏南宗士人和婺州学者之间的交游既密切又默契。婺州学者对孔氏南宗的评价和推崇表现出很强的一致性，这种一致性主要体现在以下两方面。

一是就孔氏南宗的地位而言，婺州学者熟知孔氏南宗史事，向以孔氏南宗为大宗。孔氏南渡以来，南宋朝廷先后封了孔玠、孔揩、孔文远、孔万春、孔洙五代衍圣公。忽必烈灭宋之后，"疑所立，或言孔氏子孙寓衢者乃其宗子"②，毕沅《续资治通鉴》、傅恒《御批历代通鉴辑览》也有相同记载。这表明，孔氏南宗在元初的影响之大。此后，元世祖召孔洙赴阙，孔洙让爵于曲阜宗弟孔治。

孔洙让爵以后，孔氏南宗失去了至尊的政治地位以及与之相应的经济基础，境遇艰难，甚至于"衣冠祭仪，混同流俗"③。尽管如此，孔氏南宗族人谨记"圣裔"身份，传承家学，衍圣弘道。与孔氏南宗交往密切的婺州学者，坚持

① 宋濂著，黄灵庚点校：《宋濂全集》卷六十七《墓铭四·丹阳书院山长克英墓铭》，人民文学出版社 2014 年版，第 1598 页。

② 徐乾学：《资治通鉴后编》卷一五四《至元十九年十一月丁卯条》，文渊阁四库全书本。

③ 《古今图书集成·明伦汇编·官常典》卷一一六《圣裔部汇考二》，中华书局 1986 年影印本。

以孔氏南宗为大宗，并为南宗的境遇而感到惋惜、痛心。黄溍是其中的代表人物，"率先强调南渡和让爵史事，并为之惋惜者，当推侍讲学士、知制诰、同知经筵事黄溍"[1]，其《承直郎潮州路总管府知事孔君墓志铭》，对孔氏南渡和孔洙让爵等史事的记载十分详尽，此文作于距离孔氏南宗复爵（1506）一百六十多年前的至正二年（1342）。明初胡翰所撰的《孔氏家庙记》，认为南宗家庙的地位至高无上，"庙于鲁者，礼也；舍鲁而南者，宗子去国，以庙从焉，亦礼也。"[2] 尽管孔氏南宗复爵是此后数十年的事情，但正如徐寿昌先生所认为，正是由于包括胡翰、宋濂在内的明初诸多学者对孔氏南宗史事的关注以及评述，从而使"寓衢者为孔氏嫡派子孙"成为"朝廷上下之共识"。

无论是忽必烈"疑所立"时的"或言孔氏子孙寓衢者乃其宗子"，还是明初朝廷上下形成"寓衢者为孔氏嫡派子孙"的共识，尽管因素是多方面的，但孔氏南宗的家族影响是不容忽视的重要因素。孔氏南宗与婺州学者的交游，扩大了南宗的家族影响；婺州学者对孔氏南宗地位的认识与评价，不仅有利于人们准确地认识孔氏南宗，而且在明廷恢复南宗爵位的进程中也起到了推波助澜的作用。

二是就孔氏南宗的文化内涵而言，婺州学者对孔氏南宗士人的学养、品行、忠义精神与诗礼文化推崇有加。在长期

---

[1]　徐寿昌：《孔彦绳复爵的前前后后》，《浙西文学》（内部刊物）2002 年（冬）。

[2]　康熙《衢州府志》卷七《圣庙图第七·修建·胡翰记》。

交游中，婺州学者熟知孔氏南宗士人事迹，对其深厚的学养与崇高的品行极为推崇。孔洙之子孔楷幼年时就因出众的才华深得许谦赏识，诗曰："玉树生阶庭，英材挺天秀。九龄书大字，学业日已富。东床有妙选，嘉耦圣人胄。洙泗后渊源，力积乃能究。勉者南宫容，白日不可又。"① 黄溍、胡翰、宋濂等名儒对孔氏南宗英杰也大加推崇。黄溍为孔涛所作的墓志铭，不但盛赞其"幼有异质，五岁知读书，八岁能属文"，"警敏"而又虚心好学，由是"学益进，声誉益起"的才华与品质，而且评价其所作之诗"尚俊迈，文浑厚，不事纤巧"。墓志铭既通过记述孔涛为政事迹，对其经世之才干、爱民之仁德给予充分肯定，又通过记述其孝行、义举，对其"孝友出于天性""急于人之患难穷厄""笃于师友之谊""与人交，欢然无间""尚气不阿，有过必面折"的品德予以高度赞赏。在黄溍心目中，孔涛的学识、人品，都堪称世范，"矫矫孔君，生今之世。无待而兴，六行兼备。直道以行，视险若夷"，故而人"服其识量"②。胡翰给孔克仁的信盛赞其"与人言不存形迹，曰是而是耳，曰非而非耳，开心见诚，辟之青天白日，虽庸人竖子，皆以为磊落明白"，故"知其用心者"③。

---

① 许谦：《白云集》卷一《孔衍圣幼年能书大字以女妻之》，文渊阁四库全书本。

② 黄溍：《文献集》卷九上《承直郎潮州路总管府知事孔君墓志铭》，文渊阁四库全书本。

③ 胡翰：《胡仲子集》卷三《与孔元夫按察书》，文渊阁四库全书本。

宋濂对孔瀛、孔克仁、孔克英等孔氏南宗士人给予了高度评价。孔瀛与宋濂相交甚厚，"濂闻公死，哭之恸"，"扷泪以书其略"，宋濂为孔瀛所作的权厝志，对其生平和为政事迹都作了细致生动的描写，令人想见其"生平侠气，时时见眉宇间"，"性颇严介"的人格品质。同时，宋濂对孔瀛"末路颠连""古人之所悲，公不幸蹈之"的境遇深表惋惜，感慨"人孰无患难，未有甚如公者"①。孔克仁的学识深得明太祖赏识，宋濂称其"以文章家自显"②。孔克英为永康支南宗族人，宋濂曾亲聆孔克英授课，对其才华极为推崇："自弱龄时，见府君于金华山中，荐绅方满座，而府君扬确古今，陈义甚高。听者盖忻然无倦色，且咸期府君必将大用斯世。"③ 孔克英之子孔希仁，曾任永康儒学教谕，宋濂对其也给予极高评价："以文行贡士，铨曹选为其邑教谕，有名于时。"④

婺州学者在与孔氏南宗士人的交游中，不但对南宗士人的学识、涵养、性情及其气质了解至深，而且对以忠义精神和诗礼文化为重要内容和特征的孔氏南宗文化精神推崇之至。胡翰的《孔氏家庙记》不仅称其"作庙于南，会通之

---

① 宋濂著，罗月霞主编：《宋濂全集》，浙江古籍出版社 1999 年版，第 317 页。

② 宋濂著，黄灵庚点校：《宋濂全集》卷四十《题识五·孔氏谱系后跋》，人民文学出版社 2014 年版，第 895 页。

③ 宋濂著，黄灵庚点校：《宋濂全集》卷六十七《墓铭四·丹阳书院山长克英墓铭》，人民文学出版社 2014 年版，第 1598 页。

④ 宋濂著，黄灵庚点校：《宋濂全集》卷三十五《序十四·送永康孔教谕士安往曲阜谒庙序》，人民文学出版社 2014 年版，第 785 页。

礼"，而且称其"诗书仁义之泽，罔有穷极"①；宋濂不仅称之"业其家学不坠"②，而且认为"其势方殷而未艾"③。所有这些，既折射出孔氏南宗族学的悠久兴盛，又寄托了婺州学者对孔氏南宗的期许与信心。

3. 孔氏南宗与婺州学者交游之影响

首先，学者名儒的称许和劝勉为孔氏南宗族人示所向往，推动了孔氏南宗的发展。作为元明时期名声卓著的学者，许谦、胡翰、宋濂为孔氏南宗撰文，其意义则远不止于表达对孔氏南宗的仰慕之情。婺州学者对南宗士人及其宗族文化的称许，集中表达了江南士人乃至广大民众对孔氏南宗的仰慕之情；其字里行间所透露的劝勉之词，既明示与坚定了南宗族人的前进方向，又鞭策南宗族人恪守孔子训导，以明道弘道为己任。孔涛请当时士人为道辅击蛇笏题词就是其中的典型，许谦、黄溍、吴师道等人均为之题词。孔子第四十三世孙孔道辅以笏击蛇，体现了过人的胆识。孔氏南宗族人在扈跸南渡的颠沛流离之际，依然携带、保护击蛇笏，此后珍藏于家。孔涛请士人题词，无疑体现了对击蛇笏的无比珍视，题词者一方面称颂孔道辅"平生大节，刚毅忠劲，得之深、养之熟"的品格，认为其以笏击蛇行为所体现的

---

① 弘治《衢州府志》卷十四《孔氏家庙记》。
② 宋濂著，黄灵庚点校：《宋濂全集》卷三十五《序十四·送永康孔教谕士安往曲阜谒庙序》，人民文学出版社2014年版，第785页。
③ 宋濂著，黄灵庚点校：《宋濂全集》卷六十七《墓铭四·丹阳书院山长克英墓铭》，人民文学出版社2014年版，第1598页。

则是"气"和"义",所谓"义以决胜,气以直前,笏以达其至"①;一方面则以此劝勉南宗族人"勿徒宝此传,肖德惟尚志"②。宋濂无论在《孔氏谱系后题》中所说的"不可以不谨其传,而于正外二支,尤所当明辩之"③,还是在为孔希仁所作送行诗中说的"为贤者之子孙难矣,未若为圣人之子孙尤难也。何者?其先愈大,人望之愈深,故为其后者愈不易也","欲其进于道而无忝于圣人也"④,一方面由衷地表达了对孔氏南宗的崇敬之情,一方面殷切地寄托了南北孔氏团结自强、不辱"圣祖"、无愧"圣裔"的厚望。

其次,孔氏南宗与婺州学者的交游既促进了孔氏南宗思想的演进,又推动了浙西南地区朱学的发展。孔氏南宗与婺州学者交游的影响是相互的,就孔氏南宗来说,交游使南宗士人更好地理解和接受了朱学。有学者认为,孔楷的具体事迹之所以未见于孔氏谱牒及其他史料,是"与他受之于父母、岳父(金华名儒许谦)的'和''逊'思想"密切相关的,为继承弘扬这一思想,他将两个儿子"命名为克和、

① 吴师道:《礼部集》卷十一《宋中丞孔公击蛇笏赞》,文渊阁四库全书本。
② 许谦:《白云集》卷一《孔涛巨源携八世祖中丞击蛇槐笏求诗》,文渊阁四库全书本。
③ 宋濂著,黄灵庚点校:《宋濂全集》卷四十《题识五·孔氏谱系后跋》,人民文学出版社 2014 年版,第 895 页。
④ 宋濂著,黄灵庚点校:《宋濂全集》卷三十五《序十四·送永康孔教谕士安往曲阜谒庙序》,人民文学出版社 2014 年版,第 784—785 页。

克逊"①。婺州学者对孔氏南宗的影响自然远不止于此。

与孔氏南宗交游密切的婺州学者大多为朱学之代表人物，且相互之间往往具有师友、交游等关系。许谦为"北山四先生"之一，对北山学派的发扬光大影响甚大，"何基、王柏及金履祥殁，其学犹未大显，至谦而其道益著，故学者推原统绪，以为朱熹之世适。江浙行中书省为请于朝，建四贤书院，以奉祠事，而列于学官"②。吴师道曾求教于许谦，"其教一遵许鲁斋成法"，虽不曾在许谦面前自称弟子，但却感到与其交往之中受益匪浅，其对许谦的祭文则充分反映出两者之间的"授受"关系，"小子托交，殆三十年，指圣途而诱掖，极友道以磨镌，骨肉不足以俪其亲，金石不足以拟其坚。比居闲而独处，益共究于遗编，不鄙予以不肖，将叩竭于师传"③。当然，吴师道对许谦学说的发扬光大具有独特的贡献，正如黄百家（字主一，1643—1709）所说，"白云非得子长、正传，其道又未必光显如是。"④ 黄潜的学问具有重大的开创性，诚可谓"博极天下之书，而约之于至精，剖析经史疑难，及古今因革制度名物之属，旁

---

① 徐寿昌：《端友、洙皆有子》，载孔祥楷主编《儒学研究》（下），杭州出版社 2006 年版，第 139 页。

② 宋濂等：《元史》卷一八九《儒学一》，中华书局 1974 年版，第 4320 页。

③ 黄宗羲著，沈善洪主编：《黄宗羲全集》第六册《宋元学案》卷八十二《北山四先生学案》，浙江古籍出版社 2005 年版，第 253—254 页。

④ 黄宗羲著，沈善洪主编：《黄宗羲全集》第六册《宋元学案》卷八十二《北山四先生学案》，浙江古籍出版社 2005 年版，第 254 页。

引曲证，多先儒所未发"①。胡翰师从于许谦、吴师道、吴莱（字立夫，1297—1340）等名家，"从吴正传师道受经、吴立夫莱学古文词，又登白云之门，获闻考亭相传的绪"②。宋濂自"幼英敏强记，就学于闻人梦吉，通《五经》，复往从吴莱学。已，游柳贯（字道传，1270—1342）、黄溍之门，两人皆亟逊濂，自谓弗如"③。婺州学者如此密切的师友与交游关系，使其学说得以长久相承，并产生广泛而深远的影响。对此，黄百家曾如此梳理和揭示了其间的渊源关系："北山一派，鲁斋、仁山、白云既纯然得朱子之学髓，而柳道传、吴正传以逮戴叔能（名戴良，1317—1383）、宋潜溪一辈，又得朱子之文澜，蔚乎盛哉！是数紫阳之嫡子，端在金华。"④ 孔氏南宗族人能与"得朱子之学髓"的婺州学者开展密切而深入的交游，自然而然地使两者之间的思想产生激烈的碰撞与影响。值得一提的是，金华朱学"在学术思想之深层结构中承载了吕氏的学脉，体现了浙东学派的基本精神在后世的贯彻"，而且"注重融通经史，有志于用世而期以开物成务"⑤，这种经史融通与经世致用的精神恰

① 宋濂等：《元史》卷一八一《黄溍传》，中华书局1974年版，第4188—4189页。

② 黄宗羲著，沈善洪主编：《黄宗羲全集》第六册《宋元学案》卷八十二《北山四先生学案》，浙江古籍出版社2005年版，第266页。

③ 张廷玉等：《明史》卷一二八《宋濂传》，中华书局1974年版，第3784页。

④ 黄宗羲著，沈善洪主编：《黄宗羲全集》第六册《宋元学案》卷八十二《北山四先生学案》，浙江古籍出版社2005年版，第216页。

⑤ 沈善洪：《浙江文化史》，浙江大学出版社2009年版，第166页。

巧与孔氏南宗的文化精神相一致，这在孔洙、孔楷、孔克英、孔克仁等孔氏南宗名贤身上得到了明显体现。对此，我们在前文已作阐述，此处不作赘述。

当然，与孔氏南宗交游的朱学人物并不限于婺州学者。元代，新儒学发展呈现出三条主线，"许谦代表南方金华一线，许衡（字仲平，号鲁斋，1209—1281）代表北方赵复（字仁甫，生卒年不详）一线，以及吴澄（字幼清、伯清，1249—1333）代表江西饶鲁（字伯舆，1193—1264）一线"①。孔氏南宗与金华一线的交游如前所述，与赵复一线和饶鲁一线的交游在此各举一例。衍圣公孔万春之弟孔万龄曾经师从许衡，具有较大的学术影响，"从鲁斋许衡学，有声江浙"②；皇庆元年（1312），永康支孔氏南宗族人孔洌将赴衢谒庙，然后赴任常德学谕。为此，吴澄作《赠永康孔学谕能静诣衢谒庙赴任序》送之。可见，孔氏南宗与新儒学发展的三条线均有交集，综合考察孔元龙与"直继晦翁"③的真德秀（始字实夫，后字景元，1178—1235）之间的师从关系与交游活动，孔思俊于同安建立大同书院以祀朱子等事迹，充分说明孔氏南宗在南宋后期直至明初期间对朱学的尊崇，从中也反映出其学术思想的演进轨迹。孔氏南宗在教育活动中积极传播朱学，有力地推动了浙西南及江南地

---

① 陈荣捷：《朱学论集》，华东师范大学出版社 2007 年版，第 199 页。

② 徐映璞：《两浙史事丛稿》，浙江古籍出版社 1988 年版，第 31 页。

③ 黄宗羲著，沈善洪主编：《黄宗羲全集》第六册《宋元学案》卷八十一《西山真氏学案》，浙江古籍出版社 2005 年版，第 177 页。

区朱学的发展。

特别值得一提的是，南宋后期至明初，因朱熹本人在浙西南地区大力传播朱学，因而其他朱学代表人物也纷至沓来。以衢州为例，朱熹曾多次拜访江山名贤徐存（字诚叟，生卒年不详），讲学于柯山书院、明正书院、开化听雨轩（后为包山书院）等书院。金履祥高足柳贯曾于元大德四年（1300）任江山教谕；胡翰任衢州教授；章溢（字三益，1314—1369）曾师从许谦门人王毅，任衢州知府。他们在衢州的讲学等活动不仅推动了朱子学说在衢州的传播，而且极大地丰富了衢州学术和文化的内涵。

总之，浙西南地方官员的努力、名师大儒的讲学活动，与孔氏南宗的积极影响汇成一股合力，共同推动了浙西南儒学的演进，衢州由此儒学兴盛，先后涌现了一批较有影响的儒学代表，"三衢人士力学重儒恂恂自守，多以朴茂渊雅称。盖礼教所渐，蒸为风俗"，从宋景祐间（1034—1038）"始建学宫，嗣后紫阳来衢，发明伊洛之理，徐、柴、江、邹接踵而起"[1]，以至于出现元至明初期间"学者犹未可枚举""宋时进士，实冠东南"[2] 的现象。处州也出现了刘炎、吴梅（字仁柏）、王光祖等理学名士。

最后，孔氏南宗与婺州学者的交游极大推动了江南地区的文化交流和区域文化发展。在文化、学术交流方面，浙西

---

[1] 民国《衢县志》卷十六《碑碣志一·清光绪重修衢州府学碑记》。

[2] 民国《衢县志》卷十六《碑碣志一·清乾隆重修正谊书院碑记》。

南地区具有独特的地理优势，"南宋时，因浙东有'重江之阻'，中原学者和世族为安全起见，往往由芜湖或九江附近渡江，经江山、常山、衢州入浙，以金华为重镇（故有小'邹鲁'之称），再经永康、丽水，或经宁波、台州，至永嘉汇合入闽，沿途择地而居。因此，这条路线成为当时重要的学术交往走廊"①。南宋以来，浙西南一带讲学活动频繁，学术交流活跃。以衢州为例，"鹅湖之会"以后，朱熹、吕祖谦、陆九渊会讲于开化包山听雨轩；明代，李遂建衢麓讲舍，王阳明多名弟子会讲于此。孔氏南宗与婺州学者的交游，一方面为浙西南尤其衢州士人与婺州名儒的交游创造了良好机会，活跃了学术文化气氛，增进了文化交流，另一方面在浙西南地区形成了向学好学、慎思明辨与切磋交流的学术风气，推动了区域文化和学术的发展。婺州自不待言，衢州则也是"人材辈出……士能知自奋，立功、立德、立言以垂不朽"②，"士皆秀彦，俗亦淳朴……有邹鲁之风"③。

三、孔氏南宗江西诸支派之交游

孔氏家族是中国历史上谱系严明、文化底蕴深厚的世家

---

① 杨太辛：《浙东学术精神的传递途径和传承机制》，载《浙东学派与浙江精神》，浙江古籍出版社 2006 年版，第 45 页。

② 民国《衢县志》卷十六《碑碣志一·清乾隆重修衢州府儒学碑记》。

③ 民国《衢县志》卷十六《碑碣志一·清道光重修衢州孔氏家庙记》。

大族，其支派遍布江南各地。南宋初年，孔子第四十七世孙孔传与第四十八世孙、衍圣公孔端友率部分族人南渡，后居衢州，逐渐形成"孔氏南宗"。此后，孔氏南宗在广大的江南地区支繁派衍，形成众多支派，其中迁徙至江西境内的南宗后裔不计其数。江西境内逐渐形成了临川、黎川、金溪、宁都、新建、鹰潭等孔氏南宗支派，孔氏南宗文化在江西得到了传承和发展。在此，我们以孔氏南宗江西诸支派与当地名士的交游为切入，一方面考察交游对象的社会地位和社会影响，一方面考察交游对象对江西诸支派与孔氏文化的认识与评价，从一个侧面透视讲求实学、内涵丰富、底蕴深厚的孔氏南宗文化特征及其与江南社会的互动融合进程。

1. 孔氏南宗江西诸支派的历史脉络

孔氏南宗支派众多，其谱系虽然以"支自为支，派自为派"为主要特征，因而"缺乏完书"①，但也不乏数支孔氏合修宗谱之做法，镇江、常州等地孔氏合修的《江南孔氏族谱》和江西多地孔氏合修的《江西圣裔孔氏宗谱》即为代表。修于清乾隆四年（1739）的《江西圣裔孔氏宗谱》，根据徐寿昌先生在整理该谱之序时所作的"按"，这是一部由"衢州孔琄、孔琬和临江孔彦邦三公在金溪、临川、贵溪、泸溪、铅山五县十二分支后裔合修之谱"，其所录序跋"记录了三支之部分后裔在临川等五县的生息及其

---

① 徐寿昌：《孔氏南宗史实辨正》，载孔祥楷主编《儒学研究》（上），杭州出版社 2006 年版，第 121 页。

融合的历史，诚为孔子家族史研究中令人瞩目的现象"。孔庆华先生曾对临川孔氏作过考证，较系统地梳理了孔彦邦、孔琬后裔的分徙情况及其发展演变历程，认为"抚州市十县一区，均有孔子后裔，除乐安、宜黄、广昌三县外，皆居而成村，其源则尽在临川"①。可见，由衢州迁至临川、又由临川衍生的孔氏南宗族人分布于江西大部分地区，且以聚居者为多。

早在南宋以前，江南地区就有会稽孔氏、临江孔氏等圣裔的分布。然而关于孔氏南宗，无论是官方还是民间则普遍认为是在南渡之后才开始的，即"自中散公传扈宋高宗南渡，赐家于衢始也"②。江西境内也不例外，南渡的孔琬、孔琯迁居江西之后，繁衍了众多支派。以浙江衢州为中心的孔氏南宗，主要统辖了包含南宗派（孔端友一系）、衢州派（孔传一系）及其他派系三部分。三支派系在江西境内均有分布。

临川孔氏是孔氏南宗江西支派中影响较大的一支。临川孔氏的"始迁祖"是"孔彦邦、孔琬，同为孔子四十九代孙"③。孔彦邦为江西临江派始祖孔绩之后，于宋隆兴二年

---

① 孔庆华：《临川孔氏考略》，《东华理工学院学报》2004 年第 2 期。

② 《（江西石城）孔氏族谱》卷首《竹溪孔氏家谱原序》，转引自徐寿昌编《孔氏南宗史料》卷十六，孔氏南宗家庙管委会 2009 年内部刊印本。

③ 孔庆华：《临川孔氏考略》，《东华理工学院学报》2004 年第 2 期。

（1164）迁居临川，在南宋之后即受孔氏南宗的统辖；孔琬所属一支则为衢州派长支，从民国《孔子世家谱》所录世系可清晰地看出其演变脉络。孔琬（字莘夫）为衢州派始祖孔传之孙、孔端问之子，"以白身最长授迪功郎，乾道二年（1166）任江西抚州府临川县丞，遂家于此"①。此后，孔琬后裔分别迁居江西新城贤溪（今黎川宏村）、石城铺背、金溪永和乡、余干，也有部分迁居福建上杭、广东大浦等地。

新城贤溪孔氏始迁祖为孔温宠（又名均宠），为孔琬的第四世孙。至于该支迁居新城贤溪的时间，学者存在不同看法，今人孔庆华认为是在宋宝祐年间②，而魏禧则认为是在元末③。

石城孔氏属温宁公世系。孔温宁为孔子第五十三世孙、孔琬第五世孙，于南宋末年因避乱而迁居福建建宁岭腰，直至明代，孔温宁第九世孙孔闻安携母由建宁迁居江西石城石中里铺背，孔闻安于是成为石城南宗孔氏之始迁祖。孔闻安"性勤俭，行正直，刀耕火种，有恢拓之功"④。孔闻安传三世至孔衍赐（字显生）、孔衍财（字聚生）、孔衍赔（字胜

---

① 孔德成：民国《孔子世家谱》二集卷十七之四《衢州派长支·上杭龙泉丽水大浦·四十九代·孔琬》。

② 孔庆华：《临川孔氏考略》，《东华理工学院学报》2004年第2期。

③ 魏禧：《魏叔子文集外编》卷四《议·贤溪孔氏庙祀议》，续修四库全书本。

④ 孔祥升等：《石城竹溪孔氏第九修族谱》卷三《温宁公房世系·闻安》，2000年刊印本。

生)、孔衍梓（字乔生）一辈，石城南宗孔氏呈现一派振兴气象，所谓竹溪产业"创于吾祖聚生、伯祖显生、叔祖胜生、乔生诸兄弟"①。雍正十二年（1734），石城南宗孔氏族人于当地兴建宗祠。

金溪孔氏始祖为孔之缙、孔之绅兄弟，为孔琬第三世孙；宁都孔氏则为孔琬后人孔彦昭、孔宏汉由建宁迁居宁都后发展而来。道光十六年（1836），宁都孔氏族人在城西建孔氏宗祠以祭祀孔琬。

除孔彦邦、孔琬之外，孔琯被认为是抚州孔氏的另一始迁祖。孔琯曾任通城主簿，南渡后居于抚州，民国《孔子世家谱二集》卷二十四之江苏武进支对其世系作了载录。

江西新建支孔氏，民国《孔子世家谱二集》卷二对其世系作了载录。新建支孔氏之始迁祖孔瑄，为孔子第四十九世孙，"擢进士第，知曲阜县，任江西饶州太守，见饶城北门外山水秀丽，田园可乐，因卜居焉"②。

鹰潭石塘七孔属于南宗派，为孔濂后裔。孔濂为孔子第五十一世嫡长孙、衍圣公孔文远孙子。孔文远生孔万春、孔万龄二子；孔万龄生三子，孔濂为其次子。孔濂曾著《五经图说》，迁居鹰潭之后，子孙繁衍，修谱睦族，传承弘扬孔氏文化。

---

① 《（江西石城）孔氏族谱》卷首《竹溪孔氏家谱原序》，转引自徐寿昌编《孔氏南宗史料》卷十六，孔氏南宗家庙管委会2009年内部刊印本。

② 孔德成：民国《孔子世家谱二集》卷二《江西新建支·四十九代·孔瑄》。

2. 孔氏南宗江西诸支派与江西名士之交游

与浙江、江苏等地的孔氏南宗后裔一样，孔氏南宗江西诸支派迁居江西各地之后，一方面勤读诗书、修身习礼，传承弘扬孔氏家族传统文化；一方面主动融入当地社会文化，树立良好示范。广泛与当地学者、名士交游，"以文会友，以友辅仁"则是其融入当地社会文化的重要途径。

金溪人王英（字时彦）为永乐二年（1404）进士，曾任翰林院编修、侍读学士、少詹事、礼部侍郎、南京礼部尚书等职，为金溪著名士人，其为人"端凝持重，历仕四朝。在翰林四十余年，屡为会试考官，朝廷制作多出其手，四方求铭志碑记者不绝。性直谅，好规人过，三杨皆不喜，故不得柄用"①。王英之子王裕，曾任正议大夫、四川按察使等职。王英、王裕父子与临川孔溪孔氏族人均有密切交往。天顺六年（1462），王裕因孔公智之邀为续修之孔氏宗谱所作之序，阐述了临川、金溪、新城三地孔氏之由来及临川孔氏修谱之盛况，足见其对孔氏家族事务之谙熟以及与孔公智等孔氏族人的友好关系。

临川人陈民望，曾任中宪大夫、直隶松江府知府等职，正德二年（1507）应邀为临川孔氏家谱作序。陈言，曾任抚州知府、兵部郎中等职，正德八年（1513）应邀为临川孔氏家谱作序。

①　张廷玉等：《明史》卷一五二《王英传》，中华书局 1974 年版，第 4196—4197 页。

宁都人魏禧，清初知名学者，擅古文，著有《魏叔子文集》《日录》《左传经世》等。魏禧之兄魏祥、弟魏礼均以文名于世，兄弟三人被时人并称为"宁都三魏"，有《宁都三魏全集》传世，一时间，"三魏之名遍海内"①。魏祥之子魏世杰，魏礼之子魏世俲、魏世俨，时称宁都"小三魏"。《宁都三魏全集》内容丰富、文体多样，对清初士人的思想和行为颇有影响。魏禧与彭士望、李腾蛟、邱维屏等人相与论学，被时人称为"易堂九子"②，影响极大。宁都魏氏、易堂诸人与孔氏族人多有往来，一时间风云际会、士人荟萃，共同谈文论道、议论时局。

在宁都魏氏和"易堂九子"之中，魏禧作为核心人物，均被称为领袖，为人敬重，"易堂独以古人实学为归，而风气之振，由禧为之领袖"③。魏禧与新城孔氏族人孔鼎、孔仲隆皆有往来，并曾为孔尚典、孔之逵之师。孔鼎（字正叔），明亡后隐居山中，穷究典籍。魏禧至新城讲学，67岁高龄的孔鼎不辞路途遥远，面见年仅31岁的魏禧，两人此

---

① 赵尔巽等：《清史稿》卷四八四《魏禧传》，中华书局1977年版，第13315页。

② "易堂九子"是指明末清初以魏禧为首的九名文学家。魏禧父魏兆凤，于明亡后削发隐居于翠微峰，将居室命名为"易堂"。魏禧与兄际瑞、弟礼以及彭士望、林时益、李腾蛟、邱维屏、彭任、曾灿讲学于此，提倡古文实学，被时人称为"易堂九子"。道光年间，彭玉文编《易堂九子文钞》。

③ 赵尔巽等：《清史稿》卷四八四《魏禧传》，中华书局1977年版，第13316页。

后交往密切①。

孔仲隆为孔之逵之父，魏禧"因之逵交仲隆君，其言讷然不出口，性朴直，不知世有机诈事"②。在魏禧心目中，孔仲隆不但拥有勤劳质朴的品质，而且具有侠义气概。康熙八年（1669），魏禧应孔之逵、孔尚典等孔氏族人之邀为孔仲隆六十寿辰作寿叙。

孔尚典（字天徵），文章与才干皆为时人称道，同治《江西新城县志》有传。孔尚典师从魏禧学习古文，魏禧十分欣赏其文，以"英气"与"高论伟识"称之："余于天下士，最爱有英气者，于文亦然。新城孔生尚典，其人与其为文则皆称是"③。正因如此，魏禧亲自为孔尚典的文集作序。

孔之逵（字用仪），好读经史，才气过人。孔之逵也曾师从魏禧，同样深得魏禧器重，所谓"诸生十余辈，子最长有名"，"汝能恣讨论，起予发妙评"④。魏禧所作的《同门人孔之逵宿桂山晓闻竹外鸟声枕上呈正叔先生》如此写道："先生披衣起，遥闻咳唾声"，"窗外立孔生，谈《易》何分明"，从中反映出魏禧对孔鼎和孔之逵勤学的赞赏与勉励，并深深感慨："人生无师友，有如盲者行。飞鸟锻其

① 张小平：《魏禧思想交游考论》，江西师范大学 2007 年硕士学位论文。

② 魏禧：《魏叔子文集》卷十一《叙·孔仲隆六十寿叙》，中华书局 2003 年版，第 554 页。

③ 魏禧：《魏叔子文集》卷八《叙·孔玄徵文序》，中华书局 2003 年版，第 446 页。

④ 魏禧：《魏叔子文集外篇（诗集）》卷四《五言古·赠门人孔用仪五十》，续修四库全书本。

羽，兽鹿断其胫。何幸我之生，犹得亲典刑。努力爱余日，推枕出前庭"①。

魏礼（字和公），为人谦让诚信，喜欢结交豪杰，为孔毓琼、孔毓功兄弟之师，《清史稿》有传。孔毓琼（字钟英，又作英尚），探求实学，著有《孔伯子文集》《酬知录》《晓窗诗集》等，魏礼曾为其文集作序，盛赞其学古之志，欣赏其文之健朗。孔毓功（字惟叙，又作维叙），著有《是堂集》。兄弟两人事迹均载于同治《江西新城县志》，孔毓琼的《孔钟英集》、孔毓功的《孔惟叙集》及其叔祖孔尚典的《孔天徵文集》的基本情况，见于文渊阁《四库全书总目》集部别集类存目提要。

新城孔氏不但与魏禧、魏礼交往甚密，多人曾师从魏禧、魏礼，而且与其后辈"小三魏"之间有密切交往。魏世杰不但和孔尚典、孔之逵、孔鼎皆有交往，而且对三人十分推崇。魏世杰在《答新城孔玄徵书》中，与孔尚典充分交流了研读《六朝通鉴》的感悟，对孔尚典的识论与才干赞赏有加，称其"大义伟论，将使瞽者欲视，跛者欲走"，又称其"识议英伟，人想望风采"，"胸中自有本末，非若世之高言雄辩、外有虚声而不适用者也"②。他在给孔之逵的书信中写道："读评议《左传》，匀庭之道其在南矣，又

---

① 魏禧：《魏叔子文集外编》卷四《同门人孔之逵宿桂山晓闻竹外鸟声枕上呈正叔先生》，续修四库全书本。

② 魏世杰：《答新城孔玄徵书》，转引自胡成华《宁都"小三魏"的文集整理及其年谱汇编》，江西师范大学 2011 年硕士学位论文。

非特弟多愧心也。"① 魏世杰在给孔鼎的《与孔正叔先生》《寄寿孔正叔先生七十》《寄赠孔正叔先生》等诗文中，对孔鼎的好学与品行也极为赞赏。

魏礼之子魏世俶和魏世儼熟知孔毓琼、孔毓功之家世，对孔氏族学极为推崇。魏世俶因孔毓琼之请为其父孔兴偉所作的五十寿序，不但赞赏孔兴偉之慷慨好义、尊师重教的品质，而且认为其积德行善与悉心培育是孔毓琼兄弟文行俱优之渊源。后来所作的《孔公昭文墓志铭》，表彰其种种义举，盛推其好古之风。魏世儼十二三岁即读孔尚典《天徵集》，对其雄才钦佩不已，后与孔尚典畅谈甚欢。魏世儼与孔毓琼、孔毓功兄弟相交甚笃，彼此称许。孔毓琼在为了游历远方以开阔眼界，同时赴曲阜拜谒陵庙、观礼乐、会宗族而将北游之时，魏世儼欣然为之作《送孔英尚北游序》，称孔毓琼此举为高远之志，对其忠厚朴实的品行与高洁的志向表示由衷的肯定，同时赞叹其古文之议论独出己见、富有启发性。魏世儼的《赠孔维叙序》对孔毓功的学识也十分欣赏，称其诗文因有志于探求诗文之本、以学识修养为创作源泉而境界不俗，所谓"维叙其将不期诗文之工，而工于诗文无疑矣"②。魏世儼的《答孔钟英钟叙书》追忆了与孔毓琼、孔毓功的交往经历，或煮茶品茗，或漫步闲谈，相互之间的深情厚谊尽见诸笔端。

---

① 魏世杰：《与孔用仪》，转引自胡成华《宁都"小三魏"的文集整理及其年谱汇编》，江西师范大学 2011 年硕士学位论文。
② 魏世杰：《赠孔维叙序》，转引自胡成华《宁都"小三魏"的文集整理及其年谱汇编》，江西师范大学 2011 年硕士学位论文。

林时益著有《冠石诗集》，"易堂九子"之一。林时益和孔鼎也具有深厚之交，彼此之间志趣相投。南昌人彭士望（字达生），也为"易堂九子"之一，曾师从黄道周。彭士望和孔鼎之间多有书信交往。孔鼎曾因农业收成不好、百姓饥寒而忧虑，并向彭士望求教。彭士望在《复孔正叔书》中，不仅回答了孔鼎的问题，而且谈到了孔鼎对易堂诸人的赏识与期望。康熙元年（1662），新城孔氏修葺贤溪孔庙，孔鼎本想请林时益作庙记，彭士望则代林时益作《贤溪重修圣庙序》，林时益、彭士望与孔鼎及新城孔氏之间的关系由此可见一斑。

清初抗清领袖之一江藩十分赏识孔仲隆的才干。孔仲隆"少时好击剑，轻财慕义"。顺治元年（1645），李自成攻陷北京，孔仲隆召集诸子习武，"日课诸子运石削土，习技击以为常"[1]。次年，清兵南下，各地抗清斗争不绝，江藩亦举师，邀请孔仲隆入幕，孔仲隆至江幕，但后来失望而归。

上述人士之外，孔氏南宗江西诸支派族人中多有学识过人、好行义举者，他们与当地士人交游密切，均为当地士人所敬重。新城孔氏族人孔尚孚（字信之），"修德乐施，助壮鳏者婚，赈贫乏者粟，年七十举乡宾，仪部黄端伯为之传"[2]。孔尚举（字心恕），"明邑宰谭公称曰'孝友先生'，

---

① 魏禧：《魏叔子文集》卷十一《叙·孔仲隆六十寿叙》，中华书局 2003 年版，第 554—555 页。
② 《江西新城县志》卷十《人物志八·善士·明·孔允麟》，清同治九年（1870）刊本。

扁其堂曰'真君子'，于是人称'孝友先生'"①，魏禧应其子孔鼎之请而作《孔孝友先生及配刘孺人合葬墓志铭》。石城孔氏族人孔尚登，"为里党矜式，盖隐时君子也"，其弟孔尚密"为人宽厚诚朴，无忮求，邑庠国珍黄先生甚重之"②。

3. 从江西诸支派之交游看孔氏南宗文化

从上述分析可见，孔氏南宗江西诸支派与当地历代学者和士人之交游广泛而深入。江西孔氏南宗族人的才学与品行在交游中深受时人嘉赞，这既源于孔氏家族的特殊地位，更与孔氏南宗诸支派深厚的文化底蕴、崇高的学识修养及其身体力行等方面密切相关。孔氏南宗江西诸支派的交游对象以及江西学者、士人对孔子后裔的评价，从不同角度透视出孔氏南宗文化内涵之丰富、底蕴之深厚、影响之广泛。

从交游对象上分析，与孔氏南宗江西诸支派交游密切的多为名士贤达，诸如王英、王裕、魏禧、彭士望等。一方面反映出孔子后裔乐学、尚友的美好品质，一方面反映出孔氏文化与世并进的时代特征与环境特征。孔氏南宗积极融入当地社会、推动社会文明教化的愿望、作为及其影响，从明末清初贤溪孔氏族人与宁都魏氏、易堂诸人的交游之中得以充分体现。宁都魏氏与易堂诸人推崇经世致用之学，喜交豪杰

---

① 魏禧：《魏叔子文集》卷十八《墓表·孔孝友先生及配刘孺人合葬墓志铭》，中华书局 2003 年版，第 902 页。

② 孔祥升等：《（石城竹溪）孔氏第九修族谱》卷三《温宁公房世系·六十四代·宏谷公房》，2000 年刊印本。

之士，江西孔氏文化恰好与此合拍，因而颇多才俊。魏禧因孔鼎之请为其父母所作的墓志铭，盛赞孔鼎之祖父孔贞元"豪放仗义"。孔仲隆于清初教诸子习武，其胆略远近闻名。孔之化、孔之俊兄弟胆略过人，其事迹均被载入同治《江西新城县志》。江西各地孔氏族人中多有慷慨好义、乐行善事之士，亦多有读书明理、才干过人之士，这些正是使宁都魏氏与易堂诸人倾心于孔氏南宗的根本原因。

从对孔氏南宗江西诸支派族人及孔氏文化的态度来看，江西学者、士人无不赞赏孔子后裔之道德文章、孔氏家族在敬宗收族的作为以及诗礼相传的优良传统。

在古代宗族社会的管理与发展中，宗谱修订是一项极其重要而又是最基本的宗族事务。孔氏家族更是如此，一向注重谱牒之修订，认为其关系重大。孔琯第六世孙孔以立认为："君子尊祖敬宗之道，必修其谱帙，俾脉络之分明，上下之布列，一披图之际，知千百人之身本于一人之身，孝弟之心油然而生。"[①] 孔氏南宗江西诸支派不断以严谨态度修订家谱，正因为如此，江西境内的孔氏南宗世系分明。元至正四年（1344），孔以立修孔氏家谱，录孔琯、孔彦邦后人世系与事迹。至正八年（1348），孔琬五世孙孔思模在孔宗翰所修之谱基础上续修之，录孔琬后人，包括临川、金溪、新城孔氏南宗族人。天顺六年（1462），孔公智在孔思模之谱的基础上续修宗谱。正德二年（1507），孔承旺等又在天

---

① 《（江西）圣裔孔氏宗谱·五十四世三举乡试以立公叙》，清乾隆四年（1739）续修本。

顺六年宗谱基础上，续修第六十世至第六十二世族人生平事迹。谱成之后，又将其与衢州、曲阜宗谱相考订，结果无不相合，足见其修谱工作的严肃性。乾隆四年（1739），临川孔氏六修家谱，增录孔彦邦、孔琬后人。1999年，新城贤溪孔氏筹备修谱事宜，历经艰辛，2000年修成《黎川宏村孔氏十修宗谱》。

孔氏南宗家谱在古代士人中影响广泛，许多学者、士人对其怀着崇敬之情而良久捧读，一方面钦佩孔氏南宗修谱态度之严谨、谱法之严密，一方面赞叹孔氏南宗代有才人及其深厚之家学。王裕为临川孔氏家谱所作的序，赞赏孔氏族人修谱志愿之坚毅以及谱法之严明："曰分曰合，曰富曰贵，曰贫曰贱，罔有遗漏，其用心亦勤且慎哉"，对孔氏家族"绵绵嗣续，弥远而弥盛"①的优秀传统深表感慨；陈言为临川孔氏家谱所作的序则称其"珠贯绳联，代有端绪"②。

江西境内孔氏南宗支派分布于江西各地，族大枝繁，各支派因所处环境不同，既呈现出不同的文化特征，又拥有共同的耕读传家传统，"虽散居异处，皆以耕读为业"③。耕读之风培育了众多文人学士，"弟以岁久族繁，分徙都隅，其

---

① 《（江西）圣裔孔氏宗谱·王裕先生序》，清乾隆四年（1739）续修本。

② 《（江西）圣裔孔氏宗谱·陈言先生序》，清乾隆四年（1739）续修本。

③ 《（江西石城）孔氏族谱》卷首《临江孔氏族谱序》，转引自徐寿昌编《孔氏南宗史料》卷十六，孔氏南宗家庙管委会2009年内部刊印本。

间达士伟人后先相望，诚无愧于我祖之后矣"①。曾任南京礼部尚书的金溪人王英对临川孔氏好学之风极为称赏："孔溪孔氏在吾临川几三百年矣，虽世饶于赀，而子孙皆知读书，尚礼修身，饬行不失故态。"这一评论被年少的王英儿子王裕听到，以至于王裕在至天顺六年（1462）为孔溪孔氏作序之时仍记忆犹新，称自己和孔氏族人交游后，"登其堂，目其人，与昔之所闻者殆又过焉"②。前述明清学者对孔尚典、孔鼎、孔毓琼、孔毓功等才学、品行的评论与推崇，从不同侧面揭示了孔氏南宗江西支派积极融入当地社会文化后所形成的深厚文化内涵。

特别值得一提的是，与新城孔氏交往密切的魏禧，不仅为孔氏族人作过许多书札文序，而且有多篇文章专门涉及孔氏南宗，其中关于孔氏南宗的定位与评价，代表性地反映了江南许多学者、士人的心声，如《孔庙袭爵议》《贤溪孔氏庙祀议》《贤溪重修孔圣庙碑记跋》。《贤溪孔氏庙祀议》就"程山六君子"之一的甘京所提的"别立温宠公庙，立圣姒位"建议作了阐发，内容涉及孔氏家族祭祀等事宜。魏禧的议论合乎礼法，通乎人情，对江西孔氏族人产生了重要影响，孔鼎对此甚为推崇："议论酌古通今，如揭日月，而文

---

①《（江西）圣裔孔氏宗谱·五十四世三举乡试以立公叙》，清乾隆四年（1739）续修本。
②《（江西）圣裔孔氏宗谱·王裕先生序》，清乾隆四年（1739）续修本。

笔高古，与《仪礼·表记》相配。"① 魏禧不但高度关注孔氏的宗族事务，而且对孔氏南宗族人及孔氏南宗文化均给予了高度评价。在他看来，孔传之忠义与孔洙之让爵"皆善守圣人家法"之举，称"曲阜孔氏功在陵庙，所谓养口体者也；衢孔氏，养志者也"②。正是基于密切的交往，魏禧始终认为孔氏南宗为孔氏之大宗，同时对孔氏族人峻伟之精神及其对礼义文化的传承深表感慨。也正因为如此，魏禧不止一次地为南、北两宗之间待遇之悬殊而深感不平。易堂九子之一的李腾蛟也十分明确地称衢州孔氏为大宗，读了魏禧《贤溪重修孔圣庙碑记跋》之后，李腾蛟感慨万分，因魏禧对孔氏南宗地位与孔氏文化的评论与自己的观点紧紧吻合而激动不已。彭士望、林时益等对孔氏南宗族人及其文化也极为推崇。易堂诸人的观点为我们深入考察孔氏南宗的发展演变及其文化精神提供了全新视角。

四、孔氏南宗的政治主张与实践

自南宋初年南渡以来，孔氏南宗族人继承了儒家学说中经世致用的传统主张，以"修身、齐家、治国、平天下"为人生信条，坚持"入世—经世"的思想路径，以各种形式积极从事和参与政治活动，先后出现了一些较有影响的政

---

① 魏禧：《魏叔子文集外篇》卷四《议·贤溪孔氏庙祀议》，续修四库全书本。

② 魏禧：《魏叔子文集》卷四《议·孔庙袭爵议》，中华书局2003年版，第208页。

治人物，如身处高位的孔应得、孔贞运等，也有很多地方官员。其中很多人在浙西南一带担任地方官员，他们一方面继承发展了儒家政治思想，一方面认真践行儒家政治主张，注重教养，廉洁爱民，在很大程度上推动了浙西南地区的社会文明与发展。在此，我们以浙西南地区（指以衢州为中心的现今浙江省西部、中部及南部地区，包括衢州市所辖的各县、市、区，即柯城、衢江两区，江山市，龙游、常山、开化三县，以及金华、丽水、杭州的部分地区）为重点，兼及其他部分地区，着重阐述孔氏南宗的政治主张、实践及其影响。

1. 孔氏南宗的政治主张

儒家政治思想是中国传统政治文化的重要来源之一。儒家政治思想强调道德的作用，认为德治可以使民俗淳厚，引导社会走向和谐有序，正如《论语·为政》中所说："为政以德，譬如北辰，居其所而众星拱之。"钱穆先生对此作了进一步诠释，认为"为政者当以己之德性为本"，"孔门论政主德化，因政治亦人事之一端，人事一本于人心"①。儒家十分重视为政者自身的德性修养，强调为政者的德性是齐家治国之基础。为政者要爱民、要推行仁政，就必须从"养民"和"教民"两方面具体展开。"养民"的目标主要是让百姓安居乐业，生活富庶，这就相当于现今提倡的物质文明建设；"教民"的目标则是通过学校教育、礼乐教化等

---

① 钱穆：《论语新解》，三联书店 2005 年版，第 23 页。

多种途径，让民众逐渐形成道德信念，自觉遵守伦理规范，这就相当于现今提倡的精神文明建设。德治推行的难度自然很大，因此，在中国古代更多的则是作为一种辅助性手段，德治也就成为士人心目中的理想追求。但我们应当看到，"儒家提出的'德治'（真正意义上的德治）仍然有其巨大的吸引力，因为与其他统治手段相比，它毕竟包含了更多对人类的爱和尊重"①。综观孔氏南宗的家学传承，非常注重学习儒家经典，南宗族人中因此多有精通经史之名贤。同时，南宗族人继承了以"德化"为重要内涵的政治思想。他们怀抱经世之志，积极入世，关注现实，希望能够通过努力有补于世，推动社会发展。在与现实结合中，南宗士人继承并发展了儒家的政治思想。

其一，继承并发展了孔子"修己以安人"的思想。孔子第四十七世孙孔传是孔氏南宗的名贤，"精易学，博极群书，操行介洁"②，著有《杉溪集》《续尹植文枢纪要》《洙南野史》等。在和孔端友一起开创孔氏南宗祖业的同时，孔传以自身突出的学行为南宗族人树立了榜样。不仅如此，孔氏南宗族人关注现实，自觉地将儒家的治家之道应用于政治实践之中，"圣人之道，平易中正。其近始于闺房子弟和顺孝敬之节，推而极于邦国天下"，"国家教化涵濡百年之

---

① 刘志扬、秦延红：《儒家和法家政治思想的几点比较》，《中国海洋大学学报》2003 年第 6 期。

② 陈镐：《阙里志》卷二《世家·闻达子孙·四十七代·孔传》，明弘治十八年（1505）本。

久，道德一而风俗同，天下咸知见崇正学而黜异端"①。他曾知邠州、知峡州，任右谏议大夫，任职时恪尽职守。守临川时，"建昌军亦累招降皆不受，必欲见传为信，传挺然往谕，叛兵以平"②。由于孔传注重个人的修养并爱护民众，素以信义著称，所以能够凭借其人格魅力通过劝说解决问题。无独有偶，孔涛任桂阳州判官时，也出现了单骑谕敌的经历。当时，桂阳地区"州民与蛮獠杂处，素号难治"，孔涛"单骑直抵獠穴，谕以祸福，皆耆服听命，人赖以安"③。孔传的政治主张与实践对孔氏南宗族人产生了深远影响，南宗士人继承并发展了"修己以安人"的思想，注重个人的学与行。

宋室南渡以后，孔氏南宗士人中多有主战者。建炎年间（1127—1130）扈从高宗南渡的孔氏族人"均为'豪杰'之士"④，孔传之子孔端隐（字子宣）便是重要代表，"时徽钦二帝陷于金营，当路者莫不逃窜。公（按：指孔端隐）独喟然曰：'读圣贤书，所学何事？国家惨变，闻者寒心，凡稍知大义者，咸思仗剑以从王事。礼义由贤者出，况吾孔氏子孙乎？'乃与族中义气激昂者数十人俱至大元帅宗泽幕府

---

① 民国《衢县志》卷十六《碑碣志一·清乾隆重修西安学县学碑记》。

② 民国《衢县志》卷二十一《人物志一·孔传》。

③ 黄溍：《文献集》卷九上《承直郎潮州路总管府知事孔君墓志铭》，文渊阁四库全书本。

④ 徐寿昌：《孔氏南宗史实辨正》，载《南孔研究》，中国戏剧出版社 2001 年版，第 27 页。

请自效。复招募豪杰，扈从高宗南渡"①。孔端隐认为，读圣贤书当知为国效力，孔子后裔爱国忠义之心由此可见，其言语之激昂，行为之慷慨，千载之下犹然令人肃然起敬。孔子第四十八世孙孔端朝则是当时"文官中为数不多的主战派"②代表，他不但主战，而且针对现实问题提出了自己的详细主张。绍兴四年（1134）五月，孔端朝向朝廷提出两点建议：一要播告美实，即让天下人知晓君主的志向与所为，"建立政事，既有其实，感悟人心，必假于言"。二是以引咎自责而凝聚人心，建议仿效唐代陆贽的主张，"凡制诰号令因事见辞，以谦抑为先，必自引咎收拾人心，且具言陛下食不重味，居不求安，思雪大耻，图复故疆之意，而侈大夸矜之词，无所杂于其间"③。从中反映出其主战的坚定立场，也让人深切地体会到其谦抑为先的思想。在他看来，通过制诰号令与播告美实，能让百姓认识到君主的"谦抑"与"引咎"，从而起到凝聚人心的作用。孔端朝的这一主张，源于孔子"修己以安人""修己以安百姓"等思想，体现了其对仁和道德的孜孜追求，显示了其"以天下为己任"的担当精神，这也正是中国古代士人对人生价值的完美诠释，从而为孔氏南宗后人树立了良好示范。的确，继孔端朝

---

① 孔德成：民国《孔子世家谱二集》卷十七之九《衢州派·五支·四十八代·孔端隐》。

② 徐寿昌：《孔氏南宗史实辨正》，载《南孔研究》，中国戏剧出版社 2001 年版，第 27 页。

③ 李心传：《建炎以来系年要录》卷七十六《绍兴四年五月丁巳条》，中华书局 1956 年版，第 1252 页。

之后，孔氏南宗诸贤或表达了类似思想，或在为官中践行这一思想。孔子第五十五世孙孔克仁学识过人，又注重实学，曾与宋濂共侍明太祖，"太祖数与论天下形势及前代兴亡事"。对于太祖关于汉朝"治道不纯者何""谁执其咎"等问题，孔克仁认为"王霸杂故""责在高祖"，而汉高祖得以一统中原的重要原因则在于"知人善任"①。孔克仁清楚地认识到汉代治道的问题，因而赞成王道，可见其敏锐的政治眼光；"责在高祖"之回答则充分反映了其对君主之责的认识高度；"知人善任"的回答所体现的则是儒家政治思想中举贤才的一贯主张。

其二，强调"教养"在政治活动中的作用，并注重政治举措的现实可行性。尽管"个人的德性正是真正有效建构理想社会的基本元素"②，但为官者在完善个人修养之外，还需要通过一系列行之有效的措施去积极地影响他人，实现百姓安居乐业，推动社会文明进步。孔氏南宗士人在这方面继承了儒家学说中关于"仁政"和"化民成俗"的一贯主张，并注重发挥教养在政治活动中的重要作用。孔子第五十四世孙、衍圣公孔洙之子、曾任邵武县尹的孔公俊（字师道）认为，教养有法就能得到百姓敬重，否则，"逆节之萌，由教养之无法也"，因而始终坚持"存恤劳徕，惠化兼

---

① 张廷玉等：《明史》卷一三五《孔克仁传》，中华书局 1974 年版，第 3923 页。

② 国风：《追求完美的梦——儒家政治思想的乌托邦性格》，《甘肃社会科学》2007 年第 4 期。

施"①。儒家所说的教养，内涵极其丰富，一方面重视教育与教化，另一方面主张轻徭薄赋，爱民如子。孔公俊的这一主张在其施政实践中得到了良好体现，如"轻徭薄赋，爱重民力"，"大修学宫，俾摄学事"。孔氏南宗其他许多士人的为官也是如此，其中较为著名的如孔端朝，在知临江军期间，"修庠序之教，文风丕振，后与张著并祠于诸学"②；孔子第五十五世孙孔克忠担任金坛县主簿期间，清廉勤政，体恤百姓。

　　孔氏南宗族人不但强调教养的作用，而且注重政治举措的现实针对性。如对于明太祖退守两淮、待时以图中原的计划，孔克仁认为只有扎实地推行"积粮训兵，观衅待时"，才称得上"长策"③。孔子第六十三世孙孔贞时为万历癸丑（1613）科进士，曾任翰林院检讨、起居注等职，时人称其有宰相之才，其文章"酌古准今，不屑务铅华，有足兵足饷议，娓娓千言，悉中窾要"④，充分显示了治世之才。从中可知，孔氏南宗的政治思想因时而动，切合实际，这也正是孔氏南宗士人历来注重阅读经典与关注现实相结合、儒学应有资于世用等主张的具体实践。

---

　　① 凌迪知：《万姓统谱》卷六十八《孔公俊》，文渊阁四库全书本。
　　② 李贤：《明一统志》卷五十五《临江府·名宦·孔端木》，文渊阁四库全书本。
　　③ 张廷玉等：《明史》卷一三五《孔克仁传》，中华书局1974年版，第3922页。
　　④ 《古今图书集成·明伦汇编·氏族典》卷三七八《孔姓部列传二·孔贞时》，中华书局1986年影印本。

其三，继承发展了礼让治国的思想。孔子强调礼让治国，正如《论语·里仁》篇所说："能以礼让为国乎？何有？不能以礼让为国，如礼何？"长期以来，孔氏南宗士人不仅在理论上发展了礼让治国思想，更在实践上践行礼让精神。"孔洙让爵"作为孔氏家族史上具有深远影响的重大事件，无论在孔氏家族史上，还是中国历史上，均堪称以礼让精神来"齐家"的典范。

孔洙的儿子孔楷弘扬了这一德让精神。有研究认为，孔楷事迹之所以在孔氏谱牒中未见记载，"与他受之于父母、岳父的'和''逊'思想有关，如其二子命名为克和、克逊"①。孔氏南宗其他族人也秉承德让之风，如孔子第五十五世孙孔克准，明初曾任太常博士、太常寺丞等职，其为人"谦慎和厚，秉礼而蹈义"②。当然，孔洙让爵的影响并不仅局限于孔氏家族内部，这一事件被称为"元初统一思想的重大事件"，而且"见载于四十余部史志家乘和史料笔记中"③，足见其影响之广泛、影响之深远。

齐家之道与治国之道在本质上是相通的。孔氏南宗一向强调"治家"与"治国"的有机统一，体现在处理南与北的关系上，则始终坚持"泗浙同源，无间南北"的原则和精神。由于孔氏家族的独特身份和地位，孔洙让爵及南宗士

---

① 徐寿昌：《端友、洙皆有子》，载孔祥楷主编《儒学研究》（下），杭州出版社2006年版，第139页。

② 王直：《抑庵文后集》卷二十九《孔君墓志铭》，文渊阁四库全书本。

③ 徐寿昌：《孔洙考》，《浙西文学》（内部刊物）2002年（冬）。

人身上所体现的德让之风，不仅在维持孔氏家族内部团结、和睦方面发挥了重要作用，而且对江南地区士人和百姓的言行起到了典型的示范和教化作用。

2. 孔氏南宗的政治实践及影响

南宋以来，孔氏南宗士人或通过正途出仕（如参加进士考试），或因恩例授官出仕，积极从事或参与各种政治活动，其中也不乏在浙西南地区担任地方官员的士人。他们在任职期间，以化民成俗为己任，努力改善社会风俗，让老百姓安居乐业，取得了良好治绩，促进了当地社会的进步和发展。

孔子第五十三代孙中多有在浙西南一带任职者，他们积极为当地百姓谋福祉，且有突出政绩，"自圣人至君（引者注：君指孔灏，字世广）五十有三世矣，而君之兄弟皆彬彬有学，食禄于时，以世其家，所谓圣人之泽虽万世犹未艾者也"①。孔子第五十七代孙孔淮兄弟先后担任江山县尹，因"廉勤"而"为吏民所服"，均"有政声"②。孔淮于元末任江山县尹，"重修文庙戟门，建讲堂两庑"③，体现了南宗士人为官时注重教育的优良传统。孔灏曾任宁国路学正、政和县苦竹寨巡检等职，后因"四方盗起，江浙参知苏天

① 鲁贞：《桐山老农集》卷三《故遂安县主簿孔世广墓志铭》，文渊阁四库全书本。

② 李贤：《明一统志》卷四十三《衢州府·名宦·孔淮》，文渊阁四库全书本。

③ 康熙《江山县志》卷二《学校》。

爵总兵过衢，选主西安簿，转饷给军有功，升江山县尹"。面对当时"四方盗起"的严重局势，孔灏以实际行动有补于时，结果"其绩愈伟"①。在任建德路遂安县主簿期间，他"莅政数月，治有成绩"，可见其治才之突出。孔灏不但在政事方面颇有作为，而且其为人亦堪为表率，"早孤，奉母以孝闻"，"幼聪敏嗜学，心事坦夷，外无崖岸，虽有闻，不自大，恭俭慈仁"②。孔诏在衢州任职期间，"介然自守，以礼义化俗，未尝怒加一人，民赞之曰：'孔宣差犹慈父母，久而不忘'"③。以廉闻名而被宋高宗称为"吏师"的孔括，以右承事郎知严州淳化县（今浙江淳安），因治绩显著，绍兴十三年（1143），浙西提点刑狱公事王鈇向朝廷呈上孔括治状，得到高宗首肯，"可转一官令再任，任满更与升擢"，因而任右宣议郎④。孔摺曾知建昌军、任浙东安抚使参议，时人王炎（字晦叔，1137—1218）对其品行赞赏有加，称其"宽仁迪德，乐易近民"⑤。孔文远"屡监州，皆以名显"，可见其在地方官任上恪尽职守，因而深得百姓拥戴而声名远扬。

此外，孔万春、孔洙任衢州通判，孔廉任开化县主簿，

---

① 鲁贞：《桐山老农集》卷三《故遂安县主簿孔世广墓志铭》，文渊阁四库全书本。

② 鲁贞：《桐山老农集》卷三《故遂安县主簿孔世广墓志铭》，文渊阁四库全书本。

③ 徐映璞：《两浙史事丛稿》，浙江古籍出版社1988年版，第31页。

④ 李心传：《建炎以来系年要录》卷一四八《绍兴十三年四月壬戌条》，中华书局1956年版，第2386页。

⑤ 王炎：《双溪类稿》卷十八《贺孔守》，文渊阁四库全书本。

孔应得任衢州安抚使，孔思朴任衢州路经历、常山县尹，孔应发任遂昌县尉，孔霆发任处州军事推官，孔津任遂昌尹，孔挺任松阳县丞，孔思靖任东阳永宁、永寿两地巡检，孔伯秩任兰溪县主簿，等等。孔氏南宗士人无论在何地担任何职位，他们都率先垂范，身体力行，心忧天下，关爱民众，千方百计造福当地百姓，始终"遵循孔夫子的教导，在忠君爱国的同时，更加珍视作为国之本的民众"①，从中充分反映了孔氏南宗士人"以民为本"的情怀以及施政特点，因而也深得当地百姓拥戴。

孔子第七十三世孙孔庆仪，身处动荡不已的晚清，他审时度势，力图维新。孔庆仪不仅在孔氏南宗家族史上，而且在衢州近代史上都具有极其重要的影响。孔庆仪"性蚤慧，气象英伟"，"少长善读书，小试辄冠其曹，前后督学案临，均以大器目之"。在管理孔氏南宗事务之外，他竭尽全力促进衢州社会的进步与发展。在发展教育事业方面，孔庆仪"慨旧学之不足以图存也，力与维新"，遂于光绪二十九年（1903）春，"倡立孔氏中学校，培植族内寒畯"。宣统二年（1910），孔氏中学堂改为两等小学堂，民国元年（1912）又改称为"孔氏完全小学"。在发展经济方面，光绪三十二年（1908），衢州商界推孔庆仪组织成立商会，而且力推其为总理，可见其威望之高。在发展社会事业方面，他"督堰工以兴水利，董率巡察，编查船舶，整理公租，厉行烟

---

① 崔铭先：《孔夫子的嫡长孙们》，浙江人民出版社 2009 年版，第530 页。

禁，谘议局开，始筹办初选事宜"。所有这些，在当时社会都具有开创性意义，此所谓"莫不得风气之先"①。尤其值得肯定的是，孔庆仪能从当时的现实出发，着力于水利、巡察、烟禁等事关民生和社会和谐方面的事务，从中充分体现出其充满睿智的才干、敏锐的洞察力、开拓创新的精神和勇于实干的作风。在政治倾向上，孔庆仪顺应时势，赞成共和。辛亥革命爆发，革命形势迅速涉及浙江，衢州也因此出现人心惶惶的现象，人们担心事态发展会因种族纷争而酿成大祸。沈瑞麟等人在力谏陆军统领沈大鳌无果的背景下，"乃与中军游击陈怀玉谋幽大鳌"，并"假座商会开衢民大会，宣传新共和，推怀玉为军政长，李道龙元为参谋长，孔博士庆仪为民事长。协议既定，市悬白旗，顺应省城文告"②。孔庆仪在此过程中，虽因"猝膺艰巨"，但"处理井然，间里藉之安堵"，不久"奉省委襄办江山清乡，多所保全，事竣，莅署太平知事篆，几有刑措之风"③。史实表明，在衢州光复以及维护地方治安中，孔庆仪起到了至关重要的作用。晚清时期，除了孔庆仪之外，孔氏南宗士人中"得风气之先"的还有和孔庆仪一起创立孔氏小学的孔昭晙、求学于早稻田大学的孔昭仁等。他们深受近代教育与西方社会思潮的影响，锐意维新，走在时代的前列。

综观孔氏南宗在浙西南地区各时期的政治活动，南宗士

---

① 民国《衢县志》卷二十三《人物志三·孔庆仪》。
② 民国《衢县志》卷九《防卫志·历代兵事记·民国反正之初基》。
③ 民国《衢县志》卷二十三《人物志三·孔庆仪》。

人继承、发展并积极践行儒家的政治思想，对促进江南地区的文明教化和社会发展都产生了重要影响。

其一，孔氏家族的特殊地位和孔氏南宗士人的政治作为，为江南社会注入了强大的凝聚力。孔氏南宗族人所拥有的"圣贤后裔"的特殊身份，令江南士人和民众仰慕，且产生与之交往接触的动机和行为，此所谓"见圣孙如见圣祖"①。正因为如此，孔氏族人担任地方官吏，对当地士人和民众无疑具有独有的感召力。一方面，这是古代士人将基于对孔子的尊重寄托于其后裔身上，"以孔子明帝王之道，垂范后来，开太平于无穷。既受其赐，则尊之亲之，不敢忘因以及后人者"②。孔子后裔南迁使得浙西南士人与民众能与圣人后裔结邻，这在他们看来是十分幸运的大事。另一方面，孔氏南宗士人相继在浙西南各地为官，政绩卓然，由是更提升了其在当地士人和民众心目中的地位。所有这些，极大地优化了江南地区的社会环境和人文环境，正如吾绅所说，衢州"特多古之流风遗迹，而夫子之家庙为尤显"③。

其二，孔氏南宗士人廉而爱民，深得当地士人与百姓拥戴，推动了浙西南地区的文明教化和社会进步。《大学》有言："大学之道，在明明德，在亲民，在止于至善。"儒家思想强调当政者要以身垂范，这就是孔子所说的"其身正，

---

① 天启《衢州府志》卷九《人物志一·圣裔》。

② 杨士奇：《东里集（文集）》卷三《鲁林怀思图诗后序》，文渊阁四库全书本。

③ 吾绅：《鲁林怀思诗卷后序》，转引自《衢州历史文献集成》（文集专辑）第十册，中华书局 2013 年版，第 91 页。

不令而行；其身不正，虽令不从"。只有当政者体恤民情，以仁德待民众，才能得到民众的尊重，才能更好地推动社会发展，有人认为："在中国传统社会，官民关系经常出现不和谐的局面，但在中国传统政治中，'官民相得'仍然是维系社会稳定发展的思想基础，可以说，官民的联结与互动是中国社会演进的基本机制。"① 从前文的分析中可知，孔氏南宗士人在政治活动中，始终注重教养，以身垂范，严于律己，关怀民生，体恤民情，充分体现了"以民为本"的思想，从而赢得了士人和百姓爱戴，有效协调了浙西南地区的官民关系，推动了江南地区社会的文明和进步，尤其是对浙西南近代社会的转型发展产生了不容忽视的作用。

其三，孔氏南宗士人在处理政事与个人言行方面都恪守儒家伦理规范，对浙西南地区民众起到了良好的教化示范作用。孔氏南宗秉承诗礼传家的优良传统，注重言传身教，先后涌现出不少名贤，真可谓"出士类增美士林，可作千秋冠冕"②，其中著名的如孔传、孔元龙、孔克准、孔思模、孔传锦等，不胜枚举。孔氏南宗族人在家则谨守礼义，为官则"谋其事"，无论是处理政事，还是处理个人言行，都恪守和践行儒家的政治思想和主张。

值得注意的是，孔氏南宗士人的政治思想和政治实践相互影响，代有传承。在此，我们以孔传的几个儿子为例稍作

---

① 王日根：《明清民间的社会秩序》，岳麓书社 2003 年版，第 523 页。

② 天启《衢州府志》卷九《人物志一·圣裔》。

阐述。据明代吕元善所辑的《圣门志》记载，孔传"生子五"[①]，分别是端问、端己、端植、端隐、端位。据南宋黄震所撰的《黄氏日钞》记载，孔传有六个儿子，即在前述五子之外还有端守。《衢州孔氏南宗家庙志》则载："传有七子：问、己、守、位、植、隐、惟，其中守、惟无嗣。"三者之间记载不一，尚待考证，此处仅对孔传诸子的事迹加以述评。孔传的治绩前文已述，其诸子都能承其遗风，不愧"兄弟齐芳，号为五龙"[②] 的美誉。其中，孔端隐于绍兴年间（1131—1162）登进士第，曾任文林郎、江陵府观察推官，"历十载，以爱民为务，著清白声称，士大夫莫敢干以私者"[③]。孔端植（字子固），曾任鄂州通城令，"民至今思之"[④]。孔端己（字子正）"侍父渡江，习见祖庭旧事，常举以训族子弟。历官五十年，介洁不污"[⑤]。孔端问任奉新丞，著有《沂川集》。作为宗族和睦、家学相传的孔氏南宗，孔传、孔端朝、孔洙等人的所作所为及其人格魅力，对其宗族发展产生了广泛影响，使孔氏南宗贤才辈出、代有英杰，孔

---

① 吕元善：《圣门志》卷三下《孔子流裔十一支》，明天启七年（1627）本。

② 吕元善：《圣门志》卷三上《宗子世纪》，明天启七年（1627）本。

③ 孔德成：民国《孔子世家谱（二集）》卷十七之九《衢州派·五支·四十八代·孔端隐》。

④ 吕元善：《圣门志》卷三下《孔氏闻达》，明天启七年（1627）本。

⑤ 孔胤植重修：《阙里志》卷九《人物志·闻达子孙·四十八代·孔端己》，山东友谊出版社 1991 年《孔子文化大全》本。

氏南宗族学所折射的宗族文化也由此可见一斑，更重要的是，孔氏南宗士人的政治活动及其作为对江南地区士绅民众起到了良好的示范作用。

然而，孔氏南宗士人著述的散佚情况十分严重，孔氏南宗的有关记载大多散见于他人别集或各方志中。要对孔氏南宗的政治活动及其影响作出更为全面、更为清晰的阐释，仍需假以时日和精力予以进一步挖掘和梳理。

五、孔氏南宗与"鲁郡吾衍"

衢州因有孔氏南宗家庙与南渡的孔子后裔而成为宋元之际江南儒学文化之中心，因而被时人称为"阙里""洙泗""南州之洙泗"，孔氏南宗族人也被称为"鲁东家"。吾衍作为元代衢州开化人，自小受到孔氏南宗文化的影响，具有较深的儒家文化情结，出于文化寻根而自称为"鲁郡吾衍"。

1. "鲁郡吾衍"的由来

吾衍（字子行，1268—1311），又名丘衍，号竹房、贞白，元代杰出印学家，被世人称为"印人柱石"，所著的《三十五举》，对元明清篆刻的发展产生了深刻影响。关于吾衍的籍贯，元明文人为吾衍所作传记中有两种说法：一说为杭州人，如"郡衍，字子行，杭人也。"① 另一说为衢州

---

① 吾衍：《竹素山房诗集》附录《吾衍传（宋濂撰）》，文渊阁四库全书本。

人，"吾衍，字子行，太末人。"① 这里的"太末"即指衢州，因衢州古有"姑蔑""太末""大末"等之称。胡长孺（字汲仲，1249—1323）作为吾衍好友，其说法更为接近史实，后来学者也多持此说。至于吾衍故里在衢州哪里，又有三种说法：一是说龙游，二是说衢江棠村，三是说开化华埠。认为吾衍是龙游人的，主要受"太末"一词影响。"太末"在官方作为地名始于秦，在秦汉所指范围甚广，包括以今天衢州市辖区为主的广大地区，后渐渐缩小为现在的龙游县。胡长孺文中的"太末"应是较为广义的概念，并非龙游专指。至于衢江棠村与开化华埠两说，因这两地的吾姓族人比较多，开化《吾氏宗谱》对吾衍有载，因此，一般认为吾衍为开化人。

吾衍为衢州人无疑，然而其在一些诗文集与著作中的署名却为"鲁郡吾衍"。如其《周秦刻石释音·原序》落款中的署名为"至大戊申十二月鲁郡吾丘衍序"②，其《学古编》《竹素山房诗集》等著述的某些刊本也署名为"鲁郡吾衍"。此外，还有篆书"大德六年鲁郡吾衍题"③，另一印章印文直接为"鲁郡吾氏"④。在中国传统文化中，在人名前冠以地名是一种文化现象，地名通常是其人的出生地或其先祖的

---

① 吾衍：《竹素山房诗集》附录《吾子行文冢铭（胡长孺撰）》，文渊阁四库全书本。
② 吾衍：《周秦刻石释音·原序》，文渊阁四库全书本。
③ 郁逢庆：《书画题跋记》卷八，文渊阁四库全书本。
④ 张雨行书：《外史自赞画象》，转引自野田悟《吾衍与其〈学古编〉之研究》，中国美术学院 2009 年博士学位论文。

居住地，亦或是其人为官或居住之地。"鲁郡"一词在历史沿革中大体是指现在的以曲阜为中心的山东一带。衢州与山东相距甚远，在历史上只有"姑蔑""太末""大末"等称谓，与"鲁郡"并无联系。那么，"鲁郡吾衍"是否意味着吾衍祖上是鲁郡人呢？《浙江通志》与《开阳吾氏宗谱》皆载吾氏是从姑苏迁徙到衢州，与鲁郡无关。吾衍是不是曾到鲁地长期居住呢？史料上只有他在十八岁时由衢州迁往杭州生花坊的记载，却没有发现其北行到鲁地的记载。那么，"鲁郡吾衍"究竟从何而来？对此，中国美术学院博士、日本籍学者野田悟先生的博士论文《吾衍与其〈学古编〉之研究》进行了探讨，并提出两点看法：（1）吾姓为昆吾之后，其先祖黄帝、颛顼、祝融皆曾在曲阜一带活动；（2）"鲁文化"对吾衍影响深刻。此种说法未免牵强。著者在查阅资料的时候，发现了另外两则重要材料：（1）吾衍在为其友钱良佑所书写的内容为杜甫诗《柏学士茅屋》的篆书中，署名为"大德庚子正月廿有六日赵郡吾衍书"[1]。明陶宗仪《书史会要》卷一有"赵郡吾衍曰……"[2] 等记载。著者初以为"赵郡"系"鲁郡"之误，后在《元和姓纂》一书中发现了其中关于"虞邱"之姓有如下记载："虞邱，晋大夫。虞邱书楚庄相，虞邱子荐孙叔敖自代。赵郡，《说苑》云：'汉光禄大夫虞邱寿王'，《汉书》作吾邱。"[3] 可

---

① 赵琦美：《赵氏铁网珊瑚》卷六《吾子行小篆杜诗诸帖》，文渊阁四库全书本。

② 陶宗仪：《书史会要》卷一，文渊阁四库全书本。

③ 林宝：《元和姓纂》卷二《虞邱》，文渊阁四库全书本。

见赵郡（今河北赵县）曾有虞邱（吾邱）姓，"吾邱"与"虞邱"之间实为音讹。由"赵郡吾衍"可推知吾衍自认先祖曾在赵郡生活，至于与"虞邱"是否有关，尚待考证。（2）元代杨载《酬吾子行》诗的第三、四句为"既依秦大姓，方问鲁东家"①，说明吾衍之姓是为"秦大姓"，其先祖可能在今西北陕甘一带居住过。这两则材料分别出于吾衍本人及其朋友之手，应具有较大的可靠性，其中的任何一个都能说明吾衍先祖并非在"鲁郡"，这也说明野田悟先生的跨越时空的推论难以成立。从时间上看，有明确纪年的"鲁郡吾衍"（1302）晚于"赵郡吾衍"（1300）。吾衍为何要用"鲁郡"取代"赵郡"，从中又反映了怎样的心路历程？要揭开这些谜底，我们不得不从孔氏南宗谈起，不得不从建炎二年（1128）谈起。

2. 孔氏南宗与"南州之洙泗"

建炎二年（1128），金兵南下，孔子第四十八世嫡长孙、袭封衍圣公孔端友与从父孔传率部分孔氏族人携孔子夫妇楷木像及画像扈跸高宗南渡；建炎三年（1129）因功赐家衢州；"绍兴六年，诏权以州学为家庙，计口量赐田亩，除蒸尝外，均赡族人，并免租税。八年六月壬戌，赐衢州田

---

① 吾衍：《竹素山房诗集》附录《酬吾子行（杨载撰）》，文渊阁四库全书本。

五顷，主奉祠祀。以孔氏渡江，林庙隔绝，一时未能返鲁故也。"① 宝祐二年（1254），首座家庙在菱湖鼎建落成，史称其"规模宏壮，仿佛鲁旧庙"。家庙落成之日，"太守孙子秀讲《中庸·上律天时》一章。五十一代孙应发、应得陪讲。衢之人士听讲者以千数"。此后，每逢朔望之日，"自郡守以下，悉皆拜谒"②。南宋以来，孔氏后裔在江南地区繁衍生息，蔚为大宗。南渡的孔子后裔在南渡之初就极有作为。他们不仅刊刻了大量著作，而且积极介入教育事业。他们或家居授徒，或合族讲学，或介入庙学③，或参与教育管理，或讲学于书院。孔传的"家居授徒"方式及其影响为孔氏南宗树立了良好典范。孔传之后，孔莘夫监南岳庙，兼庙学教谕；孔应达任江苏金坛教谕，后迁润州学正；孔廉见任湖北嘉鱼教谕；孔援任福建兴国州教授；孔应得历任绍兴、临安府教授，国子监丞；孔元虔在泰兴创建马州书院④；孔元龙出任柯山书院山长；孔拔出任明道书院山长。总之，孔氏南宗族人活跃于南宋社会的各个方面。

---

① 徐映璞：《孔氏南宗考略》卷一《衢州家庙考第七》，转引自《衢州历史文献集成》（文集专辑）第十册，中华书局2013年版，第149页。

② 《孔氏实录·历代褒崇》，转引自《衢州历史文献集成》（文集专辑）第十册，中华书局2013年版，第66页。

③ 唐武德而后，国子监有庙。开元而后，郡邑有庙。各府、州、县的孔庙中设学堂，或学堂中设孔庙，出现了学堂与孔庙的结合，所以孔庙又称为"文庙"，学堂又称为"庙学"。

④ "马州书院"在陈敏政重修本《梧溪集》、光绪《清江县志》等文献中均作"马洲书院"。

衢州孔氏家庙不只是一座建筑，其更大意义则是作为儒家的文化符号而存在的。全国孔庙虽然很多，然孔氏家庙仅曲阜与衢州两处，对南宋社会产生影响的则主要是衢州孔氏家庙。孔氏南宗家庙的存在与南宗族人的努力，共同推动了衢州及其周边地区儒学的发展，使衢州在南宋时出现了前所未有的讲学之风，以致于朱熹、张栻、吕祖谦、陆九渊等理学家纷纷来衢。又因孔氏南宗家庙"枕平湖以象洙泗，面龟峰以想东山，对庙门而中为玄圣殿，西则齐鲁，后则郓国祠，沂泗二侯庑于东西"①，人们于是以"东南阙里""洙泗"比称衢州。明代卢庸在《送西安教谕孔修道南还序》中，对孔氏南宗的历史及其地位作了明确阐述："阙里孔氏思模……其先提举中奉抚州府君偕袭封端友公，在建炎中从驾南渡，因寓衢州。迄今二百余年，祠庙之崇严，墓林之深邃，族系之多，诗礼之盛，亦南州之洙泗也。"② 他在此便以"南州之洙泗"称衢州。南宋开化诗人张道洽（字泽民，1205—1268）在其《包山书院》诗中也以"洙泗"称谓衢州。其诗如下：

衔命龙荒万里余，归寻水竹与同居。

早从洙泗传心学，晚辟包山教子书。

细草幽花香笔砚，清风明月满庭除。

一生宇宙皆春意，此乐颜鲁亦自如。

① 赵汝腾：《南渡家庙》，转引自《衢州历史文献集成》（文集专辑）第十册，中华书局 2013 年版，第 44 页。
② 卢庸：《送西安教谕孔修道南还序》，转引自《衢州历史文献集成》（文集专辑）第十册，中华书局 2013 年版，第 80 页。

诗句"早从洙泗传心学",说明作者在心中已将衢州孔氏家庙所在之地视为孔子故里"洙泗",同时也以"洙泗"比喻南渡的孔氏族人,从而体现了对儒家文化的向往,诗中同时透露出曾追随南宗族人传播心学的经历。吾衍出生地开化在宋元之际也是文风昌盛,刘高汉先生《从崇文书院遗址看儒学对开化的影响》①描述了南宋时开化儒风与书院的盛况:

> 建炎三年(1129年)……孔子四十八世嫡孙孔端友,置孔氏庙宅于衢州以后,一些儒学大师纷纷南下,聚集衢州,淳熙二年(1175)春末,朱熹、张栻、吕祖谦、陆九渊四大理学家及其弟子,也相继群萃于包山听雨轩论道讲书。……山野之民亦遂骎骎好义,集资办教,捐钱兴学。诸如双竹园义学、华埠七虎堂、包山听雨轩、南山书院、霞山书舍、下庄一峰书院、村头屏山书院、长虹蛟峰逢辰书院、杨林西川学院等均于这期间先后拔地而起。就在此时,宋景定三年(1262年)进士、明道书院山长,姓余名坦,字履道,号山英者,解组归乡,即于此捐资创建崇文书院,并设立遗经阁,延请理学名师,座塾讲道。

吾衍生于斯、长于斯,自小就受到孔氏南宗儒风的熏染,且衢州因孔氏南宗家庙而被誉为"南州之洙泗",使其内心充满了自豪感、崇敬感,这就为其自称"鲁郡吾衍"

---

① 刘高汉:《从崇文书院遗址看儒学对开化的影响》,2009年12月8日,http://khnews.zjol.com.cn/khnews/system/2009/12/08/011650425.shtml。

提供了深厚的历史文化基础。

3. "鲁东家"与"鲁郡吾衍"

吾衍与孔氏南宗族人的交往，为他自称"鲁郡吾衍"提供了进一步的现实基础。吾衍曾受到南宗族人的教诲，其好友杨载所作的诗即是印证：

酬吾子行①

耿耿思朋旧，悠悠涉岁华。

既依秦大姓，方问鲁东家。

雅道将谁与，新诗敢自夸。

只今能会合，不惮路途赊。

诗句"方问鲁东家"中的"东家"就是指南渡的孔氏。"东家"一词在《三国志·魏志》注及其他书中多次出现，据载，孔子西邻有愚夫，不能识孔子为圣人，称孔子为"彼东家丘"。后人遂以"东家丘"称孔子，以"东家""鲁东家"称孔家。孔传南渡前曾著有《祖庭杂记》，南渡后则将其更名为《东家杂记》，虽是"痛祖庭之沦陷"，又何尝不是以"东家"自居呢？故江南士人也以"鲁东家"称南渡衢州的孔氏族人，如宋元之交方回所作的诗：

次韵谢邂翁吴山长孔昭(三首之二)②

乾淳一老去非赊，里社游谈亦孔嘉。

──────────

① 吾丘衍：《竹素山房诗集》附录《酬吾子行（杨载撰）》，文渊阁四库全书本。

② 方回：《桐江续集》卷十五《次韵谢邂翁吴山长孔昭（三首之二）》，文渊阁四库全书本。

仙驭不还缑氏鹤，禅机空说赵州茶。

神农为我先尝药，迦叶谁令又笑花。

欲向君侯问端的，流风应谢鲁东家。

诗中孔昭（又名诏，字承叔，号鲁山），衢州人，孔子第五十二世孙，博学能文，尤工词赋。诗中所说的"流风应谢鲁东家"，既以"鲁东家"称南渡衢州的孔子后裔，又对南宗族人于江南世风所产生的积极影响表示感谢。与以"鲁东家"称南渡孔子后裔相类似的则有"仲尼家"，如"携取鹤归清献里，载将书入仲尼家"①，出自南宋王国用为孔应得所作的送行诗。诗中的"清献"指北宋衢州人赵抃（字阅道，1008—1084），赵抃为官清廉，卒后谥"清献"，其故居与衢州菱湖孔氏家庙近在咫尺。由上可推知杨载诗中的"鲁东家"也是指南渡衢州的孔氏，"方问鲁东家"即是指吾衍曾向南宗族人问学的经历。至于吾衍与南宗族人之间的关系，可从吾衍诗中得到一些信息：

西瓜诗②

萍实浮楚江，楚人乃见疑。

不逢鲁中叟，谁羡耀日姿。

秋风满淮甸，萦蔓络紫丝。

邵圃失颜色，翠华射玻璨。

当筵鼓金刀，破此倾酒卮。

玉露滴苍珮，月冰散红犀。

---

① 《衢州孔氏南宗家庙志》，浙江人民出版社2001年版，第136页。
② 吾衍：《竹素山房诗集》卷一《西瓜诗》，文渊阁四库全书本。

寄言作歌人，勿咏黄台诗。

诗中的"鲁中叟"在前人作品中一般是指孔子，如"汲汲鲁中叟，弥缝使其淳"[1]，在此虽有指孔子的可能，但更倾向于指南渡后的孔子后裔，这可由诗的前四句分析得知，"萍实浮楚江，楚人乃见疑"中，作者以"萍"暗指孔氏族人，"浮楚江"指孔氏族人的南渡，楚人的怀疑也正是孔传等人以"鲁东家"自嘲的原因之一。"不逢鲁中叟，谁羡耀日姿"，说明吾衍与南宗族人曾有一定交往。诗的主体部分主要是吾衍对孔氏族人的赞叹，这也正是促使他向南宗族人问学的重要原因所在。

生长于儒风昌盛之地，又曾受南宗族人影响，吾衍因而具有较深的儒学造诣，既体现在其学术之中，也体现在其诗文之中。在学术方面，吾衍的许多著述与经史有关，如《尚书要略》《晋文春秋》《楚史梼杌》《说文续释》《石鼓诅》《楚文音释》等，其著作大多涉及考据，其中的《三十五举》运用了翔实的考据方法，去伪存真，使印章之学趋于正途。在诗文方面，他的许多诗作流露出浓郁的儒家思想，正如其为胡穆仲所作挽诗所表达的心情。

胡穆仲挽歌词[2]

出处嗟吾道，穷经独暮年。

凋零鲁先哲，感激汉遗贤。

---

① 陶渊明：《饮酒二十首》（其二十），转引自杨勇《陶渊明集校笺》，上海古籍出版社 2007 年版，第 166 页。

② 吾衍：《竹素山房诗集》卷二《胡穆仲挽歌词》，文渊阁四库全书本。

青简馀心在，金华客梦悬。

寥寥想孤鹤，吊影白云边。

吾衍在诗中以"鲁先哲""汉遗贤"表示对"穷经独暮年"的好友胡之纯的尊敬与怀念，也反映了对儒家文化的钟情。其另一首诗则更能表达他的儒家思想：

题阙①

郑子吾楚秀，文章焕神渊。

北望言远游，手把泗水边。

昔我识汶叟，尝闻鲁山川。

居民有淳风，古服尚宛然。

今送子复去，鸿飞冒寒天。

长河合层冰，土井无暖泉。

雪片没枯草，严风折重绵。

长歌杏坛春，俯拜阙里前。

行道各有志，韶音振朱弦。

回首郭愧台，期君步云烟。

吾衍在诗中以"手把泗水边""长歌杏坛春""俯拜阙里前"等想象的方式表达对曲阜鲁地的向往。从"昔我识汶叟，尝闻鲁山川。居民有淳风，古服尚宛然"等诗句可以推断，吾衍在写此诗时应没到过曲阜，至于鲁地"淳风""古服"等内容应由"汶叟"处获悉。诗中"汶叟"是指吾衍好友徐琰（字子方，约1220—1301）。徐琰，号容斋，又号汶叟，东平（今山东东平县）人。徐琰于至元二十九

---

① 吾衍：《竹素山房诗集》卷三《题阙》，文渊阁四库全书本。

年（1292）出任江南浙西肃政廉访使，徐、吾二人的交游当始于这一时期，在后人为吾衍所作传记中多有二人交往的佳话。吾衍本身就有较深的儒家思想，在与徐氏交往中对鲁文化不仅有了更深的了解，而且有了更多的向往，因衢州不仅有南宗族人，而且有孔氏家庙，吾衍生长于此，相逢"鲁中叟"乃平常之事，更何况又曾有过向"鲁东家"问学的经历，以致于终生不能释怀，遂将衢州视为鲁地，以"鲁郡吾衍"自称。

吾衍自称"鲁郡吾衍"在很大程度上是受到徐琰影响所致。之所以如此说，是因为在吾衍的"鲁郡吾衍"署名中，至今发现有明确纪年的署名分别是大德六年（1302）、至大戊申（1308），都晚于至元二十九年（1292）徐琰到浙江任职的时间。此前吾衍是否到过曲阜这一问题，由前述《题阙》诗可推知，他在与徐琰相遇前未曾去过。那么，此后是否去过曲阜，试看雍正《开化县志》[1]的有关记载：

> 雅报留侯为韩之志，势不得伸，爰倡同志过东鲁，祀先师，莫词中有伤时事语，当事者罗以他事，衍义不受屈，赋诗谢友，从灵均。

开化县志所说的吾衍"过东鲁，祀先师"，是否意味着吾衍曾到过鲁地呢？此处的"东鲁"究竟是指曲阜还是衢州，因资料太少，实难断定，但从吾衍"眇左目，跛右足"的实际情况来看，他到曲阜的可能性不大，即使曾去过曲阜，这也是他在生命的尽头去的，与其"鲁郡吾衍"的称

---

[1] 雍正《开化县志》卷五《人物一·文学·吾衍》。

谓也毫无关系了。至此，我们可对"赵郡吾衍"与"鲁郡吾衍"作出如下推论，"赵郡吾衍"署于大德庚子（1300），早于"鲁郡吾衍"的署名，这说明吾衍认为自身郡望出自赵郡，"赵郡吾衍"是吾衍对自身姓氏的寻根，至于他后来署名"鲁郡吾衍"，则完全出于一种文化寻根动因，这也从一个侧面透视了元代下层知识分子的一种文化认同，是作者忧国忧民意识的一种体现，"雅报留侯为韩之志"正是这种文化认同及忧国忧民意识的有力佐证。

综上所述，吾衍具有较深的乡土情结，其儒家思想与孔氏南宗及其文化之间密不可分。至于其道家思想，也离不开衢州"棋子文化"的影响。正如吾衍好友钱良佑于元至正元年（1341）在为其所作的挽诗中所提到："无人家拟地行仙，自号青霞小洞天。爱竹每留缘郭寺，吹箫时泛过湖船。"① 吾衍自号的"青霞小洞天"，即来源于衢州曾有仙人对弈传说的烂柯山，"道书谓此山为青霞第八洞天"②，为道家七十二福地之一。烂柯山天生石梁之旁的石柱上镌刻着"青霞第八洞天"。吾衍在游仙诗中也有与棋子有关的意象，如"四山若龙盘，精庐剡溪曲。中有不蛰龙，长吟破幽绿。道人宴坐起，指袖窗牖开。手持碧琅玕，听此风雨来"③，"仙人琪树生晚寒，洞中敲折青琅玕"④。诗中所说的"琅

---

① 吾衍：《竹素山房诗集》附录《吾子行挽诗（钱良佑撰）》，文渊阁四库全书本。

② 彭大翼：《山堂肆考》卷十八《烂柯》，文渊阁四库全书本。

③ 吾衍：《竹素山房诗集》卷一《龙吟轩》，文渊阁四库全书本。

④ 吾衍：《竹素山房诗集》卷三《玉佩谣》，文渊阁四库全书本。

玕"即指"美石"①，且又是在"洞中"，又有"仙人""琪树"，在此当是倾向于与棋子有关的一种物象，这显然与烂柯山的仙人对弈传说有关，其中的"敲折"则预示着吾衍的悲剧结局。清代吾进在为浙江海盐人黄锡蕃辑录的《续古印式》所作跋尾中说道："元时吾家贞白先生尝集秦汉官私印章七百三十一枚，为《古印式》二册"，其署名为"鲁郡吾进书于青霞小洞天"②。吾进的署名启迪我们对吾衍与孔氏南宗文化、棋子文化的关系作进一步的深思。

---

① 《尚书·禹贡》："厥贡惟球、琳、琅玕。"孔传："琅玕，石而似玉。"孔颖达疏引《尔雅·释地》，谓"石而似珠"。上述注释引自《辞海》，上海辞书出版社 1989 年版，第 1371 页。

② 《续古印式》二卷，为古印谱录，黄锡蕃（字晋康，1761—1851）辑，成书于乾隆六十年（1795）。扉页篆书为钱大昕所题，王鸣盛、吴骞序，张燕昌、吾进等为之作跋。

第四章　孔氏南宗与江南教育文化

　　重教兴学是孔氏南宗的优良传统。孔氏南宗的重要开创者孔传就十分重视文献整理工作，为南宗族人树立了榜样。孔传也十分重视教育，不仅居家授徒，而且积极介入庙学，其刊刻的著作也大部分与教育有关。孔传的文献整理工作与重教兴学活动在很大程度上体现了孔氏南宗族人的思想与作为，对史学与教育发展具有重要意义。孔氏南宗传承了"洙泗"遗风，在教育方面的作为对南宋书院产生了外在影响，孔氏南宗家庙所蕴含的文化内涵则对南宋书院发展产生了内在影响，从而使孔氏南宗文化在较大程度上影响了江南士人的心理结构与思维方式，使南宋学者在思想上逼近儒学原点，并推动南宋重教兴学之风的出现。南宋书院在时空分布上都受到了孔氏南宗文化的影响，在空间上主要分布在以衢州为中心的江南地区，在时间上则先后形成了孝宗朝和理宗朝的两次发展高峰。正因为如此，孔氏南宗在江南地区营造了重教兴学的文化语境，促进朱熹、张栻、吕祖谦、陆九渊等理学家"书院情结"的形成，孔氏南宗与南宋理学家一道"实化"了孔子。孔氏南宗文化、理学家与"实化"的孔子，共同推动了南宋书院的空前发展。

明清时期，孔氏南宗秉承深厚的家族传统，积极开展各种教育活动。孔氏南宗士人出任各地学官，创办或主持书院，革新族学，效果显著，不仅推动了江南地区尊师重教社会风气的形成和教育兴盛，而且推动了江南地区的文化发展和儒学传播。孔氏南宗文化作为一种思想文化，不仅是江南区域文化思想的重要载体，而且在很大程度上折射出传统儒家思想在南方地区的发展演变轨迹。

一、南渡之初的文献整理与重教兴学

南渡之初，虽然处于荜路蓝缕的艰辛时期，但以孔传为代表的孔氏南宗族人始终不忘发扬光大先圣学说的使命，在文献整理与重教兴学方面取得了卓越成就，并为后世树立了榜样。孔传，原名若古，衍圣公孔端友之从父，宋哲宗元祐四年（1089）任仙源县主簿，元祐八年（1093）升县尉，政和五年（1115）以朝奉郎任京东路转运司管勾文字。高宗建炎二年（1128），孔传随孔子第四十八世孙、衍圣公孔端友扈从高宗南渡。建炎三年（1129），高宗赐其庙宅于衢州。曾知邠州，又移知峡州，以平鼎澧寇有功进秩右谏议大夫，改任知抚州军州事，兼管内劝农使，官至中散大夫，封仙源县开国男。孔传十分重视文献收集与整理工作，著有《续六帖》《东家杂记》《洙南野史》《续尹植文枢秘要》《杉溪集》等，其著作保存了大量珍贵的典籍史料，尤其是唐五代及孔氏家族文献。孔传的重教兴学活动主要体现在两个方面，一是居家授徒，二是积极介入庙学。孔传整理典籍文献的实践、重教兴学的思想与行为，在很大程度上彰显了南宋时期甚至此后更长时间内孔氏南宗族人的史学、教育等思想，从而对宋元以降史学与教育的发展都产生了积极影响。

1. 孔传的文献整理活动

古典文献是中国传统文化得以传承的重要载体，文化价值和史料价值兼重。当然，由于各种原因，文献典籍在历史上极容易出现混乱甚至散佚现象。所以，历代有识之士都极为重视古代典籍文献的搜集与整理。整理文献不仅可知历史兴衰沿革，而且可经世致用，有益于时事。孔传生活于两宋动荡之际，祖庭沦陷，被迫南渡，在参与政事之余，始终不忘先祖旧学，积极收集、整理、校勘、考证古代典籍文献。其对文献的重视，正如韩驹所说："侯（孔传）之言曰：古之学者必世其家，吾惟宣圣之后。而子思《中庸》杂于大戴氏礼，及子高子国始立训传。阙然至今，吾甚惧焉。于是缀辑，使无坠厥绪。"① 为实现文献"无坠厥绪"的目的，孔传先后编著了《东家杂记》《续尹植文枢秘要》《孔氏六帖》《洙南野史》等著作。

《孔氏六帖》与《续尹植文枢秘要》在性质上属于类书。《孔氏六帖》又称《续白氏六帖》《六帖新书》《续六

---

① 白居易、孔传撰：《白孔六帖·原序（韩驹撰）》，文渊阁四库全书本。

帖》，是孔传仿唐白居易《白氏六帖》三十卷结撰而成的类书，共三十卷。后世将之与《白氏六帖》合编为《白孔六帖》六十卷，又分成一百卷。《白氏六帖》由白居易集唐以前典籍分门别类辑撰而成，而"由唐至吾宋几四百年，故事畔散不属"①。鉴于此，孔传采集唐五代史料，并仿照《白氏六帖》体例辑为《孔氏六帖》。此书所引之书多达一百六十多种，涉及史部、子部、集部，收录了唐之前及唐、五代的许多史料，其中有许多引书未被正史艺文志所著录，其所引之书有许多现今已不存或残缺不全，同时也校勘了一些古籍上的记载。所以，此书在勘误与辑佚等方面具有较高价值。宋人俞仕礼在为杨伯喦《六帖补》所作跋中如此评价《孔氏六帖》的史料价值，"唐世类书传于今者，有徐常侍《初学记》、白少傅《六帖记》。所遗者帖，采缀甚富"，但在很长时间内"未闻有继《六帖》而作者"，直到"炎绍中兴，乃有孔侯《六帖新书》，隋唐五代咸著于篇，而白傅所未取者不敢过而问焉"②。因《孔氏六帖》收集了大量史料，所以世人也往往引用其内容以作为考据论证的依据。《续尹植文枢秘要》③现已不存。由"续"字可知此书当是《尹植文枢秘要》的续写。《尹植文枢秘要》由唐人摘抄

---

① 白居易、孔传撰：《白孔六帖·原序（韩驹撰）》，文渊阁四库全书本。

② 杨伯喦：《六帖补》卷二十《俞仕礼跋》，文渊阁四库全书本。

③ 孔传的《续尹植文枢秘要》，又名《续尹植文枢纪要》《文枢纪要》等，而《四库全书》中的唐代类书有《尹植文枢秘要》，孔传之书为"续"，又有"文枢"二字，当是续此书。

《文思博要》《艺文类聚》而成，"《尹植文枢秘要》目七卷，抄《文思博要》《艺文类聚》为《秘要》"①。《文思博要》《艺文类聚》皆为唐代类书，《尹植文枢秘要》亦为类书。由此可以推断，孔传所撰《续尹植文枢秘要》在体例上当与《文思博要》《艺文类聚》相同，内容上当是对《尹植文枢秘要》的补充，应收录了大量唐五代的典籍史料。

《洙南野史》，顾名思义属于一部野史类史书，可惜现已不存。《浙江通志》在释"团石潭"时曾引用了此书，"孔世文《洙南野史》云：'团石圆，出状元。'绍兴十四年（1144）大水，石因转面，视正圆。明年，刘文靖公章果魁天下"②。由此可知此书也保存了较多的史料。

《东家杂记》是记载有关孔子杂事旧迹的志书，分上下两卷。上卷有姓谱、先圣诞辰讳日、母颜氏、妻亓官氏、追封谥号、历代崇封、嗣袭封爵沿革、改衍圣公、乡官等九类；下卷有先圣庙、手植桧、杏坛、后殿、先圣小影、庙柏、庙中古碑、本朝御制碑、庙外古迹、齐国公墓、祖林古迹、林中古碑等十二类。从有关史载分析可知，孔传为编撰好此书，仔细"推原谱牒，参考载籍"，"以至验祖壁之遗书，访阙里之陈迹荒墟废址，沦没于春芜秋草之中者"，"纂其轶事，缀所旧闻"③，从中也可知孔传治学之严谨。因

---

① 宋祁、欧阳修等：《新唐书》卷五十八《艺文二》，中华书局1957年版，第1496页。

② 沈翼机等：《浙江通志》卷十八《山川十·衢州府·团石潭》，文渊阁四库全书本。

③ 孔传：《东家杂记·原序》，文渊阁四库全书本。

孔传生活年代距离所收文献的年代尚不远，许多旧迹包括文献在当时仍保存较好，所以这部书保存了较多孔氏家族史料，对研究孔氏家族的典章、文物以及谱系源流诸方面都具有重要史料价值。

2. 孔传的重教兴学活动

孔传具有丰富的教育思想，并积极付诸于重教兴学实践之中，他不仅家居授徒，而且积极介入官方教育，同时也刊刻著作，以宣扬儒学、教化世人。在家居授徒方面，孔传"博极群书，尤精《易》理"，曾"授徒千人"[①]，由此可知其私塾规模之大和影响之广。在参与官方教育方面，《三衢孔氏家庙志》所说的"南渡庙学皆其所请"[②]，不仅反映出孔传以积极的心态介入庙学，更反映出其参与庙学活动之广泛。汉唐以来，儒家思想成为官方思想，尤其是到"唐武德而后，国子监有庙。至开元而后，郡邑有庙，天下通祀之"[③]。因学堂与孔庙结合，所以孔庙又称为"文庙"，学堂又称为"庙学"，这一演变轨迹正如有关学者所指出："宋代的地方官学……大都从孔庙演变、发展而来，其初因庙设

---

① 徐映璞：《孔氏南宗考略》卷二《宋代名贤事迹考第十二》，转引自《衢州历史文献集成》（文集专辑）第十册，中华书局2013年版，第160页。

② 《衢州府志·流寓》，转引自《衢州历史文献集成》（文集专辑）第十册，中华书局2013年版，第71页。

③ 胡翰：《孔氏家庙碑记》，转引自《衢州历史文献集成》（文集专辑）第十册，中华书局2013年版，第76页。

学，此后庙学并置。"① 南宋时，庙与学还存在分离现象，没有完全结合在一起，有些地方甚至是有庙无学，或因战争破坏，或年久失修而颓废。孔传及南宗孔氏族人对庙学的积极介入，对恢复当时的官学无疑具有积极意义，同时对此后的庙与学的结合也起到了推动作用。然而，因种种原因，当时的官学并没有得到大发展，相反，由私塾发展起来的书院却在南宋出现了前所未有的兴盛。

在孔传所刊刻的著作中，《续尹植文枢秘要》《孔氏六帖》《东家杂记》等，是与教育有着直接关系的。其中，《续尹植文枢秘要》《孔氏六帖》为类书。类书因汇聚了古代的大量典籍史料，其最大优点是便于检阅、观览、采获，"故昔人每教初学多读类书，或自作类书"②。唐玄宗时组织大臣编撰《初学记》的目的也正是为教育皇子。白居易所著的《白氏六帖》，既为自己作诗文便于检索资料，也为教育其弟子提供便利。孔传续作该类书的意图在于开阔学者的视野，对其产生"博闻之益"。韩驹为《白孔六帖》所作的序，言简意赅，层次清晰，切中肯綮。一是阐明了编纂该书的目的，认为"古之君子，学则与人共之，未有独善其身者也。且其大者尚将发明以示后世，况其细乎。使学者不执业、不佔毕，而有博闻之益，此仁人之心也"。二是概述了该书的基本内容，《孔氏六帖》就其内容而言则极为丰富，涉及天文、地理、动植物、科技、政治、经济、军事、历

---

① 张彬：《浙江教育史》，浙江教育出版社 2006 年版，第 100 页。
② 张涤华：《类书流别》，商务印书馆 1958 年版，第 35 页。

史、文学、艺术、风俗等社会生活的各个方面，"诗、颂、铭、赞、奇编、秘录，穷探力讨，纤芥不遗"。三是分析了编纂该书的背景及其针对性，因唐宋以来，士人为应付科举考试，"皆挟一经，不治他技"，所作诗文仅重形式，在内容上流于空疏，读书范围极为狭隘。四是评述了该书的价值和作用，《孔氏六帖》涉及内容之广泛，无疑有益于拓展人们的视野和知识面，"士知博学孔侯之书，如富家之储材，栋椽枅拱，云委山积。匠者得之，应手不穷，功用岂小哉"①？由此可知此书在"博闻"方面的实用价值。此书在南宋曾多次刊刻，于宋末又与《白氏六帖》合而为一，有合为六十卷的，也有合为一百卷的，然而究竟何人所合、何人所分，却无从考证、不为人知，但从一个侧面反映出其在宋代已流传甚广，充分说明"宋人亦颇重其书"②。

《东家杂记》既是为整理孔氏家族史料，也是为传播儒学思想而作。孔传在南渡前曾著《祖庭杂记》，南渡后将其更名为《东家杂记》，一方面表达了他们对"祖庭之沦陷"的痛惜；一方面说明他们在南渡后也曾被时人视为"东家"、为人所讥的境遇。显然，孔传刊《东家杂记》有出于宣讲儒学、教化时人的目的，既为得到身份认同，也为得到文化认同。《东家杂记》在南宋时几经修版，后又增刻"杏坛图说""北山移文""击蛇笏铭""元党籍"等内容。此

① 白居易、孔传撰：《白孔六帖·原序（韩驹撰）》，文渊阁四库全书本。
② 《四库全书总目》卷一三五《白孔六帖》，文渊阁四库全书本。

书使孔子"实化"于现实之中，对南宋儒学的普及具有重要推动作用。

3. 孔传思想及实践的重要影响

孔传的思想及其在文献整理重教兴学中的重大作为，在很大程度上体现了孔氏南宗族人的思想，一方面由于孔传是南渡族人中的年长者，其思想与行为对族人具有示范性；一方面则是由于孔氏南宗族人在思想上与孔传表现出较多的共同性。与孔传共同南渡的衍圣公之弟孔端木则是重要代表。孔端木即孔端朝，孔子第四十八世孙，"未冠能属文，宾兴贤关，藉藉有声"。首先，孔端木十分重视著述，在宣城任职期间，"除正字，迁小著，慨然以杀青为己任"，"历都官司封郎，虽在省曹，犹兼著作"，"自幼以文知名，至老益高古"。其次，他十分重视文献典籍收集工作，曾"建言唐以韩愈为史官，当时各致所闻，乞召中外如唐故事"。再次，他十分重视和关心教育，"知临江军，一新校舍，拨黄冠私田，益学粮"①。其中所说的"一新校舍""以杀青为己任"，反映了孔端木对教育及典籍的高度重视及其在重教兴学与整理典籍文献方面的重要作为。可以说，重教兴学和整理典籍文献是当时南渡的孔氏族人的共识，更是其重要的价值导向，因此，我们看孔氏南宗族人在教育与整理文献方面的贡献，不能仅从他们的作为上进行分析，还应从文化的角

---

① 程敏政：《新安文献志》卷九十三《孔右司端木传》，文渊阁四库全书本。

度进行思考。他们身份特殊，如"衍圣公"的意义和使命在于"衍圣"，在于"实化"孔子；他们的活动也具有特殊性，祭祀是他们在庙学与书院中的重要任务，祭祀既是尊先圣的一种重要仪式，也是引导世人在思想深处逼近先圣的重要价值指向和路径。他们已成为儒家文化的一种文化符号，其行为也具有较深的文化内涵。所有这一切，使江南世人自然而然地产生"见圣孙如见圣祖"[①] 的崇敬之情。

南宋在史学与教育方面取得了大发展，在中国学术史和教育史上都可堪称高峰，在史学方面，南宋在前代史、当代史、专门史、方志学诸方面都取得了巨大成就；在教育方面，尤其是书院教育方面更是取得了重大发展。这两方面所取得的成就，都离不开孔氏南宗及其所蕴含的文化符号意义的影响。在史学方面，孔氏南宗族人整理文献的思想与成就通过其教育活动对江南世人产生了不可忽视的影响，如南宋末年杨伯嵒（字彦瞻，？—1254）在任衢州学官期间编著成《六帖补》二十卷，收集了两宋以来的大量史料；再如胡仔（字元任，1110—1170）在《东家杂记》问世后著有《孔子编年》五卷，这是目前为止可见的最早、最完备的孔子年谱。在教育方面，孔传"家居授徒千人"，孔元龙曾出任柯山书院山长，孔拔曾出任明道书院山长，孔元虔创马州书院。他们的教育实践在很大程度上超越时空，传递了孔子的重教思想，他们重教兴学的思想与实践对南宋教育尤其是书院的发展，无疑具有推波助澜的作用。所以说，南宋史学

---

① 天启《衢州府志》卷九《人物志·圣裔》。

与教育的发展，都离不开孔氏南宗的影响。

二、孔氏南宗与南宋书院的发展

书院作为一种教育组织形式，在我国古代教育史上具有重要地位和特殊作用。我国书院始于唐代，在南宋时期得到较大发展。关于书院兴盛于南宋的原因，学术界从经济、科举、官学、理学等方面进行了大量探讨与分析，成果颇丰。然而，我们认为，南宋书院的发展在很大程度上受到了孔氏南宗文化的影响。孔氏南宗文化是南宋初年孔子后裔南迁之后，孔氏文化在不同历史条件和环境下与江南社会文化不断融合和发展基础上所形成的区域文化体系。孔氏南宗文化作为儒学文化的重要组成部分，于南渡之初就在江南地区显示出强大的文化优势，对南宋社会文化的发展具有深刻影响。在此，我们以孔氏南宗文化对南宋书院的影响方式及其对书院兴盛和时空分布的具体影响为重点，揭示孔氏南宗文化对南宋社会文化的影响力。

1. 孔氏南宗对南宋书院的双重影响

孔氏南宗文化对南宋书院发展的影响具有双重性，即外在影响和内在影响。外在影响是指孔氏南宗族人在教育方面的作为，包括直接参与南宋书院教育活动，对书院所产生的外在的、可见的影响；内在影响则是指衢州孔氏家庙所具有的象征意义蕴含的文化内涵，通过影响江南世人的心理结构与思维方式，对书院所产生的内在的、不可见的影响。

（1）外在影响——孔氏南宗的教育作为

南渡之初的孔氏族人，为了国家的复兴及自身的生存发展，在各方面都积极有为。作为宣圣后裔，以孔传为代表的南宗人士深深感到，发展教育不仅仅是他们的优秀传统，更是他们必须承担的重大的社会责任，因而将其视作立身之本。因此，他们一方面自觉传承和创新孔子的重教思想，一方面致力于教育实践，成效卓著。在南宗士人的著述中，不乏与教育相关且具重要影响的著作，如他们刊刻了大量著作，其中很多著作阐发了重教思想，如孔元龙任柯山书院山长期间所编的《柯山论语讲义》，孔元龙、孔从龙合辑的《洙泗言学》"使学者知所以为学"，并认为"孝弟以立本，巧令之鲜仁，非学乎。学在是，仁亦在是。知乎此，而后为善读《论语》"①。

孔氏南宗族人的重教实践集中表现在积极从事官学、私学等教育事业方面，具体有以下形式：家居授徒、合族讲学、介入庙学、参与教育管理，或讲学于书院。在家居授徒方面，如前文所论及的孔传，曾"家居授徒千人"②；孔应祥（字吉甫）曾"以衢族长被召阙里"，统领家族四十年

---

① 真德秀：《西山文集》卷三十六《跋孔从龙洙泗言学》，文渊阁四库全书本。

② 徐映璞：《孔氏南宗考略》卷二《宋代名贤事迹考第十二》，转引自《衢州历史文献集成》（文集专辑）第十册，中华书局 2013 年版，第 158 页。

间，坚持"以礼仪教子孙"①。在合族讲学方面，孔氏南宗族人始终坚持以家庙为阵地，"俾之合族讲学，且以志不忘阙里之旧"②。然而，无论是"家居授徒"，还是"合族讲学"，虽曾出现"授徒千人"（在此不论是虚指还是确指）的盛况，其规模和局限性仍可以想见。为更好地发挥文化资源上的优势，南宗士人积极介入官方教育，在官方教育与管理方面发挥了独特作用。在参与庙学方面，因绍兴六年（1136）"诏权以衢州学为家庙"，使南宗族人以独特身份实现了庙学与州学的结合，从而开启了孔氏南宗族学教育走向社会、向民间开放的大门。再如，孔莘夫"监南岳庙，兼庙学教谕"，"凡南渡庙学皆其所请"③。由此可知，孔氏南宗族人不仅广泛参与庙学，而且以积极的姿态投入其中。在教育管理方面，南宗族人通过担任江南各地教谕、教授等途径直接参与官学的教学活动与管理事项，如孔应达任江苏金坛教谕，迁润州学正；孔廉见任湖北嘉鱼教谕；孔援任福建兴国州教授；孔应得历任绍兴、临安府教授，国子监丞。作为先圣后裔的孔氏南宗士人，无论身居何职，重视教育、积极从事教育实践一直是其优良传统，一方面是对孔子教育思

---

① 徐映璞：《孔氏南宗考略》卷二《宋代名贤事迹考第十二》，转引自《衢州历史文献集成》（文集专辑）第十册，中华书局 2013 年版，第 161 页。

② 赵汝腾：《南渡家庙》，转引自《衢州历史文献集成》（文集专辑）第十册，中华书局 2013 年版，第 44 页。

③ 《衢州府志·流寓》，转引自《衢州历史文献集成》（文集专辑）第十册，中华书局 2013 年版，第 71 页。

想的发扬光大，一方面体现了以化民成俗为己任为使命的精神，因而深得江南士人和民众的尊重，如孔端木因生前"一新校舍""益学粮"等作为与影响而得到人们的由衷缅怀，"既去，诸生祠之"①。

至于书院方面，孔氏南宗族人或创建书院，如孔元虔于咸淳年间（1263—1274）在泰兴创建马州书院；或讲学于各大书院，如孔元龙出任柯山书院山长，孔拔出任明道书院山长。南宗族人在庙学与书院中往往承担管理、祭祀、教学与学术研究等多重角色，祭祀与教学则是其主要工作，如孔莘夫监南岳庙时亦"兼庙学教谕"。就孔氏南宗族人而言，祭祀与教学是其不可分割的两个方面，祭祀是他们得以进入庙学与书院的关键，教学则是他们彰显儒学思想的重要手段。孔氏南宗的教育作为，尤其是对书院教育管理的直接参与，必然影响时人，进而影响南宋书院的发展方向。

（2）内在影响——孔氏南宗家庙的文化内涵

如前所述，南宋时期的衢州孔氏家庙，最初是奉诏"权以衢州学为家庙"，即带有临时性质，换言之，朝廷将州学暂时用作家庙，这主要是由于"孔氏渡江，林庙隔绝，一时未能返鲁"② 所致。但令人意想不到的是，这一临时性安排竟长达一百一十八之久。终因宋廷北还无望，更由于孔

---

① 程敏政：《新安文献志》卷九十三《孔右司端木传》，文渊阁四库全书本。

② 徐映璞：《孔氏南宗考略》卷一《衢州家庙考第七》，转引自《衢州历史文献集成》（文集专辑）第十册，中华书局 2013 年版，第 149 页。

氏南宗的发展壮大，于是于宝祐元年（1253）在菱湖另建家庙，并"委五十代孙元龙等董其役"①。菱湖家庙于元初毁于盗，孔洙暂以其家为庙。

孔氏家庙原本是为孔子门人祭祀先师而以宅为庙，孔子生前遗物皆奉其中。自汉高祖刘邦过鲁祀孔后，历代帝王及诸侯卿相常来拜谒。汉武帝推行独尊儒术政策后，儒家思想逐渐成为占统治地位的官方思想，孔氏家庙在汉魏之际也因此受到高度重视而得以扩建。唐宋之际大兴尊孔崇儒之风。在此文化背景下，阙里孔庙在唐宋也得以多次重修、扩建。如北宋建隆三年（962）诏令孔子庙庭立戟十六把；建隆五年（964）重建孔庙，增设大成殿。历代帝王如此重视阙里孔庙的建设，甚至亲自登临拜祭，充分说明在历史文化的发展与演绎中，孔氏家庙已不仅仅作为一座简单的建筑物而存在，而是演变成为凝聚了以孔子思想为代表的儒家学说的一种文化符号，深深地渗透于人们的意识之中。自唐以后，从国子监到府学、州学、县学皆设孔庙，以供天下学子祭祀，其根本目的在于通过复制孔氏家庙以唤醒沉潜于人们内心的这种意识，让儒家思想植根于世人的内心深处。然而，各地孔庙尽管很多，却始终不能代替家庙，因家庙是天下其他孔庙的原型，是儒家的一种"文化原型"，其所彰显的是儒家的"原型文化"，对士人和民众内心的影响也因此远远超过其他所有孔庙。

---

① 《孔氏实录·历代褒崇》，转引自《衢州历史文献集成》（文集专辑）第十册，中华书局2013年版，第66页。

作为"文化原型"的衢州孔氏家庙，自然成为历代江南世人竞相瞻仰的圣地，"堂之东曰'咏春'，以憩四方之士，仰止高山，低回而不能去"①。因"祠庙之崇严，墓林之深邃，族系之多，诗礼之盛"，人们因而将孔氏南宗家庙所在地衢州称为"南州之洙泗"②，见南宗族人则"如见圣祖"③。可见，孔氏南宗家庙在江南地区的存在无疑成为一种"文化存在"，成为儒家文化代相传承的重要而又具体载体。在南渡之初，这种"文化存在"对衢州乃至江南士人和民众来说，显然是一种因外力作用而"移植"过来的"外来文化"。而这一"外来文化"所代表的恰恰是中国儒家文化的核心，当时的有识之士又迫切地希望改变现状，所以，孔氏南宗家庙所拥有的特殊象征意义与厚重文化内涵，以极大的能量在短时间内释放出来，在以衢州为中心的江南地区形成了强大的文化辐射力，从诸多方面改变了时人的心理结构和思维方式，使人们在思想上排除种种迷雾，穿越时空隧道，遥接孔子，回到儒学的原点。正因为如此，儒学在南宋时期迎来了一个发展高峰。重教兴学作为孔子思想的重要组成部分，在南宋产生了空前的回响，书院作为讲学育人的重要场所，在南宋也因此得到了充分发展。

---

① 赵汝腾：《南渡家庙》，转引自《衢州历史文献集成》（文集专辑）第十册，中华书局 2013 年版，第 44 页。

② 卢庸：《送西安教谕孔修道南还序》，转引自《衢州历史文献集成》（文集专辑）第十册，中华书局 2013 年版，第 80 页。

③ 天启《衢州府志》卷九《人物志·圣裔》。

2. 孔氏南宗与南宋书院的兴盛

据相关资料统计，南宋书院"总数为442所，是北宋的6倍，就是唐五代北宋共500余年间所有书院的总和（143所），也只有其总数的1/3"①。就发展历程而言，历代书院的发展一般得力于民间与官方双重力量的支持与影响，但"宋代是民办书院主宰天下的时代"，"民间力量决定着书院命运的盛与衰"②。民间力量在南宋书院建设中的凸显，足以说明在南宋民间有一股强大的兴学力量。这股兴学力量恰恰是其后元明清历代所不曾有的，因元明清书院建设的力量大多来自官方。南宋的民间兴学力量究竟缘自何处，南宋民众何以对教育尤其对创办书院拥有如此高涨的热情，除了有经济、政治、科举等方面原因之外，在很大程度上可从孔氏南宗及其文化切入得到较为合理的阐释，因为孔氏南宗使远古的孔子"实化"于现实之中，改变了时人的内心结构和思维方式。促使南宋书院走向全面兴盛的民间力量主要有两种，一是"山野之民"，一是理学家。接下来，我们对这两种力量进行分析，着重揭示它们在书院兴盛中的重要作用以及孔氏南宗文化在南宋书院发展中的广泛影响。

（1）"山野之民"——重教之风

南宋书院的兴盛是与当时的重教兴学之风密不可分的。对此，我们着重通过分析当时"江山尉"与"山野之民"

① 邓洪波：《中国书院史》，东方出版中心2006年版，第110页。
② 邓洪波：《中国书院史》，东方出版中心2006年版，第121页。

的教育作为，以揭示时人对教育的重视程度。我们先来看一看淳熙三年（1176）江山县学在江山尉熊可量努力下的重建过程：

> 建安熊君可量为衢之江山尉。始至，以故事见于先圣先师之庙，视其屋皆坏漏弗支，而礼殿为尤甚。问其学校之政，则废坠不修又已数十年矣。于是俯仰叹息，退而以告于其长汤君悦，请得任其事而一新焉。汤君以为然，予钱五万，曰以是经其始。熊君则遍以语于邑人之宦学者，久之，乃得钱五十万……逾月讫功。栋宇崇丽，貌象显严……弦诵以时。邑人有识者皆嗟叹之，以为尉本逐捕盗贼为官苟食焉，而不旷其事则亦足矣。庙学兴废岂其课之所急哉？而熊君乃能及是，是其志与材为如何耶？[①]

刘高汉先生《从崇文书院遗址看儒学对开化的影响》一文，较为清晰地阐述了开化县"山野之民"与南宋书院发展之间的关系。他认为，伴随孔氏南渡的是一些儒学大师纷纷南下而聚集衢州。之后，朱熹、张栻、吕祖谦、陆九渊四大理学家及其弟子，也相继讲学论道于包山听雨轩。这就极大地影响了当地的"山野之民"集资办教，捐钱兴学，如双竹园义学、华埠七虎堂、包山听雨轩、南山书院、霞山书舍、下庄一峰书院、村头屏山书院、长虹逢辰书院、杨林西川学院等。宋景定三年（1262 年）进士、明道书院山长

---

① 朱熹：《晦庵集》卷七十八《衢州江山县学记》，文渊阁四库全书本。

174

余坦（字履道），也捐资创建了崇文书院①。

以上所提及的"江山尉"与"山野之民"，分别可以看作官方力量与民间力量的代表。他们都有兴学之义举，其中"江山尉"复兴了江山县学，"山野之民"则创建了众多私塾与书院。但当时的官学，由于种种外在原因，并没有在"江山尉"等的努力下得到复兴，而作为教育重要组织形式的书院，却在"山野之民"义举的推动下得到了空前发展。在历史上能够为时人熟知并得以记载传诵的书院，往往与著名历史人物尤其是著名学者紧密相关，或由学者直接创建，或因学者讲学其中而闻名。然而，在南宋众多书院中，有的仅留下个名称，有的甚至连名称都未能留下，至于其创建者、创建年代及历史影响则根本无从考稽，只是在史籍和地方志中留下些数据而已。这些不知名的书院大多由"山野之民"创建，我们可称之为"草根书院"。"草根书院"的出现恰恰体现了"山野之民"等普通民众对教育重要性的认识及其在书院建设中的作用。实际上，前文所说的"江山尉"也可视作普通民众的一份子，在时人眼中，他仅仅是一名"逐捕盗贼，为官苟食"的下层官吏。"江山尉"与"山野之民"的兴学义举充分说明普通民众在南宋教育发展中的作用，从而在一定程度上揭示出民间力量的广泛积极参

① 刘高汉先生文中所说的"山野之民"当有所依傍，且南宋书院的建设力量主要是民间力量，"山野之民"较能体现民间的普通民众的力量，故在此引用。文中提到的一些书院，如七虎堂、听雨轩等，在理学家汇聚开化前皆已存在，并非此时创办，只是影响相对较小。理学家的到来则对开化书院的发展产生了较大的推动作用。

与是南宋书院得以全面兴起的重要原因，同时也说明孔氏南宗文化对人们心理结构影响的深入，其他任何文化或作为都难以形成如此广泛而深远的影响。

（2）理学家——孔氏南宗、朱熹、"实化"的孔子的交流互动

在探讨南宋书院时，理学和理学家是无论如何也绕不开的两大要素，吴万居所说的"宋儒之自觉，造成理学之盛"以及"理学之盛，导致书院之勃兴"①，就揭示了书院与理学、理学家之间的逻辑关系。南宋理学家极其重视书院的建设与发展，纷纷恢复、创建、经营书院，并亲自讲学于各书院。如吕祖谦创办丽泽书院，朱熹创办寒泉精舍并修复白鹿洞书院，陆九渊讲学于象山精舍，张栻主讲于岳麓书院，杨简讲学于碧沚书院，等等。仅就朱熹而言，与其有关系的书院就多达 67 所：创建的 4 所，修复的 3 所，读书的 6 所，讲学的 20 所，曾经讲学而后人创建的 21 所，撰记题诗的 7 所，题词题额的 6 所②。南宋书院在理学家的高度重视和积极努力下得以真正兴盛。曾有学者在比较两宋理学家对书院的态度后，得出如下判断："南宋理学家大多有很深的书院情结，这和北宋理学家不太关心书院的情况大不相同。"③那么，南宋理学家的"书院情结"又缘自何处呢？我们认为，南宋理学家的"书院情结"在很大程度上恰恰来自于

---

①　吴万居：《宋代书院与宋代学术之关系》，（台湾）文史哲出版社 1991 年版，第 54 页。

②　邓洪波：《中国书院史》，东方出版中心 2006 年版，第 143 页。

③　邓洪波：《中国书院史》，东方出版中心 2006 年版，第 142 页。

孔氏南宗文化。在诸理学家中，朱熹可谓关键人物，我们在此以朱熹为例来探讨孔氏南宗文化与南宋理学家"书院情结"之间的关系。

南宋理学家中，朱熹对书院发展的贡献最大，受孔氏南宗文化的影响也最深。朱熹为衢州江郎山下祝氏的外甥孙①，早年曾求学于江山名儒徐存。徐存去世后，朱熹作《重过南塘吊徐逸平先生》诗："不到南塘久，重来二十年。山如龟背厚，地与马鞍连。徐子旧书址，毛公新墓田。青松似相识，无语重凄然。"② 淳熙二年（1175）鹅湖之会后，朱熹应汪观国兄弟之邀到开化马金听雨轩讲学，与张栻、陆九渊、吕祖谦又有三衢之会③。另外，朱熹在学术上师从二程门人，而二程受业于周敦颐，周氏早年曾受衢州西安人赵抃的赏识。正因为如此，朱熹一生有着解不开的三衢情结，也在衢州留下了大量诗文。衢州孔氏家庙这一"文化存在"作为其三衢情结的一部分，对其影响也极为重要。因朱熹在学术上传承有序，故能在思想深处遥接孔子，回到儒学的原点。在中国教育发展史上能与孔子比肩的唯有朱子，孔子开私人授徒之先河，朱熹一生除了做官就是讲学，穷尽毕生精力恢复、创建和经营书院，讲学于各地书院，甚至不惜为建

---

① 衢州市区祝佩森老人于2007年整理家谱时，发现《重建江郎峰祝氏家庙记》的署名为"未裔外甥孙新安婺源朱熹"。

② 乾隆《江山县志》卷四《学校·书院·逸平书院》。

③ 汪午：《开化县包山书院》，载《衢州文史资料》第七辑，浙江人民出版社1989年版，第66页。

书院而挪用公款，其"书院情节最重，也最感人至深"①。
在南宋书院教材的选择与使用上，我们可以看到孔氏南宗文
化对朱熹的影响，孔子以六经教人，而朱熹则以《四书》
教人，并把《四书》置于六经之首，从而使早前从属于六
经的孔子"完全实化于历史之中，取得真正独尊的地位"②。
孔子"独尊的地位"的取得，又使孔子讲私学、授私徒的
主张和实践在南宋引起了非同寻常的回响，从而在南宋时期
形成了前所未有的重教讲学之风。正是这股重教讲学之风有
力地推动了南宋书院的空前发展。

　　讲学与创建书院，如果说在孔氏南渡前是学术精英的个
人行为，那么孔氏南宗形成之后则演绎为学术精英的集体行
为；在孔子经过朱熹的"实化"后，则又由学术精英的行
为延伸泛化为"山野之民"等普通民众的自觉行为。也就
是说，孔氏南宗文化、以朱熹为代表的理学家、"实化"的
孔子三方之间在南宋已形成了交流互动，从而使南宋书院取
得了亘古未有的大发展。

3. 孔氏南宗与南宋书院的时空分布

（1）孔氏南宗对南宋书院空间分布的影响

　　南宋书院主要集中在长江流域与珠江流域，按数量排列
在前四位的依次是：江西 147 所、浙江 82 所、福建 57 所、

---

① 邓洪波：《中国书院史》，东方出版中心 2006 年版，第 143 页。
② 韦政通：《中国思想史》（下），上海书店出版社 2004 年版，第
801 页。

湖南 43 所①。对以上区域书院的发展具有重要作用的代表
性人物有朱熹、吕祖谦、张栻、陆九渊等人，他们与孔氏南
宗又不无关系，所以这四地书院的发展都深受孔氏南宗文化
的影响。如前所述，朱熹具有深厚的三衢情结；吕祖谦为金
华人，与衢州近在咫尺，又曾来衢讲学；张栻之父张浚与孔
传在平定鼎澧寇中有过军事上的合作，张栻有一姐妹嫁于衢
州开化，开化七贤堂"乃南轩张子游息之故址"②；陆九渊
所在抚州为衢州近邻，孔传又曾出任抚州军州事。衢州西安
县于宋景定年间（1260—1264）建有三贤祠，"以晦庵朱文
公、东莱吕成公讲道于此，南轩张公与刘颖交游，增入为三
贤祠而一新之"③。天启《衢州府志》又载录朱熹、吕祖谦、
张栻、陆九渊、吕祖俭作于开化的《题听雨堂诗》五首④。
这些学者具有精深的学术造诣，能从其学术思想的源流深处
逼近孔子思想的原点。他们继承了孔子重教兴学的思想与传
统，致力于讲学活动与创办书院。其中，张栻对湖南书院的
发展产生了极其重大的影响，使湖南"书院兴学运动实有
输出之势"⑤。追溯张栻对湖南书院的影响，源于刘珙（字
共父，1122—1178）重建的岳麓书院，而刘珙在知潭州的前

---

① 邓洪波：《中国书院史》，东方出版中心 2006 年版，第 114 页。
② 天启《衢州府志》卷十三《艺文志·开化学田记（郝守中
撰）》。
③ 天启《衢州府志》卷一《舆地志·古迹》。
④ 天启《衢州府志》卷十四《艺文志·开化·题听雨堂诗（陆象
山等撰）》。
⑤ 邓洪波：《中国书院史》，东方出版中心 2006 年版，第 128 页。

一年知衢州，由此亦可推知孔氏南宗文化与湖南书院发展的某些关系，从中说明孔氏南宗文化对南宋书院的影响不仅仅局限于江浙地区。

从地缘上分析，孔氏南宗家庙所在的衢州，位于浙江、江西、福建、安徽四省交界处，可谓"南际瓯闽，北抵歙睦"①，"郡为往来孔道，无事听商贾之通行，有事据要害以防守"②。在古代社会交通总体不发达的背景下，衢州所处的这种独特地缘元素，使孔氏南宗家庙所具有的文化内涵对浙江、江西两地书院发展的影响最为直接而深远。作为闽学发源地的福建虽有朱熹的兴学运动，但因衢州并非通往福建的唯一交通要道，其书院数量略少。湖南虽先后有胡安国父子、张栻、朱熹等人致力于书院建设，因在地缘上远离衢州，书院的发展又次之。如果说南宋书院与孔氏南宗存在地缘关系的话，那么，孔氏南宗及其家庙所在地衢州的书院在当时的发展状况又如何呢？

衢州境内的书院主要始于北宋而盛于南宋，根据吴万居《宋代书院与宋代学术之关系》附录所列，当时衢州书院有：明正书院、石门书院、逸平书院（时称南塘书院）、江郎书院、克斋书院、嵩山书院、集义书院、包山书院、柯山书院、清献书院、桥南书院11所。《衢州文史资料》第七辑《衢州的书院》又列有九峰书院、鸡鸣书院、高斋书院3所。其实，南宋时衢州书院数量极为庞大，据前文刘高汉统

---

① 民国《衢县志》卷二《方舆志·疆里》引嘉靖《通志》。
② 民国《衢县志》卷二《方舆志·疆里》引叶秉敬《图说》。

计的数字，仅开化县就有双竹园义学、华埠七虎堂、霞山书舍、南山书院、包山听雨轩、下庄一峰书院、村头屏山书院、长虹逢辰书院、杨林西川学院、崇文书院等①。这组数据虽尚待进一步考证，但在一定程度上反映了南宋时期衢州书院发展的状况。仅就衢州城区而言，南宋时就增加到17所书院②。南宋时衢州的书院不仅数量众多，而且不乏地位重要、影响重大的著名书院，"南宋时全国较著名的书院有二十二所，在浙江的就有宁波甬东书院，绍兴稽山书院，金华丽泽书院，衢州柯山书院、清献书院，淳安石峡书院，共六所"③，其中衢州就有两所。衢州书院在当时讲学之风极盛，有许多知名学者讲学于各书院。如朱熹、徐霖、孔元龙讲学于柯山书院，留梦发、朱熹、吕祖谦讲学于明正书院，陈士贞主讲于清献书院，张恪、张恢兄弟主讲于集义书院，毛晃、毛居正父子主讲于高斋书院。因书院对招收学员没有严格限制，当时四方之士奔衢学习者甚众，如徐存主讲于南塘书院时，"弟子自远而至者常以百数"④；徐霖主讲于柯山书院之时，"远近之士，赢粮来游三千余人。赵汝腾寄诗，

①　这些书院因年代久远，有些值得商榷，其中部分也不能归为书院，同时这组数据尚属一组不完全数据。

②　崔铭先：《孔夫子的嫡长孙们》，浙江人民出版社2009年版，第545页。

③　姜方友等：《衢州的书院》，载《衢州文史资料》第七辑，浙江人民出版社1989年版，第50页。

④　朱熹：《晦庵集》卷七十八《衢州江山县学记》，文渊阁四库全书本。

听讲三千三百人"①；孔元龙晚年应太守谢奕中之请担任柯
山书院山长，"卒之日，弟子临哭者三百人"②。包山书院于
景炎年间（1276—1277）各方来学者数百人；留梦发主持
明正书院时，生徒百余人。前文所说的孔传"家居授徒千
人"，就授徒数量而言，其家塾也相当于书院了。由上可见
南宋时期衢州书院之盛况，同时也印证了南宋书院与孔氏南
宗之间的地缘关系。

（2）孔氏南宗对南宋书院时间分布的影响

南宋书院的发展、兴盛也曾有波折的历程。在南宋各朝
创建和兴复的书院中，"最多的是理宗朝，有83所；孝宗朝
第二，63所；以下依次是宁宗、度宗、高宗、端宗朝，分
别为47、40、31、1所，光宗、恭宗朝为空白"，呈现出
"爬升—登顶—陡落—爬升—登顶—滑落"③的兴废过程。
南宋书院的发展出现两个高峰，这两个高峰的形成也与孔氏
南宗的文化影响密切相关。

南宋书院发展的第一次高峰是孔氏南宗通过影响理学家
进而影响书院的结果。"南宋初年一二十年间，全国书院建
设基本处于一种停滞状态"④，这一阶段正是南宗族人初步
融入社会、讲学布道的阶段，也是孔氏南宗文化形成并对社

①　民国《衢县志》卷二十一《人物志一·徐霖》。
②　徐映璞：《孔氏南宗考略》卷二《宋代名贤事迹考第十二》，转
引自《衢州历史文献集成》（文集专辑）第十册，中华书局2013年版，
第160页。
③　邓洪波：《中国书院史》，东方出版中心2006年版，第117页。
④　邓洪波：《中国书院史》，东方出版中心2006年版，第123页。

会产生影响的阶段。孔氏南宗及其文化孕育了朱熹、张栻、吕祖谦、陆九渊等理学家。这些理学家涌现之后，促进了理学大发展，其重要阵地即是书院，正如有的学者所说，"其特点是理学家掀起书院运动"①，从而推动了第一次书院发展高潮的形成。

南宋书院发展的第二次高峰，也离不开孔氏南宗的影响。一方面，衢州孔氏家庙于宝祐二年（1254）得以建成，这无疑使南宋世人在思想深处又一次逼近孔子，孔子的办私学思想又一次得以彰显。另一方面，以孔元龙、孔应得父子为代表的南宗族人从民间与官方两个维度共同推动了书院的发展。孔元龙曾师从学于真德秀，著《柯山论语讲义》《鲁樵斐稿》《奏议从璧》等，晚年被聘为柯山书院山长。孔应得于淳祐元年（1241）驾幸太学，在理宗、度宗朝历任绍兴、临安府教授，国子监丞，又知安吉州、台州，累官资政殿学士、谏议大夫、签书枢密院事。《三衢孔氏家庙志》载："度宗咸淳丁卯，奉议郎、国子监丞孔应得上殿轮对，发明《大学》《中庸》之旨。玉音曰：'卿所奏皆得先圣渊源之学'。"② 从中说明孔应得对传统儒学研究之深，阐发之透彻。国子监在当时为掌管全国学校的总机构，国子监丞为主管全国教育事业的行政长官。宋理宗对书院可谓情有独钟，因而大力支持、推动书院发展，或赐田，或赐额，或赐

---

① 邓洪波：《中国书院史》，东方出版中心 2006 年版，第 119 页。
② 《孔氏实录·历代褒崇》，转引自《衢州历史文献集成》（文集专辑）第十册，中华书局 2013 年版，第 66 页。

御书，其中衢州的柯山书院、克斋书院就曾获理宗赐额。宋度宗时衢州包山书院获赐额，清献书院获赐建[1]。我们未曾见到孔应得直接参与或支持书院的相关记载，但从其父孔元龙任书院山长及衢州书院在孔应得身居高位时获得皇帝赐额可以推知，孔应得对衢州的书院建设和发展应该作过一定的努力。如果说孔元龙出任山长是自下而上地影响书院的发展，显示了民间力量，那么孔应得则是自上而下地影响书院的发展，显示了官方力量。孔氏南宗家庙作为一种"文化存在"，则从思想上深层次地影响着人们的心理结构。所以，书院在理宗、度宗朝的兴盛是"官方力量的正面显现"，是"官民两股力量密切配合，上下同心"[2]的结果，江南书院则同时深受孔氏南宗及其文化的影响。

吴万居认为中国书院制度形成的外缘有三个，其中"洙泗遗风之影响"[3]居首位，但他很显然没有认识到孔氏南宗在传承洙泗遗风中的重要作为及其对南宋书院发展的影响。从上述分析中可以明显地看出，源自洙泗之滨的孔氏南宗士人，一直以传承洙泗遗风、发扬光大孔子学说为己任。不仅如此，在其周围聚集了大批怀抱同样志向的一代又一代学者。两者之间的融合与互动推动了南宋书院的兴盛。从这个意义上说，孔氏南宗文化对南宋书院的作用与影响是极其深远的。正是孔氏南宗及其彰显的文化精神，使南宋士人因

① 邓洪波：《中国书院史》，东方出版中心 2006 年版，第 140 页。
② 邓洪波：《中国书院史》，东方出版中心 2006 年版，第 139 页。
③ 吴万居：《宋代书院与宋代学术之关系》，（台湾）文史哲出版社 1991 年版，第 7 页。

孔氏南渡这一外在的历史机缘在思想深处逼近孔子，导致南宋时期出现了前所未有的重教讲学之风，南宋书院也因此获得了空前大发展的机遇和时空。

三、孔氏南宗与南宋理学家

如前所述，我国书院在南宋得到了较大发展，并且在很大程度上受到了孔氏南宗文化的影响。作为孔氏南宗重要象征的孔氏南庙家庙，具有其他众多孔庙所无法替代的内涵和地位，"洙泗遗风"所透视的儒家"文化原型"以及孔氏南宗的教育活动，使之在江南地区形成了新的文化语境，孔氏南宗与南宋理学家之间的互动，使先圣的重教思想在新的历史条件和社会文化环境中得以发扬光大，从而推动了南宋儒学走向新的发展高峰。

1. 孔氏南宗与"洙泗遗风"

中国古代书院的发展离不开"洙泗遗风"的影响，吴万居先生把洙泗遗风之影响、禅林精舍之启示、山林读书风气之诱发三者视作中国书院制度形成的重要外缘因素。关于"洙泗遗风之影响"，其论述如下①：

> 中国私人讲学之风，起于孔子。史记称孔子以诗、书、礼、乐教授生徒，弟子三千，身通六艺者七十二人。……自大

① 吴万居：《宋代书院与宋代学术之关系》，（台湾）文史哲出版社 1991 年版，第 7 页。

体言之，先秦时代之私学传统，乃受现实之影响。此一传统为有志之士（如孔孟）于面临古文明式微，所提出之一救世良方。彼等于现实情势中，一面致力于私人讲学，而寄以伟大之学术理想，另面则企图以此伟大学术理想，重新塑造社会，以提升人生之境界。于此理想与现实之依违中，私人讲学传统，乃能贯穿古代封建社会，成为传统教育之一大特色。

孔子为"重新塑造社会，以提升人生之境界"，首开私人讲学之风，在中国教育史上产生了深远影响。继孔子之后，私人讲学在中国古代教育中逐渐成为一种传统，这在南宋时期表现得尤为突出，而孔氏南宗则在其中具有至关重要的作用。

孔氏家庙之所以具有全国各地众多孔庙所不能替代的特殊地位，根本原因就在于它是天下其他所有孔庙的原型，它所透视的是儒家的一个"文化原型"，所彰显的是儒家的"原型文化"。南宋之初，孔子后裔因金兵南下、北宋灭亡而南迁到衢州，寓居衢州七年之后，先以州学为庙，自菱湖家庙之始三建三迁。孔氏南宗家庙在江南士人和民众心目中具有极其重要的地位。以之为重要物质遗存的孔氏南宗，在新的历史环境下必须也必然融入当地社会文化环境，在接受江南社会文化影响的同时，也势必影响江南社会文化。儒学在唐宋以来的每一次发展都是一次复归的过程，一次向儒学原点逼近的过程，自韩愈提出原道后，儒学"由《易传》

《中庸》，逐渐逼近《论》《孟》"①，自二程后，《论》《孟》《学》《庸》已并重，然"着力于此且最具成效者，当推朱熹"②。孔氏南宗家庙在新的地理和社会文化环境中，伴随着新儒学的发展，因此也拥有新的文化内涵与历史使命。同时，彰显儒家"原型文化"的孔氏南宗家庙，也促使世人排除前人对儒学的种种支离的阐释，渐渐回归到孔子思想的原点以展示儒学的本质。

当衢州孔氏家庙与儒学发展的内在理路共同指向儒学原点的同时，孔子讲学授徒的思想也随之得以彰显，促使世人对"洙泗遗风"的价值与历史使命作出重新思考。孔氏南宗族人在教育上的作为无疑又强化了"洙泗遗风"。孔氏南宗族人在新的历史条件和社会环境下，继承光大了先圣重教的思想，并作了各种实践努力。孔子后裔在南渡之前主要以参与官方教育、经营私塾等方式推动教育发展，南渡之后则主要以参与书院教育的方式，这既是他们自身对教育的拓展，也是他们由官方走向民间的一种转向。孔氏南宗的教育活动必然影响南宋书院的发展，同时也代表着南宋教育的发展方向。

衢州孔氏家庙的文化内涵与南宗族人的教育活动，无疑推动了在以衢州为中心的江南地区形成一种新的文化语境，"洙泗遗风"则在这一语境中被赋予了新的意义与内涵。私

---

① 韦政通：《中国思想史》（下），上海书店出版社 2004 年版，第801 页。

② 韦政通：《中国思想史》（下），上海书店出版社 2004 年版，第642 页。

人讲学已能为世人接受并被提上日程，促使士人担当起教化世人以拯救世道人心的重任，所以，衢州及周边地区兴起了前所未有的重教兴学之风。南宋时期衢州书院的发展状况，从吴万居《宋代书院与宋代学术之关系》、姜方友等人的《衢州的书院》等论述中可以得见。此外，柴中行也曾讲学于江山南溪，"时从游，若东涧汤伯纪、双峰饶伯与等数百人"[①]。由此可以得出以下结论：衢州书院在南宋时期得到了空前发展甚至达到发展顶峰。正因为这样，南宋时期衢州各书院不仅吸收了朱熹、张栻、徐霖、孔元龙、吕祖谦、留梦发、陈士贞、张恪、张恢、毛晃、毛居正等理学家讲学论道，由此也吸收了一批又一批学者。衢州的重教兴学之风对江南其他地区书院的建设与发展产生了重要影响，如刘珙在知衢州离任的第二年知潭州，在此任上重建岳麓书院，聘请张栻主讲于其中，对湖南及周边地区书院的发展产生了推动作用。而随着理学家的到来，讲学、创建书院在南宋时期形成燎原之势。

2. 孔氏南宗与理学家的"书院情结"

南宋书院的兴盛，离不开理学及理学家的影响，正如吴万居所分析，"由于宋儒之自觉，造成理学之盛，亦由于理学之盛，导致书院之勃兴"[②]。南宋理学家中，朱熹、张栻、

① 天启《衢州府志》卷九《人物志·理学·江山·柴中行》。
② 吴万居：《宋代书院与宋代学术之关系》，（台湾）文史哲出版社1991年版，第54页。

吕祖谦、陆九渊四人有着浓郁的"书院情结",因而对南宋书院发展所产生的影响也尤为深刻,这也与孔氏南宗及其文化的影响有关。

朱、张、吕、陆四人与衢州都有着较为密切的联系。就地缘而言,朱氏所在的婺源、吕氏所在的金华、陆氏所在的抚州,分别在衢州东西两翼。其中,朱熹早年曾求学于江山名儒徐存。徐存"学奥行高,讲道于家"①,"从学者至千余人,所著有《五经讲义》等书"②,"熹年十八九时,得拜徐公先生于清湖之上,便蒙告以克己、归仁、知言、养气之说。时盖未达其言,久而后知其为不易之论"③。朱熹来往于衢州次数较多,在衢州留下了大量诗文。张栻也曾往来于开化,《开化学田记》载:"尝闻兹土文物,号称为盛。学之东也七里,则清献公读书之地也,南下二十里有七贤堂。七贤乃南轩张子游息之故址也。"④衢州西安于宋景定年间建有朱熹、吕祖谦、张栻等三贤祠⑤。朱熹、张栻、吕祖谦、陆九渊、吕祖俭等人均为开化包山书院作《题听雨堂

① 朱熹:《晦庵集》卷七十八《衢州江山县学记》,文渊阁四库全书本。

② 李贤:《明一统志》卷四十三《衢州府·徐存》,文渊阁四库全书本。

③ 朱熹:《晦庵集》卷八十一《跋徐诚叟赠杨伯起诗》,文渊阁四库全书本。

④ 天启《衢州府志》卷十三《艺文志·开化学田记(郝守中撰)》。

⑤ 天启《衢州府志》卷一《舆地志·古迹·西安·三贤祠》。

诗》①：

朱晦庵题听雨堂诗

试问池塘春草梦，何如风雨对床诗。
三熏三沐事斯语，难弟难兄此一时。
为母静弹琴几曲，遣怀同举酒千卮。
苏公感寓多游宦，岂不临风尚尔思。

张南轩题听雨堂诗

手足相亲本性天，偶因觞物自情率。
灯前坐想对床句，枕上眠□共被贤。
点点唤回蝴蝶梦，声声思入鹡鸰篇。
古人尺布尝兴叹，睹此标名忍怼然。

吕东莱题听雨堂诗

弟兄真乐有谁知，颇意苏公听雨诗。
小院深沉人静后，虚檐萧瑟夜分时。
对床夜梦归灯火，浮世身名付酒卮。
书册一窗生计足，怡然戏綵慰亲思。

陆象山题包山书院听雨堂诗

凡具两耳者，皆好丝竹声。
云何阒一室，乃以听雨名。
丝竹虽可乐，聊寓欢洽情。

---

① 天启《衢州府志》卷十四《艺文志·开化·题听雨堂诗（陆象山等撰）》。

未如良夜永，寒窗照孤檠。

坐看簷花落，空阶滴铮鏗。

对床语寂窦，尔汝怀抱倾。

我有一转语，君宜三熏铭。

万境从幻起，不雨籁不鸣。

扫除闲尘尽，自觉耳根清。

轰雷声在渊，请君细细听。

听雨堂，又名听雨轩，为包山书院前身，在今开化县北马金镇。南宋淳熙元年（1174），汪观国与弟汪杞在其居处建立"逍遥堂"义塾，课读子弟，并邀吕祖谦来此讲学。淳熙二年（1175）朱熹在"鹅湖之会"后，应汪老之邀来此讲学。张栻、陆九渊也陆续来此讲学。此后，汪氏义塾即扩大学舍，朱熹为之题"听雨轩"额。景炎元年（1276），宋端宗赐"包山书院"额，包山书院因此声名大振，吸收了众多各方来学者。

以上是朱熹等人来往于衢州的资料，但他们与孔氏南宗族人交往的资料很难见到，主要是因为南宗的资料很少。造成这种情况的原因是多方面的。首先，元时南宗让爵于北宗，已趋于平民化，宋史是在元代修成，北宗有可能对南宗的史料进行了有意无意的忽略甚至于精心的掩盖；其次，南宗家庙曾几度焚毁，所藏资料万劫不复，孔氏南宗族人也散落民间，资料难存；再次，孔氏南宗为南渡之人，后人在人物品评时，因一道学横亘胸中对南渡之人有所偏颇。尽管如此，我们仍可通过有限的资料对孔氏南宗的历史文化影响作出相应的解读和透视。

张栻之父张浚为当时的主战派，孔传及其子孔端朝亦主战，张浚与孔传有过军事上的合作，建炎年间于鼎、澧起义的钟相、杨幺的义军是在张浚、岳飞的合力下被镇压的，而孔传"知峡州，平鼎澧寇，以功进秩右谏议大夫。改知抚州军州事兼管内劝农使"①。陆九渊为抚州人，祖父好佛老，"父亲陆贺，已受儒学复兴影响，于家中酌行先儒冠昏丧祭之礼"②，而孔传曾出任抚州军州事。朱熹之父朱松曾因孔端朝求诗而作诗答之；朱熹则曾作《跋孔君家藏唐诰》③：

> 阙里裔孙孔仲良以乡贡明经仕唐。正元大和间至莆田令。卒官，因家焉。子孙散居民伍，无复显人。绍兴中，熹之友括苍吴任授室其门，间以其家所藏告身、家牒、世谱相视，皆唐世旧物。……熹得其书，审定不谬，乃以告于莆守傅侯、自得令丘君铎，请得更其版籍为至圣文宣王第四十九孙孔宜户。二公欣然许诺，即施行之。时绍兴二十五年乙亥岁也。后二十有六年，宜之子幼夏，乃以乡举试礼部。又数年，知县事廖德明为摹刻其告于县斋……幼夏以其墨本来，因记旧事，辄为书之，且使摹其家谱世谱及南顿溧水二告并刻于家，而附以令君以来世次之属，使后有考……庆元丁巳

① 徐映璞：《孔氏南宗考略》卷二《宋代名贤事迹考第十二》，转引自《衢州历史文献集成》（文集专辑）第十册，中华书局 2013 年版，第 158 页。

② 韦政通：《中国思想史》（下），上海书店出版社 2004 年版，第 821 页。

③ 朱熹：《晦庵集》卷八十四《跋孔君家藏唐诰》，文渊阁四库全书本。

中秋日朝奉大夫朱熹书。

从文中可知，孔氏后裔请朱熹为其考证谱牒，朱熹在考证后告诸地方官，"请得更其版籍"。在时隔二十六年之后，孔子后裔又请朱熹为之作书以记其事。此文中所涉及的孔氏后裔虽然是唐代时南迁的孔氏后人。并不是南宋之初南渡之孔氏后人。然而，这一珍贵史料恰恰从一个侧面反映出朱熹与孔氏南宗族人曾有一定交往，并互为尊重。此文作于朱熹去世的前三年，由此也可推知朱熹与南宗族人的交往是比较长久的。

朱、张、吕、陆等学者在学术上造诣极深，又都曾来往于衢州，必然受到由孔氏南宗家庙与南宗族人所营造的文化语境的影响，作为"文化原型"的孔氏南宗家庙则促使他们深入孔子思想的本原，深入探索孔子的儒学思想、教育思想。在儒学方面，他们完全以孔子为标准，直就孔子的生命智慧进行探讨。首先，就朱熹所属的"确定出一个统系"而言，"他们对于孔子生命智慧前后相呼应之传承有一确定之认识，并确定出传承之正宗，决定出儒家之本质。他们以曾子、子思、孟子，及《中庸》《易传》与《大学》为足以代表儒家传承之正宗，为儒家教义发展之本质"[1]。其次，就陆九渊一系的心性之学而言，"则直接以孔子为标准，直就孔子之生命智慧之方向而言成德之教以为儒学，或直相应孔、孟之生命智慧而以自觉地作道德实践以清澈自己之生

---

① 韦政通：《中国思想史》（下），上海书店出版社 2004 年版，第642 页。

命，以发展其德性人格为儒学"①。如果说儒学发展的内在理路是一步步逼向孔子思想的原点，是南宋理学家在思想上逼近孔子思想的途径，孔氏南宗家庙则是直指向孔子思想的核心，是他们逼近孔子思想的终极的"文化存在"。两者之间相互影响、相互作用，促使南宋儒学发展成为中国儒学史上的一座高峰。

当理学家们在儒学思想上逼近孔子思想原点的同时，孔子讲学授徒的思想在新的历史环境中也赋予了新的意义。所以，理学家们对"洙泗遗风"的继承发扬，完全以孔子为榜样，致力于讲学与创建书院。他们以书院为阵地，极力传播自己的学术思想，用心经营自己的学派。如朱熹在其教育生涯中，兴修、扩建了寒泉精舍、武夷精舍、白鹿洞书院、岳麓书院等十余座书院，并讲学于全国各地数十座书院。吕祖谦将曾祖父吕好问迁居金华时所借的住处建为丽泽书院，作为其讲学会友之所，一时间"四方学者，几于云集，横经受业，皆在于此"②。此外，张栻、陆九渊分别主讲于岳麓书院、象山精舍。四大理学家对书院的投入，充分印证和说明"南宋理学家大多有很深的书院情结"，朱熹在众多理学家中则最为痴情，其"书院情结最重，也最感人至深"③。历代儒者都有继承孔子聚徒讲学的传统，但把教育当作一项

---

① 韦政通：《中国思想史》（下），上海书店出版社 2004 年版，第642 页。

② 楼钥：《攻媿集》卷五十五《记·东莱吕太史祠堂记》，四部丛刊初编本。

③ 邓洪波：《中国书院史》，东方出版中心 2004 年版，第 143 页。

艰巨的事业并投入大量精力的，恐怕只有南宋的儒者。讲学传道对南宋诸儒来说，已成为其不可推卸的现实担当和历史使命，这更是使讲学和创建书院由南渡前儒者的自发性"个别行为"演变为南渡后儒者的自觉性"集体行为"的直接动因。这一重大转型与孔子后裔南渡所导致的儒学南渐而营造的新的文化语境紧密相关。

3. 孔氏南宗、理学家与"实化"的孔子

南宋书院的发展也与"实化"的孔子有关。孔氏南宗族人与理学家在孔子"实化"于历史的过程中都发挥了重要作用。我们评价孔氏南宗族人在教育上的贡献，不能仅从其教育作为上进行分析，还应从文化角度作出深入思考。从文化角度分析，孔氏南宗具有双重特殊性。一是其身份的特殊性，如"衍圣公"的内涵与使命就在于"衍圣"，衍圣的目的则在于弘道。孔氏南宗正是通过衍圣弘道，让世人从内心深处认识到圣人的存在价值。二是其活动的特殊性，祭祀是南宗族人在庙学与书院中的重要任务，其目的指向不仅是尊先圣，更是引导世人在思想深处逼近先圣。所以，孔氏南宗所代表的已不是他们自身，而已演变为儒家的一种文化符号，至于其自身的学识如何，其实反而已在其次。特殊的身份与特殊的活动无疑使南宗族人的教育行为充满了更深的文化内涵，其文化意义远远超越其自身教育作为的实际意义。这些都促使孔子"实化"于现实之中。换言之，使孔子讲学授徒的思想与行为在新的社会文化环境中具有了新的历史使命和文化内涵。

南渡之后的孔氏族人日趋平民化，这就从另一个方面为"实化"孔子提供了更为现实的基础。就家庙而言，从建炎三年（1129）赐家衢州到绍兴六年（1136）"以衢州学为家庙"，时隔七年之久，到宝祐二年（1254）拥有第一座真正的南宗家庙则时隔一百二十五年之久。这从一个侧面反映出南宗族人在南渡后的生存发展曾经历了沟沟坎坎，其内心也曾孤独彷徨，因而难免产生文化认同上的危机感。孔传南渡后，将此前所作的《祖庭杂记》更名为《东家杂记》，之所以用"东家"命名，在很大程度上折射出孔子后裔在南渡后不为人理解甚至受人讥讽的真实境地。这种生活境遇与孔子当年周游列国极其相似，孔子的落魄与孤独惊人般相似地呈现于南宗族人的现实之中，这也赋予其教育活动更为特殊、更为深刻的文化内涵。

南宋理学家在探讨儒学的同时，纷纷在各地书院讲学。书院除教学活动外，同时拥有祭祀的功能，往往置孔子及其弟子像，理学家的讲学行为和书院的祭祀活动又在很大程度上"实化"了孔子。朱熹将六经置于《四书》之后，则使孔子完全"实化"于理学家的教育理念及实践之中。孔子在授徒时，以六艺教人，后来的儒者遂以六经作为教材。汉代尊儒，主要重在六艺，孔子因修订六艺并以教人而得到尊重，然而汉代"所谓儒学实际就是经学，孔子的地位，仍依附于经"[①]。更确切地说，此时的孔子学说并未取得独尊

---

① 韦政通：《中国思想史》（下），上海书店出版社 2004 年版，第 801 页。

地位。朱熹在对《四书》正式结集、注释后，在教学中以《四书》教人，至于六经，则置于《四书》之后。这就极大提升了孔子及其学说的地位，"朱子'退六经于《四书》之后，必使学者先《四书》后六经，更为于中国学术史上有旋转乾坤之大力'，经过如此旋转乾坤的变化，才使孔子完全实化于历史，取得真正独尊的地位"①。

孔氏南宗族人与理学家的教育活动主要是在教学行为上"实化"了孔子，朱熹退六经于《四书》的形式之后，则是在教学内容上"实化"了孔子，孔子的地位经过历史的曲折变化之后，在南宋完全"实化"于历史，走向士人与民众的现实生活。"独尊的地位"的取得，使孔子讲私学授私徒的思想在南宋引起了非同寻常的反响。由此，南宋兴起了前所未有的重教讲学之风，不仅仅是理学家重于讲学，即使是普通民众也拥有重教兴学的热情，南宋书院因而体现出较强的民间性。南宋理宗、度宗时，有影响力的大儒皆已不在人世，而书院却得到异常迅猛的发展，这正是因为"实化"的孔子改变了世人的心理结构和思维定势。

综上所述，孔氏南宗不仅传承弘扬了"洙泗遗风"，在江南地区营造了全新的文化语境，也对南宋理学家的"书院情结"产生了深刻影响。同时，孔氏南宗族人与理学家共同"实化"了孔子。在孔氏南宗、理学家与"实化"的孔子三股力量的共同作用下，南宋书院得到了空前发展与繁

---

① 韦政通：《中国思想史》（下），上海书店出版社 2004 年版，第801 页。

荣，从而铸就了中国思想文化史上的一座丰碑。

四、明清时期孔氏南宗的教育活动

自南宋初年衍圣公孔端友率部分族人扈从宋高宗南渡后，孔氏南宗在吸收和融合江南文化的基础上，秉承和发展诗礼传家的宗族传统，积极参与各种形式的教育活动，在社会上产生了较大影响。特别是在明清两代，孔氏南宗涌现出不少精英，他们活跃于东南诸省，担任学官，创办书院与学校，在推动各地教育和文化发展方面扮演了重要角色。这也充分说明，孔氏南宗文化作为一种思想文化，不仅是浙西南地区区域文化思想的载体，而且在很大程度上是传统儒家思想在江南地区发展演变的一种折射。

1. 积极参与官学教育

明清两朝文化教育的主流是尊孔崇儒，教育活动的重要特征之一在于将学校教育与社会教化相结合。明太祖朱元璋鉴于"兵变以来，人习战争，惟知干戈，莫识俎豆"的残酷现实和惨痛教训，高度重视学校教育，于是在立国之初就要求地方官府着手恢复和兴建各级官学，并且宣称："朕惟治国以教化为先，教化以学校为本。"① 明太祖充分认识到教育、教化对于治国的重要性，在他看来，学校可以起到道

---

① 张廷玉等：《明史》卷六九《选举一》，中华书局 1974 年版，第 1686 页。

德教化的功能，进而有利于国家的安定与发展。清朝入关后，将儒家学说推到极其崇高的地位，这从顺治十二年（1655）制定的"兴文教、崇儒术，以开太平"的国策中可以得到充分说明。康熙二十三年（1684）颁发的"御制学校论"，论述了学校教育与社会教化的关系，认为"治天下者莫急于正人心，厚风俗，其道尚在教也。以先之学校者，教化所以出，将以纳民以轨者也"。同时，清代尊崇庙学，其于地方之直、省、府、州、县学，除文庙之外，又规定在文庙左右并建置忠孝、节孝、名宦、乡贤四祠。在明清两朝统治者看来，学校可以通过传授儒家思想、举行祭祀圣贤等教育活动，在教化方面发挥积极作用，有利于民风的淳厚和国家的长治久安。在此文化背景下，孔氏南宗以更加积极的姿态从事教育活动，努力推动儒家思想的传播与发展。

明清时期，孔氏南宗出任各地学官，主持各级官学教育，以此更有效地开展教育活动。这一特点较之前代尤为明显。其中较有作为和影响的，在明代有历任衢州府学训导、西安县学教谕、国子监学正等职的孔思模，衢州府学训导、教授孔思柏，福建福清学正孔克忠，历任江西建昌府儒学训导、广东潮阳县学训导等职的孔希风，江苏金坛县儒学训导孔公望等。在清代，先后有湖南零陵县学训导孔兴怀，湖南耒阳县学教谕孔毓德，湖南芷江县学教谕孔广焕，国子监学录孔昭章，衢州西安县学教谕孔昭瑞等。这些孔氏南宗人士一方面严于律己，积极践行仁义、孝悌、忠恕等儒家道德，在个人修身方面堪称楷模，受到各地士民尊敬；另一方面以"化民成俗"为己任，兢兢业业，言传身教，倡导崇儒兴学之风，取到了良好效果。如孔思模担任衢州儒学教谕、国子监学正等职期间，"在官皆有声誉"①。

应该说，孔氏南宗对官学教育的高度重视和积极参与，反映出其教育思想的变化，说明其教育关注的重点逐渐由原先相对封闭的宗学族塾转向广阔的社会教育。这一转向所折射的则是其对自身社会角色的重新定位，即进一步突破长期以来由于特殊的政治和社会地位所形成的高高在上的"独尊"意识，以更加平民化的心态融入到日常的社会体系之中。这无疑是孔氏南宗在社会观念上的一种引人注目的重大转变，"孔氏南宗及其近支……培养和造就了一代又一代英才。自'孔洙让爵'后，他们走出历代不倒的封建府第，从事平民教育，或为学官，或为山长，或设塾教读，活跃于东南诸省，这于孔子世家而言，无疑亦是有着特殊意义的"②。

综合历史和有关研究，我们可以得出这样的结论：孔洙让爵是孔氏南宗教育思想转变的重要原因，"让爵"使孔氏南宗失去了以前尊贵的政治经济地位，孔氏南宗族人的生活日益困苦，于是从先圣以降的家族重教传统出发，积极从事于平民教育。更值得注意的现象是，孔氏南宗教育思想的转型又与明清时期儒学传播特点的转型不谋而合。这一时期的儒学传播特点，正如余英时先生所说："明代中叶以后，儒

---

① 弘治《衢州府志》卷十《荐举》。
② 《衢州孔氏南宗家庙志》，浙江人民出版社 2001 年版，第 119 页。

家的基础动向是下行而不是上行，是面对社会而不是面对朝廷。"① 因此，孔氏南宗在明清时期的教育活动进一步推动了教育的平民化，并在一定程度上推动了明代儒学传播方向与特点的转型。

2. 致力推动书院教育

孔氏南宗参与书院教育的活动，早在宋元时期就已出现。关于孔氏南宗与南宋书院发展的关系，前文已作详细论述。南宋时，孔元龙曾任衢州柯山书院山长，使书院盛极一时；在元代，又有孔元虞建马州书院，孔思俊建大同书院。婺州孔氏是孔氏南宗在浙江的重要支派之一，他们"在樟溪落脚之后，创办书院，培养后代，出过不少人才，不愧为圣人之嫡裔"②。进入明清时期，孔氏南宗士人对书院教育更是表现出极大热情。他们或受聘担任山长，直接从事书院的教学活动，如孔克安曾任湖南浏阳白水书院山长，孔克原曾任朱熹启蒙之师刘子翚始创的屏山书院山长，孔克谦曾任安徽黄山祁庵书院山长等；或出资创建和经营书院，金华府永康县的信安书院，江西新城县的贤溪书院和杭州钱塘县的万松书院，都长期由孔氏南宗负责管理。特别是贤溪书院和万松书院，在当时具有相当影响。

贤溪书院由孔氏南宗于明弘治年间创办，是当地最早的

---

① 余英时：《中国思想传统及其现代变迁》，广西师范大学出版社2004年版，第133页。

② 洪铁城：《中国第三圣地——孔氏婺州阙里》，《规划师》1997年第1期。

民办书院之一。书院建成后，历经明清直至近现代，"屡毁屡建，今家庙犹存，书院仍在，只是书院改为村小，至今已有500多年"[①]。贤溪书院的生源初以孔氏子弟为主，后来逐渐向社会开放，培养了不少人才。清初文学家孔尚典、孔毓琼、孔毓功等人均曾在该书院学习。孔子第六十八世孙孔传锦所撰写的《贤溪书院记》，阐发了其创办宗旨："所以兴朝廷之教化，衍先圣之统者，于建书辈有厚望也。"这也充分说明贤溪书院在推动当地文化教育发展和儒学传播等方面发挥了积极作用。

万松书院因位于杭州万松岭而得名，最初是浙江右参政周木（字近仁）于弘治十一年（1498）由元代所建万松西岭报恩寺改建而来，并聘请孔氏南宗族人、孔子第五十八代孙孔公衢、孔公绩主持祭祀等事宜。正德元年（1506）明廷授予孔氏南宗孔彦绳为世袭翰林院五经博士之后，万松书院由衢州五经博士署派执事官长驻，主持祭祀和日常管理。期间，孔子第六十一代嫡长孙、五经博士孔弘章特将孔氏家庙所藏之先圣遗像摹刻于万松书院。清初，万松书院一度改名为太和书院。康熙五十二年（1713），孔子第六十六世嫡长孙、五经博士孔兴燫主持太和书院，去世后就葬在万松岭侧。康熙帝南巡时曾视察太和书院，并特赐"浙水敷文"匾额，书院因此改名为"敷文"。此后直至新中国成立前

---

① 孔庆华：《临川孔氏考略》，《东华理工学院学报》2004年第6期。

夕，该书院一直由孔氏南宗管理①。

作为明清时期最著名的书院之一，万松书院的发展和长期延续无疑得益于孔氏南宗的高度重视和持之以恒的尽力维持。综观明清两代，受特定政治和社会环境的影响，书院的发展经历过几次低落期。从嘉靖十六年（1537）到天启五年（1625），明政府先后在全国范围开展了四次大规模的禁毁书院运动；清初，鉴于明朝书院士人讽议朝政的教训，清政府对书院采取了限制甚至压制的政策，顺治九年（1652）敕令各地"提官督率教官、生儒，务将平日所习经、书义理，着实讲求，躬行实践。不许别创书院，群聚徒党，及号召地方游食无行之徒空谈废业"②。在这些特定时期，很多书院被毁，或者走向衰败，万松书院则由于孔氏南宗独特的宗族身份而得以幸免，孔氏南宗在明清时期对书院发展的影响由此可窥一斑。其中，明万历八年（1580），魏忠贤妄图毁废各地书院，万松书院也曾名列其中。由于大学士徐阶的支持，以及浙江巡按御史谢师启、提学佥事乔因阜"谓万松书院祀先圣，不当毁，具疏得存"③，结果虽不得不将万松书院改名为"先贤祠"，却终使其逃过一劫而得以保存下来。

---

① 关于万松书院的创建和演变历史，主要参照崔铭先《孔夫子的嫡长孙们》，浙江人民出版社 2009 年版，第 531—532 页。

② 《古今图书集成·选举典·学校部汇考二》引《大清会典》，中华书局影印本。

③ 沈翼机等：《浙江通志》卷二十五《学校一·杭州府·敷文书院》，文渊阁四库全书本。

在建立和完善万松书院庙学建制方面，孔氏南宗也发挥了积极作用。王阳明在《万松书院记》中明确指出："惟我皇明，自国都至于郡邑，咸建庙学，群士之秀，专官列职而教育之。其于学校之制，可谓详且备矣。而名区胜地，往往复有书院之设，何哉？所以匡翼夫学校之不逮也。"①所谓"匡""学校之不逮"，是指书院教育的目的是为了纠正或弥补学校教育之不足。书院教育侧重的是"明伦之学"，而非学校教育所重的科举之学。当然，在王阳明看来，"举业"与学"圣贤之学"两者之间并不矛盾，完全可以兼顾并行，"但能立志坚定，随事尽道，不以得失动念，则虽勉习举业，亦自无妨圣贤之学"②。万松书院之所以采用"庙学"建制，其宗旨和内容就在于宣传圣贤学说，这种建制在古代书院中相当普遍。正如相关学者所指出："清代书院继承了以往各时代的教育传统，非常重视祭祀的道德教化功能……书院祭祀以先圣先贤的道德人品为楷模，来陶冶学生的品德，树立德育规范，确立、增强了学子们对儒学伦常道德观念的认同感，引发学子们对儒学的信仰，激发他们的道德使命感与社会责任感。"③其建制充分说明，万松书院非常重视祭祀的教化功能。孔氏南宗后人主持祭祀，而且在万松岭上

---

① 王守仁著，吴光等编校：《王阳明全集》卷七《文录四·万松书院记》，上海古籍出版社 1992 年版，第 252 页。

② 王守仁著，吴光等编校：《王阳明全集》卷四《文录一·寄闻人邦英邦正》，上海古籍出版社 1992 年版，第 168 页。

③ 周立新、易琳、蔡卫：《清代书院的道德教育及其对当代思想道德教育的启示》，《中国矿业大学学报》2007 年第 3 期。

划出山地五顷，拨给孔家兄弟，并建大成殿及附属设施，从而使祭祀显得更为庄重，更能激发学子的信仰。关键所作的《万松书院恢复志喜》如此描述："靡俗装金崇甲观，竖儒抱器走烽烟。斯文未坠东方启，圣泽无疆浙水躔。寄语西安鲁苗裔，好陪长吏肃明禋。"万松书院与孔氏南宗的关系以及当时祭祀仪式之隆重，从中可见一斑。在庙学建制中，孔氏南宗的积极参与，对万松书院更好地弘扬儒学、扩大影响等都起到了很大作用。因此，万松书院凭借着得天独厚的自然条件，加之孔氏南宗的影响，有力地推动了江南地区教育和文化的发展，正如徐映璞所说："良以圣裔南渡，于浙有光，杭州为人文荟萃之区，万松揽左右湖山之胜，于以妥圣灵，资观感，关系于两浙儒林者甚巨，非徒为一时研经习礼已也。"①

3. 实现族学教育的转型发展

考察和分析孔氏南宗的教育活动，不能不提到其族学的发展和演变。孔氏南宗族学虽在南宋初年迁居衢州时就已创办，但其影响一直相当有限，元明之交甚至一度出现了"衣冠祭仪，混同流俗"②的尴尬景象。进入明代以后，孔氏南宗族学逐渐兴盛起来。弘治（1488—1505）初年，孔氏南宗修整城南家庙，并于殿前西厢重建族学。正德十五年

① 徐映璞：《两浙史事丛稿》，浙江古籍出版社 1988 年版，第 22 页。

② 嘉靖《衢州府志》卷十二《人物纪三·侨寓列传》。

（1520），在当地官府的支持下，南宗族学又改建于城南东岳庙废址，邹守益稍后亲自为之撰记。扩建后的孔氏南宗族学与家庙相结合，规模可观，规制完备。从此时开始，南宗族学的教育对象已不再局限于孔氏子弟，而是逐渐面向社会开放，从而使"无力者咸得尽力于学，庶几弦诵不辍，诗礼常闻，恍游洙泗而跻杏坛，其有以仰副我国家崇奉先师之意"①，因而对衢州地方教育的发展产生了积极影响。一方面，孔氏族学注重言传身教，五经博士和族人恪守孔子训导，对衢州民众起到了示范作用；另一方面，孔氏族学的教学模式也为地方民间教育树立了榜样。

值得指出的是，孔氏南宗家学在清末推动衢州教育走向近代化方面扮演了重要角色。二十世纪初，受近代教育思潮的影响，孔氏南宗有多人出国留学，"剪发易服，开风气之先"。如光绪末年，孔昭仁和孔宪荚先后东渡日本，求学于早稻田大学。与此相联系，孔氏南宗族学也由传统家塾向近代学校转变。光绪二十九年（1903）春，孔子第七十三世嫡长孙孔庆仪"慨旧学之不足以图存也，力与维新，倡立孔氏中学校，培植族内寒畯"②。宣统二年（1910），孔氏中学堂改为两等小学堂，民国元年（1912）又改称"孔氏完全小学"。民国二十六年（1937），南宗奉祀官、孔子第七十四世嫡长孙孔繁豪将其改名为"衢县私立尼山小学"。尼山小学办学特色

---

① 民国《衢县志》卷十六《碑碣志一·清同治重修孔氏家庙并赎濠田续置家塾义田记》。
② 民国《衢县志》卷二十三《人物志三·孔庆仪》。

明显，被编入《中华学府志》浙江卷。该校遵循"学而不厌，诲人不倦"的古训，倡导"讲礼仪、严治学、高质量"的宗旨，以"弘扬传统文化，培养学生美德，推进书画教育"为办学特色，成为当地近代学校教育的典范。

明清时期，儒学呈现出不断演进的过程，即：理学—心学—清初实学—晚清新学，儒学随着时代的变迁也随之发展。孔氏南宗的教育思想也随着这种变化而不断进步。纵观孔氏南宗的教育思想及其实践，恰好与儒学演进的这一轨迹相吻合，即"从宋元的程朱理学、明朝的陆王心学，至于清前期的实学和晚清的新学"[①]，从中反映出其推陈出新的时代特征。

4. 孔氏南宗教育活动的影响

综观明清时期孔氏南宗的教育活动，其产生的社会影响是广泛而深远的，其中突出表现在以下三方面：

首先，推动了地方尊师重教社会风气的形成和教育的发展。在孔氏南宗的影响和带动下，明清时期衢州地区的许多大族纷纷参与教育活动，致力于地方文化建设和人才培养。江山县大陈镇的汪氏便是其中颇为典型的一个例子。清同治十一年（1872），汪膏（字春沾，1799—1876）组织成立萃文会，并举办萃文义塾（又称环山试馆），培养文化人才。此后，其子汪乃恕、其孙汪志恭两代进一步加以发展，成效

①　徐建平、章浙中：《南孔文化》，浙江大学出版社 2004 年版，第48 页。

显著，"自同治至民国，80 年间，大陈汪氏文化较为普及，并且有很多人才，实在是当地群众尊师重教及其祖孙三代倡导奖励教育的结果"①。正是这种浓厚的重教兴学风气，使衢州地区人才辈出，较著名的学者有叶秉敬（字敬君，1562—1627）、徐应秋（字君义，？—1621）、徐日久（字子卿）等。叶秉敬"淹贯万卷，著述鸿富"，因而被"海内称为名儒"，"撰书凡四十余种"②。徐应秋博览群书，著书甚多，有"《两闱合刻》《谈荟》《雪艇尘余》《古文藻海》《古文奇艳》《骈字凭霄》等集"③。徐日久"邃心史学"，对千百年史事了然于胸，"有《学谱》《骘言》《五边典则》、论文别集行世"④。与之相联系，衢州的科举也十分昌盛。史称"衢为大郡，在东南号称多士，每三岁来试于有司者无虑四千余人"⑤。据不完全统计，明清两代衢州全府共有进士 283 人，其中在乾隆年间还涌现了林天澌（引者注：乾隆三十六年）和黄瑞（引者注：乾隆四十五年）二位状元（引者注：均为武状元）。至于各类贡生，人数更多。包括恩贡、拔贡、副贡、岁贡、优贡、例贡等在内，合计有 2934 人⑥。

---

① 衢州市教育志编辑委员会：《衢州市教育志》，杭州出版社 2005 年版，第 403 页。
② 民国《衢县志》卷二十二《人物志·叶秉敬》。
③ 民国《衢县志》卷二十二《人物志·徐应秋》。
④ 民国《衢县志》卷二十二《人物志·徐日久》。
⑤ 康熙《衢州府志》卷六《学宫图第六·贡院·李处权记》。
⑥ 衢州市志编纂委员会：《衢州市志》，浙江人民出版社 1994 年版，第 966 页。

其次，推动了浙西南社会文明的发展。明清两代，崇儒重道，优渥孔氏后裔，同时由于"清代浙江的学校教育又往往与宗族内部的社会教化结合在一起"①，孔氏南宗的作用也就更为明显。在这种背景下，政府自然希望孔氏南宗在推动教化方面发挥更大作用，这可从明弘治十六年（1503）颁布的《钦定孔氏家规》②中得到充分反映。钦定家规共七条，其中的第二条就是"端教源"，要求世袭翰林院五经博士"统领流寓家庙子孙主典"，"修明圣教，身先督率，躬行实践，庶不有负朝庭褒崇圣裔之盛典"，以此保障"教源可端而圣化行"。康熙年间的李之芳则如此描述了当时社会浓厚的崇儒氛围："天子方崇儒重道，幽赞微言以昭示海内，期于移风易俗，媲隆往古。"在他看来，与族学教育相结合的孔氏南宗家庙及其所蕴含的深厚文化内涵对改善江南地区民风起到了重要作用，实可谓"登斯堂也，琴瑟管弦之声慨乎闻而僾乎见也。使浙之士民观感熏陶，将见风俗淳美为天下先，庸非肇允于兹日，则升堂睹奥者宁必陟龟蒙而臻阙里"③。

再次，推动了儒学在江南地区的传播和发展。孔氏南宗的教育活动，是与对儒学的研究和传播紧密结合在一起的。

---

① 叶建华：《浙江通史》（清代卷上），浙江人民出版社 2005 年版，第 291 页。

② 《孔府档案史料选二·孔氏家规》，山东友谊出版社 1991 年《孔子文化大全》本。

③ 民国《衢州志》卷十六《碑碣志一·清康熙衢州重修孔氏家庙碑》。

明初，孔克仁以学行奉召入朝，因精通经史，颇为明太祖赏识，遂专为诸皇子教授《五经》，功臣子弟亦令随学。临川孔氏作为孔氏南宗的重要一支，始终不忘发扬光大先圣之学，正如学者所作的如下评述："临川孔氏以祖为训，崇仁厉义，修德重教，诗礼相承，耕读为家。登科中举，代不乏人，庠生贡监，不胜枚举，循吏名儒，谱载亦有。"① 可见，孔氏南宗士人对儒家学说的继承和发展具有优秀传统，他们不但自身认真研习儒家学说，而且通过积极的教育活动传播儒学。受此影响，明清时期衢州地区先后涌现出不少有影响的儒家学者。如徐霈（字孔霖，约1511—1600），曾师从王阳明，晚年在江山县城东北郊建东溪书院讲学。陈雨时早年专攻阳明之学，后则专注于程朱之说。王玑（字在叔，1487—1563）作为王守仁的入室弟子，"渡江受业阳明之门，阳明称其笃实"②，对阳明之学在衢州的传播作出了重要贡献，正如王畿（字汝中，1498—1583）在《明在庵王公墓表》中所称，其"平生惟讲学一事，以忠信为本，致良知为的，圣贤可期。"

---

① 孔庆华：《临川孔氏考略》，《东华理工学院学报》2004年第6期。
② 民国《衢州志》卷二十二《人物志二·王玑》。

第五章　孔氏南宗的文化精神与时代意义

孔氏南宗文化是孔氏文化在不同历史条件和环境下与江南文化不断融合、创新与发展的产物。南渡以来，孔氏南宗一方面继承创新传统文化形态，一方面积极融入江南社会文化环境，互相促进、互相影响，由此形成了内涵深厚、特色鲜明的孔氏南宗文化，并且成为江南文化的重要内核之一。从文化内涵上透视，孔氏南宗文化的本质特征在于它是宗族文化、地方文化、政治文化以及思想文化的有机统一体；从传承机制上透视，孔氏南宗文化的形成是孔氏南宗自身的积极有为、社会文化环境的综合影响、历代政府的高度推崇以及士绅民众的仰慕崇敬四股力量有机作用的结果。

可以说，孔氏南宗文化是以儒家思想为核心的中华文化在南方地区的象征符号，因而成为历代政府崇儒重道的物化象征。作为具有文化符号和象征意义的孔氏南宗，继承发展孔子"修己安人""有教无类""述而不作""礼让治国""和而不同"等思想，主张"痛自引责以收人心""学以行道教以化民""既有美实必假于言""泗浙同源无间南北""学与人共有资于世"。孔氏南宗在强化国家主流意识、促进区域社会治理和推动与江南宗族管理等方面都具有重要影响和积极作用。

与此同时，孔氏南宗主动适应区域文化、顺应社会环境和时代变迁，尤其是处于"平民"地位的孔氏南宗，时刻铭记"圣裔"身份，以衍圣弘道为己任，以平民地位，行平民之事，履圣裔之职责，体现出强烈的担当意识、坚守精神和社会责任感。孔氏南宗的教育理念与实践，传承和普及儒家学说的优良传统，从中所体现的文化自觉意识，折射出教育的育人本质以及儒学演进的普及化和大众化特征，为当今社会发展和文化建设提供了诸多有益启示。

一、孔氏南宗的文化内涵与传承机制

孔氏南宗是孔子后裔从山东曲阜孔氏南迁浙江衢州后形成的。"孔氏南渡"无论在孔氏家族史上，还是在中国思想文化史上，都有着特殊的意义。南宋初年，中原板荡，宋室南渡，孔子第四十八世孙、衍圣公孔端友在从父孔传的支持下，率部分族人扈跸南渡。辞别祖庙，依依不舍，南渡途中，历尽坎坷，后辗转来到衢州并寓居于此，衢州由是被视为孔氏家族的第二圣地，被史家称为"东南阙里"。在此后的近九百年历史长河中，孔子后裔在广大的江南地区衍生出众多支派，逐渐形成了以衢州孔氏家庙为重要物质遗存、以衢州孔氏为核心、支派遍布江南广大地区的孔氏南宗，并成为孔氏宗族中具有特殊地位和影响的重要组成部分。南渡以来，孔氏南宗一方面继承并创新传统的宗族文化形态，一方面积极融入江南社会环境，主动吸收江南文化精华，逐渐形成了融孔氏传统文化特质与江南区域文化特色于一体的孔氏南宗文化，从而使孔氏南宗文化不仅成为宗族文化的重要代表，而且为江南地方文化注入了新的内涵；不仅成为政治文化的重要象征，而且成为思想文化的重要载体。这是内外因素合力作用的结晶：一代又一代南宗孔氏后裔的积极作为则是具有根本意义的内部因素，政府的推崇、社会环境的影响以及士人的敬重则是具有推波助澜意义的外部因素。

1. 作为宗族文化的孔氏南宗文化

从宗族文化的视角透视，孔氏南宗文化不仅代表了孔氏宗族文化的一种发展形态，更由于孔氏宗族在中国社会、思想和文化史上的独特地位，超越了一般的传统宗族文化，因而具有特殊意义和价值。"中国传统的乡村社会是建立在血缘基础上的村落社会，宗族权威在乡村社会统治中发挥了极其重要的作用，它不仅缓和、调节了国家与村民之间的矛盾，而且因为其对乡村社会的有效管理，而保持村庄内部的长期平稳，保存了中国乡村文化的文脉"①。从这个意义上说，孔氏南宗所呈现的宗族文化不仅具有与其他宗族文化同样的共性意义，更具有示范和引领作用。

孔氏南宗一方面保持了传统的宗族形态，一方面因时因地制宜，创新宗族活动形式，从而不断丰富南宗宗族文化内

---

① 叶祝弟、秦维宪：《寻求区域史研究的新起点》，《历史教学问题》2011 年第 3 期。

涵。首先是大力发展族学。孔氏家族具有深厚的诗礼传家传统，要求子弟读书以明理、修身以养性，这一传统在南渡之后不断得以发扬光大。南渡之初，作为德高望重尊长的孔传致仕返衢，著书立说，家居授徒，在政治活动、宗族事务、教学活动诸方面对孔氏南宗树立了良好榜样，产生了深远影响。孔传之子孔端己"侍父渡江，习见祖庭旧事，常举以训族子弟"①。孔传父子为孔氏南宗的礼仪文化奠定了良好基础。以南宗家塾为基础、代相传承的族学教育，对中国传统礼义文化的继承和发展具有重要推动作用。纵观孔氏南宗的族学教育实践，基本呈现出以下发展与演变轨迹，体现了因时而变的时代特征和不断走向平民化、大众化的特征：第一阶段是州学为家庙时期，具体以孔传等家居时的"私学"为开端，由于形势与环境使然，实现了族学与庙学的初步结合。第二阶段始于南宋后期菱湖家庙的兴建，其标志是"思鲁堂"的建立，族学教育得到了纵深发展。第三阶段是明清时期，以明代在城南家庙重建族学为标志，塾学规模得到扩大，教育对象则由孔氏子弟扩大到百姓子弟。第四阶段是民国时期的重大转型阶段，以孔庆仪等为代表人物，顺应中国近代历史发展与西学东渐的潮流，将私塾发展为近代化学校，为中国的近代化教育树立了典范。在底蕴深厚的族学薰陶下，孔氏南宗历史上涌现了一大批饱学之士，可谓代有传承、贤才辈出，不愧"出士类增美士林，可作千秋冠冕"

---

① 孔胤植重修：《阙里志》卷九《人物志·闻达子孙》，山东友谊出版社 1991 年《孔子文化大全》本。

的美誉。族学教育成为孔氏南宗历经磨难而长盛不衰的精神动力，"南渡而后，蔚为大宗，历二十余世，均足为乡邦弁冕"①。

其次，孔氏南宗以《钦定孔氏家规》为纲领性家规，不断细化，严格遵守，规范族人行为，推动宗族发展。《钦定孔氏家规》共计七条，就其内容的性质而言，主要涉及孔氏南北宗关系处理、孔氏南宗宗族教化、异姓冒姓与隐差问题三方面。孔氏家族因其特殊身份，一方面得到朝廷的重视和优待，一方面在其弘扬儒学、推行教化等活动中受到格外关注。钦定家规的颁布昭示：历代政府希望孔氏南宗成为厉行忠孝、诗礼传家的宗族典范，不仅希望其对其他宗族起到示范作用，而且希望其在推动地方教化中有所作为。此外，孔氏南宗族人制定了很多具体的宗族规制，如见于永康山西孔村《孔氏族志》、温岭《孔氏家谱》、四明慈水《孔氏宗谱》中的孔氏族规，都比较系统地折射出孔氏南宗的宗族风范。如四明慈水孔氏"家训"强调"立身莫先于立品"，"处世莫善于和敬"，待人要"孚以真情实意，不容一毫虚假"②。孔氏南宗以教育为主线，提出"教子莫善于读书"，"其他莫如教之稼穑"，"耕读之外，当视子弟之高下智愚，各授一业"等主张，"识艰难，劳筋骨，知物理，通世务，达人情"则更注重意志品质的培养和为人处世方式

---

① 徐映璞：《两浙史事丛稿》，浙江古籍出版社 1988 年版，第 26 页。

② 孔广瀌：《（四明慈水）孔氏宗谱》卷一《家训》，民国二十四年（1935）木活字本。

的陶冶，儒家注重的人格风范以及孔氏家族的诗礼精神由此可见一斑。综合分析孔氏南宗的族规家训，我们可以发现以下显著特点：一是显示了浓厚的"圣裔"意识，体现了孔氏南宗族人的社会责任意识；二是体现了社会教化的特殊作用，钦定家规的颁布主要就是基于这一目的；三是体现了较为鲜明的时代特色，具有关注现实、随时代变迁而不断发展的特征。

再次，孔氏南宗十分重视修谱工作，以期达到"溯本穷源""敬宗睦族"① 之目的。关于孔氏南宗的谱谍传承，前文已作大量分析。在此，我们主要基于文化视野，概括提炼其作为一种文化现象所体现的典型社会意义。孔传在孔宗翰所编古谱基础上，将"历代褒崇之典，累朝班赉之恩""祖壁之遗书"等"故老世世传之"的轶事旧闻编纂成《孔氏祖庭杂记》，"使闻见之所未尝及者，如接于耳目之近"②。南渡后的一百多年间，南北两宗并无交往，以致"彼此世系多不相知"③，直到大德四年（1300），孔津与北宗孔淑等人参订南北宗图，合为一本；孔涛和孔淑、孔思晦一起编纂而成的《阙里谱系》，则是南北宗通谱的开始，后来孔思朴对该谱作了重修。明清时期，南北两宗仍有共同编订谱牒的活动。南宗各支派的修谱工作更为活跃，《上海图书馆馆藏

① 孔繁廉：《温岭孔子后裔》，天马图书有限公司 2005 年版，第 91 页。

② 孔元措：《孔氏祖庭广记》卷首《祖庭杂记旧引（孔传撰）》，商务印书馆 1936 年版。

③ 孔传：《东家杂记·原序》，文渊阁四库全书本。

家谱提要》中孔姓部分介绍了馆藏的二十七种孔氏家谱；
《浙江家谱总目提要》的孔姓部分介绍了十四种孔氏家谱，
存目介绍了九种孔氏家谱。孔氏南宗的家谱修订具有更为广
泛的社会文化意义：就家族内部而言，订立家规，惩恶扬
善，对南宗族人具有劝勉和规诫作用；就社会意义而言，
"自唐衰以来，谱牒废矣，士大夫能明其世系者鲜矣"①，在
此背景下，孔氏南宗仍能以严谨的态度考订谱牒，清源流、
明谱系，对江南地区其他宗族无疑具有良好的示范作用。总
之，作为诗礼之家，孔氏南宗在制定家规、编修谱牒、族学
教育、敬宗收族等方面都堪称典范。

2. 作为地方文化的孔氏南宗文化

从地方文化的视角着眼，孔氏南宗文化在很大程度上代
表了江南地方文化的特色，反映了江南地区的人文传统和地
域精神风貌。江南文化"本质上是一种以'审美—艺术'
为精神本质的诗性文化形态"②，是地理环境、风土人情、
文化传统、外来力量推动等诸多因素合力作用的结果。"政
治—伦理"原则则是孔氏文化的重要内核之一，与江南诗
性文化之间具有极强的互融性。孔氏南宗以儒家文化精神及
多方实践与作为，尤其是其经世致用、务求实效的治学宗
旨，对江南文化发展产生了积极的推动作用。

---

① 孔昭仁等：《续修梧塍孔氏谱》卷首《三衢鲁林怀恩序（吾绅
撰）》，清同治十二年（1873）木活字本。

② 刘士林：《江南与江南文化的界定与阐释》，《中国社会科学报》
2010年2月25日。

由于孔子在中国思想史、文化史的特殊地位，孔子后裔赐居衢州，很显然地优化了以衢州为中心的江南区域人文环境，为当地增添了丰富而深厚的人文意蕴。这一事件对于江南士绅和民众而言，无疑是十分庆幸之大事，"衢去曲阜者数千里，一旦而得近圣人之居，此孟夫子所私自喜者，而衢之幸顾不大与"，人们认为"圣裔之迁衢"乃是"天心之眷顾"①，"近圣人之居"使衢州成为众人心目中神圣的"东南阙里"，"惟宣圣正宗，越自鲁地，从宋南迁，赐居郡城，巍然庙祀。故衢虽列为一郡，实与阙里南北相望，天下言故家旧族者莫能先之，其地增重，非特所谓善而已"②。

如何面对江南士人和民众的神圣感与崇敬感，是孔子后裔南迁之后面临的重大考验，关键则是取决于其自身的作为究竟如何。在此背景下，孔氏南宗主动融入江南社会，同衢州郑氏、叶氏、徐氏、毛氏等当地望族一道，身体力行，努力促进地方和谐稳定、推动好学尚理之风、淳朴民风民俗、丰富精神世界。孔氏南宗族人中，出仕者往往恪尽职守、尽忠效国，未出仕者则体现出乐善好施、慷慨好义的传统美德，在维护地方社会的稳定和谐中发挥应有作用。孔子第五十一世孙孔应得任吉州泰和县主簿秩满还衢时，时人王国用以"携取鹤归清献里，载将书入仲尼家"赞誉其人品高洁、腹有诗书。孔子第五十三世孙中，尤以衍圣公孔洙学行突

① 天启《衢州府志》卷一《舆地志·圣宅》。
② 民国《衢县志》卷二十七《诗文内编上·弘治〈衢州府志〉序》。

出、德高望重。在衢期间，孔洙与知州孙子秀"治水患，使'民国复苏'，又'奏立家庙如阙里'，以'有补世教之大'"①。在孔氏南宗发展历史上，先后涌现了一批又一批忠臣义士，南宋时期的孔传、孔端友、孔端朝、孔端隐、孔应得；元代的孔洙、孔楷、孔涛、孔淮；明代的孔克仁、孔贞时、孔贞运；清末的孔庆仪等，都堪称为忠义精神的忠实践行者。

"孔子论政，常以政治为人道中一端，故处家亦可谓有家政。孔门虽重政治，然更重人道。"② 南宗族人继承发扬了这一传统思想，在家能够体现"孝""友"，在社会交往中表现出行仁好义、敦行礼仪的道德风范，对当地士民产生了潜移默化的影响，推动了当地民风民俗的改善。永康支孔氏族人传承耕读之风，深明耕与学、农事与修身之间的相通之处，将物质支撑和精神追求寄托于耕读之间，诗礼相传，注重人生修养，其倡导的"为人第以治耕之事治于心"③ 的理念与实践，体现出良好的精神风貌，从中反映的品行统一观折射出一股奋发向上的能量，由此培育了无数涵养深厚、躬行仁义的士人，他们乐善好施，名声素著。金溪、新城等

---

① 徐寿昌：《江南名贤孔洙及其子孙》，载《衢州名人》，天马图书有限公司 2003 年版，第 147 页。

② 钱穆：《论语新解》，三联书店 2005 年版，第 46 页。

③ 《（永康）孔氏宗谱》卷二十九《德山翁行略》，民国八年（1919）木活字本。

地的孔氏南宗族人也"皆以耕读为业"①。即便是拥有嫡长孙身份、以衍圣弘道为己任的衢州孔氏，也始终传承着优良的耕读之风。同时，伴随孔子后裔到来的是大批北方学者的接踵而至，北方文化南渐由此出现新的趋势和高潮。所有这一切，极大地促进了南宋以后南北文化的融合进程，对江南社会文化发展产生了重大影响。就衢州而言，"三衢人士德日崇，业日广，以伦理为镃基，以廉节为砥柱，以诗书为户牖，以政教礼乐为丹腹，穷则追箪瓢沂浴之风，达则树伊周吕召之业"②；"宋南渡后，士风益竞，名钜迭出。至今敦行古道，雅尚礼文。君子重廉耻，惜名节；小民畏刑宪，寡词讼"③，崇尚伦理、诗书传家等优秀传统对江南地区士风民风的影响由此可见一斑。

3. 作为政治文化的孔氏南宗文化

从政治文化的角度剖析，孔氏南宗的历史演变，从一个侧面反映了地方政治乃至历代政权文化和思想政策的特点。儒家文化作为古代政治文化的集中代表，"为社会的融合提供了一种极具感召力与号召力的思想理论"④。因此，历代政府通过崇儒重道以强化主流政治意识和文化价值，对孔氏

① 《（江西石城）孔氏族谱》卷首《临江孔氏族谱序》，转引自徐寿昌编《孔氏南宗史料》卷十六，孔氏南宗家庙管委会 2009 年内部刊印本。
② 康熙《衢州府志》卷六《学宫图第六·府学宫图·车德辅记》。
③ 民国《衢县志》卷八《风俗志·习尚》引《浙江通志》。
④ 胡发贵：《儒家文化与中国古代社会的认同与凝聚》，《学海》1999 年第 3 期。

宗族的重视和推崇则是重要表现之一，主要体现为强化孔子后裔的身份意识，提高孔子后裔的地位。

第一，由于"六经之道"皆为"夫子之赐"，后世"读其书，享其学"就须"禄其苗裔"①，"宗子封爵"也就成为历代统治者推行尊孔崇儒的重要途径。孔氏南渡之后依旧享受这一待遇，从始祖孔端友开始，直至"孔洙让爵"，前后历经六代。让爵之后，南宗后裔"子孙益多，庙乏主祀，衣冠祭仪，混同流俗"②。后在明代衢州郡守沈杰努力下，明武宗于正德元年（1506）封孔子第五十九世孙孔彦绳为翰林院五经博士，以主祭祀，并"令世世承袭……以称朕崇儒重道之意"③。清代仍封孔氏南宗嫡长孙为世袭翰林院五经博士，北洋政府将衢州世袭翰林院五经博士改为世职"南宗奉祀官"。第二，历代统治者对南宗后裔加封各种官爵，即"恩例授官"。孔氏南宗后裔除参加进士考试和入太学两条正途出仕之外，备受优崇：一是承袭始于徽宗时期的"特赐"，如孔子第四十八世孙孔端隐于绍兴年间"登进士第，授江陵府观察推官"；孔应得于"嘉熙二年补入太学，淳祐元年驾幸太学，赐同进士"④。二是增加入仕机会，每年皇帝入太学行"释奠礼"时，都要求孔子及先贤后裔陪

① 孔胤植重修：《阙里志》卷十四《诏诰》，山东友谊出版社1991年《孔子文化大全》本。

② 嘉靖《衢州府志》卷十二《人物纪三·孔氏家庙》。

③ 《明实录·武宗实录》卷十四《正德元年六月辛酉条》，上海书店出版社1982年版。

④ 吕元善：《圣门志》卷三下《历朝科目》，明天启七年（1627）本。

同，其子孙则可破例进入国子监读书；三是乡试优待，即"无孔不开榜"，如康熙五十九年（1720），题准浙江衢州府西安县孔氏后裔，依"曲阜四氏学乡试耳字号例，先行广额进儒童入学"，每次学政在衢州主持乡试时都允许在正额外入学两名，由此孔氏南宗就在正额外获得了两名秀才名额①，从中体现了历代统治者对孔子的尊崇及其后裔的关怀，当时是"曲阜裔孙，布衣得授郡教，一考即入流品"，而对于南宗后裔则是"加历省注升教于郡，恩数优异著在令甲"②。第三，南宗后裔享受赐田、免差徭等待遇，"计口量赐田亩，除烝尝外，均赡族人，并免租税"③，被免的还有其他"杂泛苛差"。明朝之后享受了更优厚的特权，比如，"凡先圣子孙寓流他处，所在俱免差徭"④；"孔氏税粮尽行蠲免"⑤；"免先儒后裔丁粮"⑥等等。所有这些优厚政策及待遇，足以显示历代政府对圣脉的重视，从中反映出孔氏南宗文化的政治特性。

历代王朝对孔子后裔高度重视的原因主要有：其一是由于先圣孔子的特殊地位，正如宋徽宗复封孔子之后为衍圣公

① 参见《衢州孔氏南宗家庙志》，浙江人民出版社 2001 年版，第46—50 页。

② 林弼：《林登州集》卷八《送孔善夫序》，文渊阁四库全书本。

③ 天启《衢州府志》卷九《人物志一·圣裔·孔玠》。

④ 《古今图书集成·明伦汇编·官常典》卷一一六《圣裔部汇考二》，中华书局 1986 年影印本。

⑤ 戴庭槐：《孔门源流》卷九《思泽考》，明刻本。

⑥ 张廷玉：《御定资治通鉴纲目三编》卷二十七《万历十年夏五月免先儒后裔丁粮》，文渊阁四库全书本。

时所表达的真实意图，"无非尊敬之也，盖其意以为，尊敬圣人不若使圣人之后绵长，与天地相为悠久"①，封官加爵、减免差徭等是保证孔氏"家庙不至于隳废，祭田不至于变卖，子孙不至于流移，圣裔不至于淹没"②的有效措施。其二是出于政治因素考虑，这也是最根本、最重要的原因。历代统治者将对先圣的尊崇延伸到其后裔身上，旨在通过圣人后裔的特殊身份将国家主流意识和价值理念加以发扬光大，让士人和民众"见圣孙如见圣祖"③，"遇孔子之后，莫不厚敬以相接"④。同时希望孔氏子孙为士人和民众在各方面树立典范，在乡党则"恂恂似不能言，言必忠信，行必笃敬，以守家法。其聪明秀颖者，诵先圣之六经，考诸儒之正论，为臣必忠，为子必孝。庶几乎无忝神明之胄"，否则的话，"人将有指而议之"⑤；入官则"学圣人之学，心圣朝之心，以自振厉，将俾圣人之道复明于天下"⑥，从而使"先师孔子之道倡行于家族，统布于四海，垂及万世"⑦。

孔子后裔不辱使命，时刻谨记圣裔的特殊身份，自觉垂范。孔氏南宗史上涌现了众多经世济民之才，影响较大的有

---

① 商辂：《续资治通鉴纲目》卷九《崇宁三年冬十二月复封孔子后为衍圣公》，文渊阁四库全书本。

② 《南宗孔府档案》，第 1635 号文献。

③ 陈镐：《阙里志》卷七《制敕》，明弘治十八年（1505）本。

④ 杨士奇：《东里集（文集）》卷三《鲁林怀思图诗后序》，文渊阁四库全书本。

⑤ 康熙《衢州府志》卷七《圣庙图第七·修建·罗璟记》。

⑥ 林弼：《林登州集》卷八《送孔善夫序》，文渊阁四库全书本。

⑦ 《南宗孔府档案》，第 1635 号文献。

孔应得、孔洙、孔克仁、孔贞时、孔贞运、孔庆仪等，其中孔克仁、孔贞运《明史》有传。社会稳定之时，他们注重教养，体贴民情，致力改善士风、民风；社稷危亡之际，他们殚精竭虑，希图通过努力有补于时；出仕者则恪尽职守、尽忠效国，未出仕者则乐善好施、慷慨好义。孔端隐"礼义由贤者出，况吾孔氏子孙乎"① 之召唤，千载之下仍令人奋起。孔端友、孔端朝、孔端隐等南宗族人，积极实践儒家政治思想，恪尽职守，深得人心，孔端隐病逝后，史载当地"士民如丧考妣"。孔氏南宗认真践行先圣倡导的仁、义、礼等思想，以崇高的人格风范感化当地民众，素有"难治"之称的衢州民风得到了较大改观，"两浙固人文薮也，三衢据浙上游，其俗尤敦朴而重节概"②。

4．作为思想文化的孔氏南宗文化

从思想文化的角度透视，孔氏南宗文化不仅是江南地区思想文化的重要内涵，在某种意义上也是传统儒家思想在南方地区发展演变的一种折射。北宋灭亡后，除孔子后裔之外，颜回、陆贽、范仲淹的后裔等等，"如众星拱月般地聚居在衢州"③。众多世家大族特别是孔子后裔莅衢，对儒学在江南地区的传播起到了推波助澜的作用。因孔子后裔赐家

---

① 孔德成：民国《孔子世家谱》卷十七之九《衢州派·五支·四十八代·孔端隐》。

② 民国《衢县志》卷十六《碑碣志一·清嘉庆重修正谊书院碑记》。

③ 鄢卫建、刘国庆：《衢州姓氏》，语丝出版社2001年版，第2页。

而被称为"南州之洙泗"、南孔圣地的衢州，吸引了南宋以来众多文人墨客竞相顶礼膜拜，可谓"东南之士不克重趼，裹粮以登洙泗之堂者，俎豆羹墙于焉是寄"[①]，同时写下了不少诗文，一方面体现了对孔子后裔的尊崇之情，一方面更提升了孔氏南宗家庙及衢州在江南士民心目中的地位和影响。

如前所述，衢州拥有"南际瓯闽，北抵歙睦"的区位优势，为境内士人与周边各学派和学者之间开展广泛交流提供了方便。以衢州为中心的区域内涌现出一大批名儒，而享有"仲尼家"和"东南阙里"地位的衢州，吸引了周边学者前来拜谒圣庙、开展讲学活动，从而密切了南宗族人与当时名儒的关系，丰富了孔氏南宗的教育思想，并使之呈现出随时代发展和儒学演进而发展的特征。南宋前期，孔氏南宗诸贤"始终倾向于调和朱陆之吕学"，尤其是受孔传的重要影响，衢州出现了"东莱热"，"以吕学为本，奉朱子之教"则成为当地书院的办学宗旨，竟然出现了"上非此不教，下非此不学"的现象[②]。

朱学在南宋后期的地位不断提高，而孔氏南宗对朱学在浙西南的传播则发挥了重要作用。朱熹曾多次拜访江山名贤徐存，并在柯山书院、明正书院以及开化听雨轩（包山书院前身）等处讲学，蔡久轩、柳贯、胡翰等朱学人物或在

---

① 康熙《衢州府志》卷七《圣庙图第七·修建·李之芳记》。
② 徐寿昌：《孔氏南宗的教育思想与教育实践》，载《南孔研究》，中国戏剧出版社 2001 年版，第 106 页。

此讲学，或担任教谕、教授，于是出现了诸如"邑之文风大振，称多士"①的景象。孔氏南宗士人与影响重大的朱学人物交游密切。孔元龙"尚志笃学"，曾师从真德秀。根据全祖望（字绍衣，号谢山，1705—1755）的观点，"乾、淳诸老之后，百口交推以为正学大宗者，莫如西山"②。孔元龙、孔从龙兄弟所辑的《洙泗言学》深得真德秀推崇，真氏为之所作的序认为该书与张栻的《洙泗言仁》具有同等重要的地位和价值。北山四先生之一的许谦应孔涛之请为孔道辅击蛇笏题诗，并十分赏识孔洙之子孔楷，于是"以女妻之"。元明时期，孔氏南宗族人与黄溍、宋濂等金华名儒交往甚密。黄溍应孔涛之请作《击蛇笏赞》，后又为孔涛撰墓志铭。孔希仁赴曲阜谒庙会族时，宋濂为其送行并撰《送永康孔教谕士安往曲阜谒庙序》，充分肯定了孔希仁振兴家学、担任教谕的业绩。

孔氏南宗族人在与得朱学精华的许谦、宋濂等金华学者交游的过程中，产生了学术思想上的共鸣。结合孔元龙与真德秀的师承、孔思俊创建大同书院等史实，我们可以得出这样的结论：宋元明之际，尊崇朱学、传播朱学是孔氏南宗继承发展儒学的重要内容之一。在孔氏南宗与众多名儒合力作用下，浙西南儒学朝着更广更深的方向发展，涌现出一批较有影响的儒家学者，徐存、邹补之、徐霖、柴中行等，均以

① 康熙《衢州府志》卷六《学宫图第六·江山县学宫图·何梦桂记》。

② 黄宗羲著，沈善洪主编：《黄宗羲全集》第六册《宋元学案》卷八十一《西山真氏学案》，浙江古籍出版社 2005 年版，第 192 页。

儒学著名于时，成就卓然，在处州地区则有刘炎、吴梅、王光祖等理学名士。

同时，孔氏南宗族人和王学代表人物也有广泛交往。王阳明亲自为孔氏南宗管理的万松书院作记，其弟子邹守益为孔氏南宗家塾作记。孔自洙的学术思想不仅深受刘宗周影响，而且深得其赏识，他以重经世闻名，著有《竹湄居士集》《枢余十义》《闽学规条》《兵曹秋秩条议》等，刘宗周则"以伟器目之"[1]。孔氏南宗族人在担任学官、山长和经营书院等实践中，充分体现了浙东学术经世致用的精神。当地教育、士风和儒学深受这种学风影响，先后涌现了鲁贞、周积、叶秉敬、方应祥、徐应秋、徐日久等一批敦本力行之士，可谓"士风一变，翕然崇实而黜浮，号称邹鲁"[2]。

孔氏南宗的影响至广至深，使江南地区呈现出"至今犹是鲁儒风""圣贤道统相传妙，自北而南意已通"的一派景象，真可谓"不是新安来孔氏，如何阙里有文公"[3]。孔氏南宗"以儒家修身齐家的伦理学为主，兼及治国平天下的政治学的教育思想和实践，推动了儒学的南渐"[4]。

综上所述，孔氏南宗文化是孔氏文化在不同历史条件和

---

① 孔宪文等：《（桐乡）孔氏宗谱·皢庵公传》，清光绪三十三年（1907）刻本。

② 民国《衢县志》卷十六《碑碣志一·清光绪重修衢州府学碑记》。

③ 舒顿：《贞素斋集》卷七《赠孔学教克焕》，文渊阁四库全书本。

④ 徐寿昌：《孔氏南宗的教育思想与教育实践》，载《南孔研究》，中国戏剧出版社 2001 年版，第 104 页。

环境下与江南文化不断融合、创新与发展的产物。对诗礼文化的传承，推动了孔氏南宗的宗族管理与宗族发展，培育了一批循礼蹈义、道德峻伟的士人；与江南文化的融合互动，使孔氏南宗文化成为江南文化的重要组成部分。从其特点与地位来看，首先，孔氏南宗文化是宗族文化，又超越了宗族文化，它蕴含着丰富的社会内涵，包括社会思想、生活和意识形态。其次，孔氏南宗文化是地方文化，又超越了地方文化。孔氏南宗不仅是衢州的孔氏南宗，而且是浙江的孔氏南宗，江南的孔氏南宗，乃至全国的孔氏南宗，在不同的文化层面，都具有相应的作用和价值。再次，孔氏南宗文化是传统文化，又超越了传统文化。孔氏南宗文化是在历史过程中积累起来的，在当代文化和精神文明建设中仍具有广阔的发展空间、独特的文化价值和积极的社会意义。

二、孔氏南宗文化的符号特征与意义

孔子思想作为中国古代社会的核心价值理念，所谓"孔子独以天下后世之儒者为云礽子孙，自生民以来未有孔子也"[1]，无论朝代更迭，即便是蒙古族、满族等少数民族占统治地位的历史时期，孔氏家族及其家庙都被朝廷视作崇儒重道的物化载体，孔氏家族也因之得以兴盛不衰。清代纪晓岚所撰对联"与国咸休安富尊荣公府第，同天并老文章

---

[1]　民国《衢县志》卷十六《碑碣志一·清道光重修衢州孔氏家庙记》。

道德圣人家"①，既揭示了孔氏家族与国家兴衰之间的休戚关系，又揭示了孔子思想影响之深远。南迁以来，孔氏南宗设圣像、建家庙、祭祖先、办教育，作为"历代封建王朝崇儒重道之物化象征"②的孔氏在衢州生根发芽，其所代表的儒家文化在江南地区得以广泛传播，在强化国家主流意识、改变社会风貌、增强社会凝聚、形成以儒家文化为核心的宗族管理模式等方面发挥了积极作用，使国家统治通过文化渗透、互融、认同得以实现，从一个侧面折射出儒家思想在南方地区的演进历程与特点。

1. 孔氏南宗与国家主流意识

孔氏南宗家庙所在的以衢州为中心的浙西南地区，历史上深受吴越文化和荆楚文化影响，"其风悍以果，君子耿耿好义而敏于事"③，又因"居浙右之上游，控鄱阳之肘腋，制闽越之喉咙，通宣歙之声势"④的区位特点，"矿寇出没，客兵往来……民罹其殃"⑤。北宋初年，吴越王钱俶纳土归宋，两浙地区归属北宋，但因人口成分复杂、文化价值观多元以及官民矛盾突出，两宋至明清时期都存在较强的地方政治离心势力，对地方安定和国家统治构成隐患。宋代以来，

---

① 此联镌刻于曲阜和衢州孔氏家庙内。
② 《衢州孔氏南宗家庙志》，浙江人民出版社 2001 年版，第 4 页。
③ 程俱：《北山小集》卷十八《衢州常山县重建保安院记》，四部丛刊初编本。
④ 民国《衢县志》卷一《方舆志·疆里》引《读史方舆纪要》。
⑤ 余绍宋：《龙游县志》第四册，语丝出版社 1999 年版，第 64 页。

封建政府一方面加强对浙西南地区的政治统治，一方面不断强化政治（国家）认同，促使人们"从心里、情感和价值"上归属到"一个政治群体或国家"①。这实际上是一个"文化"过程，没有文化认同就不可能出现政治认同，文化认同到了一定程度就会进一步产生出政治认同②。孔氏南迁及其活动对浙西南社会国家认同的形成具有积极的推动作用。

（1）宣扬强化大一统观念。大一统思想是中国传统政治智慧的精华，维系着中华民族的团结统一，构建中国传统社会特有的政治秩序③。大一统不仅是一种思想或学说，而且是一种社会制度，其"建构的原则、理念以儒家学说为主体，辅以法家学说，而与之相配合的，是以家庭为核心的一整套不断完善和精细化的社会制度"④。无论作为思想，还是作为制度，大一统都以儒家学说为主体，以家庭或家族与国家的同一为实现手段。孔氏家族作为儒家文化象征的特殊家族，长期以来与国家主流意识保持一致。在宋室南渡时，孔氏子孙本着"礼义由贤者出，况吾孔氏子孙"⑤的社

---

① 马敏：《政治象征——符号的文化功能浅析》，《华南师范大学学报（社会科学版）》2007 年第 4 期。

② 林伟健：《国家凝聚力：从文化认同到政治认同》，《广东省社会主义学院学报》2009 年第 7 期。

③ 钟来全：《大一统思想与民族精神家园的建设》，《贺州学院学报》2007 年第 12 期。

④ 陈理：《"大一统"理念中的政治与文化逻辑》，《中央民族大学学报（哲学社会科学版）》2008 年第 2 期。

⑤ 孔德成：民国《孔子世家谱》卷十七之九《衢州派·五支·四十八代·孔端隐》。

会责任感，携亲眷族属及家族圣物扈跸南渡，大有国存与存、国亡与亡之豪迈。

皇统二年（1142），金政权为统一思想，加强对汉民族的统治，册封曲阜孔拯为衍圣公，孔氏大家族从此南北分立，隶属于宋、金不同政权。南宗孔氏依然寄希望于南宋朝廷收复失地、统一家国。孔子第四十八世孙孔端朝建议朝廷以诏诰形式，"具言陛下食不重味，居不求安，思雪大耻，图复故疆之意"①，以激励、凝聚人心，实现统一，这一愿望直到孔氏南宗第六代衍圣公孔洙时彻底破灭，徒留对故国祖庭的怀念之意。孔洙之名取自曲阜东北的洙水，其字"思鲁"、号"存斋"都体现了对故土的眷恋。在衢州建造孔氏南宗第一座家庙时，特别修建了思鲁堂（后改名为思鲁阁），"以志不忘阙里之旧"②，孔氏南宗家庙尽管历经不断重修（建），但思鲁之堂却一直保存，成为孔氏南宗家庙的代表性建筑之一。

孔洙让爵首先所彰显的是以"和"为核心的治家理念，体现的是以"和"为贵的精神；其次所折射的是以治家推之以治国的理念，体现的是家国一致的精神。正是以这种理念和精神为引领的让爵实践所体现的礼让思想，成全了家国统一。但不可否认的是，这一事件给孔氏南宗带来的却是二百二十多年之久的家道中落，以至于出现了"衣冠祭仪，

---

① 李心传：《建炎以来系年要录》卷七十六《绍兴四年五月丁巳条》，中华书局1956年版，第1252页。

② 赵汝腾：《南渡家庙碑记》，转引自《衢州历史文献集成》（文集专辑）第十册，中华书局2013年版，第75页。

混同流俗"① 的凄惨景象。然而，孔洙之后的南宗子孙并未因让爵而心怀不满，反而更加忠实地践行孔子忠君爱国、"君君、臣臣、父父、子子"的大一统观念。孔洙儿子孔楷甚至在平定地方割据势力、维护国家统一斗争中献出了生命，"至正间为崇安尹，以陈友定寇乱拒，战而死"②。南宗后裔的深明大义体现了对"君子笃于亲，而民兴于仁"③ 祖训的恪守，以及对国家统一的期盼与珍惜，"国家一统，文明之化，普及南北，而褒崇之恩无遐迩矣"④。这对孔氏家族本身以及地方社会都具有深远影响。

（2）传播弘扬儒家文化。儒家文化作为大一统思想的主体，"不仅提供了先民彼此认同的最广泛的思想基础，而且也成为中国古代社会的普遍精神依托"，因此"在心灵深处诱导亿万人民彼此认同与亲和"⑤。孔子后裔南迁寓衢这一事件，其所蕴含的历史文化意义是中国历史上其他任何宗族的迁徙活动都无法比拟的，这是由其所代表的"圣裔"身份所赋予的特殊象征意义决定的。正因为如此，孔氏南渡成为衢州乃至江南地区儒学发展的重大转折和新的起点。人们对衢州的印象也从唐代的"偃王祠""殷浩墙"转变为

---

① 《古今图书集成·明伦汇编·官常典》卷一一六《圣裔部汇考二》，中华书局 1986 年影印本。
② 《大清一统志》卷三三一《建宁府·名宦·孔楷》，文渊阁四库全书本。
③ 《论语·泰伯》。
④ 《南宗孔府档案》，第 1635 号文献。
⑤ 胡发贵：《儒家文化与中国古代社会的认同与凝聚》，《学海》1999 年第 3 期。

"清献里""仲尼家"。这一转变使衢州成为广大士人和民众不辞辛苦而心向往之的圣地,大批文人学者的到来成为儒学传播的源动力;广大民众对孔子后裔"如见圣祖"的诚挚而又朴素的情怀,则为儒学的普及提供了广泛的群众基础。两者的有机结合,增强了衢州在儒学传播、演进与发展进程中的凝聚力和辐射力,进而提升了衢州在江南思想史和文化史上的地位。

孔氏南宗第一座家庙建成后,便在思鲁堂课授子弟。弘治年间(1488－1505)重建的家塾则更为完备,"为东序者三,以迪成材,为西序者三,以训幼稚"①,并以孔子力戒的"六蔽"为训引导子弟成人成才,即"好仁不好学,其蔽也愚;好知不好学,其蔽也荡;好信不好学,其蔽也贼;好直不好学,其蔽也绞;好勇不好学,其蔽也乱;好刚不好学,其蔽也狂"②,以此强调学习的重要性,让弟子明白学习是克服"蔽"的重要途径,从而使儒学代代相传。孔氏南宗又以其特殊宗族身份,秉承家学传统,以担任学官、山长等途径从事教育活动,积极传播儒学,其恩泽惠及江南广大士人和民众,"衢虽非圣人生长之乡,而楷像南来,大宗主鬯,莘莘学子犹得沾尼山之教泽",即便是随着历史的发展变化,但其身上所体现的"道范具存","足以引起后人之观感者,永百世而无忘"③。使衢州学子受益的不仅仅是

①　民国《衢县志》卷三《建置志上·学校·孔氏家塾》。
②　《论语·阳货》。
③　民国《衢县志》卷三《建置志上·学校》。

"尼山之教泽"，更有诸多儒学大家、名士的教诲。衢州因拥有孔氏南宗这个得天独厚的人文条件，吸引了当时乃至此后大批皇室宗亲、达官显宦以及名儒学者来此讲学论道，传播儒学，衢州县学、书院和学塾等各类教育因此得到蓬勃发展。学者卢襄（字骏元，1076—1145）、冯熙载、赵令衿曾与柯山书院（梅岩精舍）创始者毛开、郑待问等人"相与过从"，郡守游钧曾聘请徐霖来书院讲学，一时间"士友群集"。之后，"郡守谢奕中复请衍圣公孔元龙为山长"①。鹅湖之会后，朱熹、吕祖谦、陆九渊、张栻等名儒转道"开化包山，寓轩教学，论道吟诗，盛况空前，听雨轩一时成为传道之薮，风雅之归"②。衢麓讲舍建成之后，邹守益、陈九川、钱德洪、王畿等均曾在此讲学③。名儒显宦慕孔氏南宗之名而来，一方面是为了瞻仰家庙、谒拜先师，一方面是为了授徒讲学、交结孔氏南宗子弟，共同传播儒学。王阳明弟子邹守益所作的南宗家塾记曾说："刘子（指刘起宗）偕郡守王子聚诸师诸生，切磋于衢麓讲舍。"④孔氏南宗虽与当时各大学派保持"象征性的思想联系，而非具体的学派渊源关系"⑤，但由于其特殊地位和象征意义，在传播儒学

---

① 康熙《衢州府志》卷六《学宫图第六·书院·柯山书院》。

② 汪午：《开化县包山书院》，载《衢州文史资料》第七辑，浙江人民出版社 1989 年版，第 66 页。

③ 参见康熙《衢州府志》卷六《学宫图第六·书院·衢麓讲舍》。

④ 康熙《衢州府志》卷七《圣庙图第七·家塾·邹守益记》。

⑤ 《南孔：一个值得寻味的文化符号》，《光明日报》2006 年 11 月12 日。

方面自然发挥了不可替代的作用，如前分析的从南宋到明代，极大地推动了朱学与王学在江南地区的传播。

2. 孔氏南宗与区域社会治理

国家主流意识形态和核心文化价值观念，仅有宣传是远远不够的，它更需要内化，即通过具体操作使思想转变为行动，从而达到化民成俗、改善文化环境、促进社会和谐的目的。历史上的浙西南尤其是衢州地区，民众骁勇彪悍、尚武好气，以至于"武进士、武举人，连绵科第，他郡县望尘莫及"①。这种风气既催生了大批具有舍身精神、壮烈气度、救人于危难的将军、文臣和节义之士，彰显了浙西南民俗精华；但也导致了一系列恶风恶俗，"一人有事则举族为之激烈"②，甚至发展成为宗族之间的械斗，并衍生出轻死、冷漠及无赖等不良风气，"愚民偶因雀角之忿，辄思自尽以图诈害，亲属又不行救援，听其殒命即为奇货可居，纠合党羽席卷仇家"③。加之相对落后的经济水平，百姓生活艰难困顿，官民矛盾突出，社会治理"艰辛十倍于他郡"④。在此背景下，孔氏南宗的宗族活动以及其他各种努力为地方官员和士绅治理社会提供了有益思路。

---

① 徐映璞：《两浙史事丛稿》，浙江古籍出版社 1988 年版，第 372页。

② 余绍宋：《龙游县志》第一册，语丝出版社 1999 年版，第 89 页。

③ 余绍宋：《龙游县志》第一册，语丝出版社 1999 年版，第 98 页。

④ 民国《衢县志》卷二十七《诗文内编上·文·清〈续衢州府志〉序（王觐文撰）》。

首先，表现为缓解官民关系方面的示范作用。在官民关系经常不和谐的传统政治中，"官民相得"则是"维系社会稳定发展的思想基础"①。长期以来，孔氏南宗士人继承发扬了儒家所提倡的"以民为本""修己安人""修己以安百姓"等思想，主张为官者"痛自引责，以收人心"，以此实现官民之间的良性互动，为百姓生活和社会发展提供稳定环境。基于此，南宗族人在政治活动中或宽仁迪德，乐易近民；或明允仁德，乐善好施，尤能体察百姓之苦。孔传在临川期间，"建昌军卒变，累招降不受，必欲见传为信。传挺然往谕，叛兵以平"②。孔端隐继承并恪守祖训，"历官十载，著清白声。以爱民为务，士大夫莫敢干以私者。卒于官，百姓爱慕，立碑以颂其德"③。孔涛在任吴江判官时，对于当地因饥荒而导致的"民多事剽掠"的异常情况，他只是"设计捕致数十人"，并说这是"迫于冻馁"的结果，因此"不可以强盗论"，最后只是"杖而遣之"④，从中体现的对下层百姓的体恤之情，践行了孔氏南宗以民为本的一贯理念。孔氏南宗子孙以种种爱民之举证明建立和谐官民关系的可能，官民和谐正是促进社会稳定、和谐发展的前提。

---

　　① 王日根：《明清民间的社会秩序》，岳麓书社 2003 年版，第 523 页。

　　② 民国《衢县志》卷二十一《人物志一·孔传》。

　　③ 孔继汾：《阙里文献考》卷八十八《子孙著闻者考》，山东友谊出版社 1991 年《孔子文化大全》本。

　　④ 黄溍：《文献集》卷九上《承直郎潮州路总管府知事孔君墓志铭》，文渊阁四库全书本。

其次，表现为以儒家礼制思想为基础的社会普遍行为规范。"礼之于正国家也，如权衡之于轻重也，如绳墨之于曲直也"①，礼的实质是追求人际关系及社会秩序的和谐有序。孔氏南宗一向以"明人伦，美教化，移风俗，治隆平"②为宗旨，志在发扬光大儒家之"礼"。以孔氏南宗家庙为物化载体的祭祀活动成为普及礼制思想的重要途径，"吾夫子宫墙岿峙，当城之中，且家庙式凭，自阙里而外，远接洙泗之泽，以辉映于邻封者，惟衢为最。以故川岳效灵，神光炳朗"③。孔氏南宗祭孔兴起于南宋绍兴年间，具有严格的礼仪条例，虽不如曲阜孔庙"国家有大典礼，则专官祭告"④，但从主祭官的任命到执事礼生的选拔，从礼器、祭品的准备到乐舞的规格，从祭文的撰写到祭式的缜密，都严格按照祭祀仪式。祭孔不仅仅是一种仪式，其根本目的是通过仪式的极端肃穆及严整性崇先圣、明人伦，追求"君君、臣臣、父父、子子"的理想化礼制秩序，在仪式的演练中让民众"观圣门之训弟子，俱成法矣"⑤，从而为社会行为提供范式和模本，所谓"古今祀典，独社稷、三皇与孔子通祀。天下民非社稷、三皇则无以生，非孔子之道则无以立"，"尧、

_____

① 《荀子·大略》。

② 夏力恕等：《湖广通志》卷一〇七《监利县学重建大成殿记》，文渊阁四库全书本。

③ 康熙《衢州府志》卷六《学宫图第六·府学宫图·车德辅记》。

④ 民国《衢县志》卷十六《碑碣志一·清道光重修衢州孔氏家庙记》。

⑤ 嘉靖《衢州府志》卷十二《人物纪三·侨寓列传·孔氏家塾记（邹守益撰）》。

舜、禹、汤、文、武、周公，皆圣人也，然发挥三纲五常之道，载之于经，仪范百王，师表万世，使世愈降而人极不坠者，孔子力也"①。

再次，表现为孔氏南宗家庙及其祭祀仪式所产生的社会凝聚力。孔氏南宗家庙及祭孔仪式所展现的对礼制秩序的向往与实践，增强了民众对儒家文化的认同感，"有了文化认同，文化才能对人产生统摄力、吸引力"，"文化才具有凝聚力"②。孔氏南宗家庙"尤为南邦人士心中所向往"③；"宋室宗亲，达官显宦，先后'赐第西安'或'卜居三衢'。社会名流、理学诸儒也纷至沓来"④；"亟欲往一谒而拜焉，思识其子孙，观其揖让进退"⑤。历代文人墨客、世家望族都将衢州孔氏家庙作为曲阜孔庙的别宫来瞻仰礼拜。明代吕曾见在衢州孔氏家庙见到吴道子手绘夫子像后感慨道："余于千百载后及见夫子，岂不厚幸矣乎。"⑥ 清代帅承瀛莅任浙江，因仕途前后轨迹与孔氏家庙都有渊源与缘分而感到十分庆幸，"前视学山左，得亲谒夫子陵庙"，后"来抚浙中，

① 张廷玉等：《明史》卷一三九《钱唐程徐列传》，中华书局 1974 年版，第 3981—3982 页。

② 赵旭峰：《儒学的传入与云南少数民族国家认同感的形成》，《思茅师范高等专科学校学报》2006 年第 5 期。

③ 民国《衢县志》卷十六《碑碣志一·清道光重修衢州孔氏家庙记》。

④ 《衢州市志》，浙江人民出版社 1994 年版，第 962 页。

⑤ 吾绅：《鲁林怀思诗卷后序》，转引自《衢州历史文献集成》（文集专辑）第十册，中华书局 2013 年版，第 91 页。

⑥ 吕曾见：《题先师像碑》，转引自《衢州孔氏南宗家庙志》，浙江人民出版社 2001 年版，第 203 页。

而家庙又在斯境，窃幸生平宦辙所遭，去圣人之居若此其近"，因此"虽未获躬拜墀下，而中心向往之，诚固与南邦诸人士同，此低徊而不能释"①。具有与此相同情结的还有杜塄和郁达夫等。杜塄，渤海人，曾提督浙江全省学政，感到"去圣人之居若是其近，系官于南，先后睹兹庙之葺"②不是出于偶然，而完全是一种缘分且是莫大幸事。郁达夫在《烂柯纪梦》中由孔氏南宗家庙油然联想到曲阜家庙："一座家庙，形式格局，完全是圣庙的大成至圣先师之殿。我虽则还不曾到过曲阜，但在这衢州的孔庙内巡视了一下，闭上眼睛，那座圣地的殿堂，仿佛也可以想象得出来了。"③ 对孔氏南宗家庙如此之崇敬，深深包含着世人对儒家文化的认同。这种认同感与孔氏南宗家庙的物质遗存及祭孔仪式的庄严相结合而产生的凝聚力，缩短了古人与今人、传统与现代以及人与人之间的距离，使中华民族因相同文化凝聚在一起，由此形成的民族自豪感和自信心正是社会文明进步的不竭源泉，此可谓"圣明相继，文恬武熙，久于其道，而天下化成"④。

---

① 民国《衢县志》卷十六《碑碣志一·清道光重修衢州孔氏家庙记》。

② 民国《衢县志》卷十六《碑碣志一·清道光重修衢州孔氏家庙记》。

③ 《郁达夫全集》第四卷《游记 自传·烂柯纪梦》，浙江大学出版社 2007 年版，第 62 页。

④ 民国《衢县志》卷十六《碑碣志一·明正德衢州重修孔氏家庙碑》。

3. 孔氏南宗与江南宗族管理

家庭（族）作为社会的基本单位，其治乱兴衰与国家统治密切相关。基于此，古代学者一直坚持和强调宗族管理的重要性。正如张载认为，"家且不保，又安能保国家"，因此大力提倡"明谱系世族与立宗子法"，根本目的就在于"管摄天下人心，收宗族，厚风俗，使人不忘本"，"宗法若立，则人人各知来处，朝廷大有所益"[①]。对于衢州地区而言，虽然"自古无土著类，皆系他乡转徙而来"[②]，但宋代之前已有徐、郑、陈、毛、江等世家大族，孔氏"南渡以还，搢绅显宦往往遁迹于衢，由是徐、王、孔、叶为著姓"[③]。孔氏家族的迁入不仅为传统儒学在衢州的进一步发展注入了新的活力，更因其圣裔的特殊身份及家族管理模式，为衢州日益扩大的家族管理增添了新的内容。

首先，孔氏南宗在处理家国关系上坚持家国合一的理念。孔子家教思想强调恪守礼法、教子宜严，认为父权以及治家是治国的基础[④]，孔氏南宗子孙继承并发扬了这一思想传统，始终将家族的命运与国家的兴衰成败紧紧联系在一起，因而才有国家危难时的扈跸、完成统一时的让爵，更有

① 《张载集·经学理窟·宗法》，中华书局 1978 年版，第 258—259页。
② 民国《衢县志》卷十一《族望志》。
③ 民国《衢县志》卷十一《族望志》。
④ 参见高建军：《孔子家族全书·家规礼仪》，辽海出版社 1999 年版，第 161—162 页。

钦定孔氏家规"张挂于孔氏家庙，常川晓谕，使其子孙绳绳遵守"① 等行为准则。

其次，在宗族关系处理上坚持家族统一、维护家族和睦。孔氏南宗族人始终不忘南北一家的事实，"泗浙同源"匾额一直悬挂于家庙之内，以晓谕、告诫子孙后代时刻铭记。为加强家族联系，增进家族感情，《钦定孔氏家规》明确规定"南渡孔氏子孙，每十年一赴阙里，谒拜圣祖家庙，祭扫山林，以展木本水源时思之敬"，并"会同南北宗谱，开保历代子孙名讳，居曲阜县者书引于前，居衢州府者书引于后，庶俾流裔清白，不致泮涣分离"②。依照"家规"的规定，孔氏南宗族人需定期赴曲阜，主要内容是拜谒曲阜孔氏家庙和共同续修族谱，根本目的是为了加强南北之间的联系，增强两者之间的感情，促进孔氏大家族的和睦，共同推动孔氏大家族的繁荣发展，为社会树立世家风范。南渡以来整整二百年之后的元天历二年（1329），孔涛赴曲阜"惇叙宗次"，首开南北孔氏后裔"通谱"的先例。之后，孔思模又"叙次以续之，传之不朽"。这种南北一家的理念和实践，正如古代学者所评说："地理南北虽有间，而圣人之泽固不以此而间。"③明洪武十二年（1379），孔思模赴阙里会族南还时，曲阜令孔克伸为其赋诗送行，"靖康兵起祖分违，从此南北作两枝。宋室尚存前日传，孔庭犹说旧时

---

① 《南宗孔府档案》，第 1635 号文献。
② 《南宗孔府档案》，第 1635 号文献。
③ 周伯琦：《跋〈孔氏宗谱〉后》，转引自《衢州历史文献集成》（文集专辑）第十册，中华书局 2013 年版，第 79 页。

碑"，阐述了因靖康之变、宋室灭亡而导致孔子后裔南北相分的历史；"忍将别意题诗句，且把宗盟付酒卮。去去频当寄家信，秋风勿使雁来迟"，不仅表达了依恋之情，更表达了南北之间不断加强联系、增进感情的美好愿望。所有这些，维护了孔氏宗族的统一，促进了南北之间的和睦。同时，衢州孔氏在南宗各支派关系的处理上发挥了统领作用。孔氏南宗支派繁多，遍及浙江、江苏、江西、湖南、湖北、广东等省。面对如此繁多且分布极广的支系，孔氏南宗通过良好的组织管理，加强各支派的联系，推动孔氏南宗宗族的发展。衢州翰林博士通过巡游各地、帮助各支派解决实际问题，体现了宗族内的一本之义，强化了家族互助，增进了家族感情，起到了良好的收族效果。

综观孔氏南宗的家族管理与发展，正如有的学者所指出："孔氏宗族是由同一始祖孔子繁衍下来的庞大家族，居住在孔府的衍圣公凭借在宗主的特殊地位和历代皇帝授予的权力，逐步在其家族中建立了严密的管理组织体系，并通过修宗谱、立行辈、订族规等方式，使散居在全国各地的族人能够支派不紊、行辈有序，遵族训、守礼法，长期维护着完整统一的宗族体系。"① 孔传曾感叹道："先圣没，逮今一千五百余年，传世五十。或问其族，则内求而不得；或审其家，则舌举而不下。"② 对此，孔氏南宗族人高度重视修谱

---

① 袁兆春：《孔氏家族宗族法及其法定特权研究》，华东政法大学 2005 年博士学位论文。
② 《孔氏祖庭广记》卷首《祖庭杂记旧引》，商务印书馆 1936 年版。

工作，编修家谱成为南宗家族管理的重要事务，"家庭法规虽然以维护族权为目的……由于它具有比国家法更为浓厚的伦理色彩，自然成为维护政治统治的有力工具，这又促使统治者对其地位的支持"①。这一特点在孔氏南宗身上体现得淋漓尽致。《祖庭广记》《东家杂记》《阙里世系续》《家谱正误》《孔圣图谱》等家族史志，尤其是其中所包涵的族规、族训等内容，无论对孔氏家族的管理与发展，还是对于"王化"的落实都发挥了重要作用。

孔氏南宗族人由于能够正确处理家与国、家族内部关系等问题，因而确立了自己的社会地位，与其他世家大族形成了强大合力，在宗族管理中发挥了良好的示范作用。金华浦江郑氏、衢州龙游徐氏、江山毛氏、陈氏等世家，注重家族管理，制定家族规范，如郑氏《义门规范》、徐氏《龙邱徐氏家规》、袁采《袁氏世范》等等。其中，宋代衢州人袁采在乐清任县令时所作的《袁氏世范》，被历代不少家族奉为治家至宝，在历史上被称作"《颜氏家训》之亚"，"不仅可以施之乐清，达诸四海可也"，"不仅可以行之一时，垂诸后世可也"②。在这些家法族规引领下，包括孔氏南宗在内的江南众多世家大族凝聚一道，有效促进了江南社会的和谐稳定，推动了好学尚理之风，淳朴了民风民俗，丰富了士民的精神世界。

---

① 袁兆春：《孔氏家族宗族法及其法定特权研究》，华东政法大学2005 年博士学位论文。

② 袁采：《袁氏世范·原序》，团结出版社1997 年版《四库全书精品文存》本。

4. 孔氏南宗的文化影响

孔子嫡裔南迁入衢后，大力宣扬大一统思想和儒家文化，强化了地方社会的国家认同；注重协调官民关系、倡导礼制，增强了社会凝聚力，促进了和谐社会文化的形成；正确处理家国关系，重视家族内部和睦，为地方家族管理树立了榜样。凡此种种，不仅使儒家文化深入人心，对地方文化产生深远影响，而且积极推动了儒家文化自身的发展。

（1）促进了儒家文化在南方的传播。从最高统治者到普通民众，对孔子后裔始终怀着"如见圣祖"①的崇敬心情，以至于"厚敬爱以相接"②，从而使"圣孙"的特殊身份成为广大民众追念孔子的特殊情感和精神依托，甚至成为其道德和行为标准，因而使孔氏南宗成为弘扬儒家文化的象征符号。这一符号使孔氏南宗"诗礼相承，贤才辈出"③，"自端友来衢，迄今二十八世，类能明经说礼，世守儒风"④。孔洙让爵之后则更是致力于社会下层教育及社会风俗建设，不仅以其圣裔身份使"先师孔子之道倡行于家族，

---

① 陈镐：《阙里志》卷七《制敕》，山东友谊出版社1991年《孔子文化大全》本。

② 杨士奇：《东里集（文集）》卷三《鲁林怀思图诗后序》，文渊阁四库全书本。

③ 徐映璞：《两浙史事丛稿》，浙江古籍出版社1988年版，第26页。

④ 徐映璞：《孔氏南宗考略》卷二《近代名贤事迹考第十五》，转引自《衢州历史文献集成》（文集专辑）第十册，中华书局2013年版，第177页。

统布于四海"①，而且以此为中心吸引了大批学者名儒参与其中，推动了儒家文化在江南地区的传播发展。

（2）推动了南北文化的融合。与宋室南渡相伴随的重要文化现象是，北方文化也随着大批北方士人南迁而南渐，这也正是南北文化相互融合的过程。这种融合并不只有简单的接受和容纳，更多的则是在碰撞、矛盾和斗争中走向交融。孔子后裔南迁后，凭借其圣裔身份及民众对其所寄托的特有仰慕之情，推进了南北文化共融的历史进程。一方面，崇尚伦理、诗书传家等传统对江南社会产生了潜移默化的影响。尤其是清代，对孔子尊崇至极，自康熙皇帝御书"万世师表"额以来，为孔庙题额成为清朝皇帝的惯例，之后有"生民未有"（雍正）、"与天地参"（乾隆）、"圣集大成"（嘉庆）、"圣协时中"（道光）、"德齐帱载"（咸丰）、"圣神天纵"（同治）、"斯文在兹"（光绪），直至宣统元年所颁的"中和位育"。国家的推崇、自身的努力、民众的敬仰形成合力，使孔氏南宗文化大放异彩，江南地区士风、民风甚至整个社会风气也因之得以大为改观，诚可谓"士风益竞，名钜迭出"，从而形成了"民淳事简，风俗敦厚"②的良好风尚，"庶几菁莪械朴于今复见，尚无负贤太守隆圣崇儒之至意"③。一方面，北方文化积极吸收南方文化中注重事功等特点，形成对后世影响深远的事功学派，在推动儒学发展演进的同时，形成了

① 《南宗孔府档案》，第 1635 号文献。
② 民国《衢县志》卷八《风俗志·习尚》引《大明一统志》。
③ 康熙《衢州府志》卷六《学宫图第六·府学宫图·车德辅记》。

开放包融、别具特色的江南文化。

（3）推动了儒家文化自身的发展。儒家文化具有时代性和地域性，孔子之后的儒学一直在变化，从思孟学派到汉代儒术独尊，从魏晋玄学、程朱理学、陆王心学到明清实学等等，儒家思想与道家、佛家、阴阳家、法家等思想不断合流，随着时代和地域变化而整合衍生出不同的儒学。宋室南迁导致的大量儒士南迁，使传统儒学与江南各地文化、地理环境相结合，形成了金华学派、永嘉功利学派、永康事功学派等。这些学派以朴素、平易的姿态走向民间、走向社会生活，将着眼点落实于现实生活，注重事功，注重思想对社会生活的作用，使思想走向社会层面。这种特点体现在教育上便是这一时期学校教育的蓬勃发展，族学、村学、官学等教育体系日趋完备，从而使儒学的传播和下移成为可能。孔氏南宗的教育活动见证了儒学在南方地区的这一转变。孔氏南宗重视家学建设，积极参与书院教育，说明其教育由封闭走向开放，即从族学教育转向社会教育，而且将社会教育日益作为其关注的重点。这一转变意味着孔氏南宗实现了对自身角色的重新定位，以更加积极的姿态和平民化的心态走向民间，融入社会体系。孔氏南宗独尊意识的淡化乃至消融，尤其是以平民化的心态融入社会的这一重大转变，正是南方儒学意识转变的真实体现。

孔子第七十五世孙孔祥楷先生对具有象征意义的孔氏南宗执着弘道的精神作了高度概括：从南宋六代衍圣公开拓宏道，到孔洙让爵于北而筚路蓝缕于教，直到明代复爵孔氏南宗复兴而弘儒，孔氏南宗族人历尽艰辛，铭先祖教诲，矢志于衍圣宏道，未敢稍有懈怠①。正是这种执着精神，使儒家文化随着南宗族人在南方的发展而广布，至今仍影响着当地文化的建设与发展。

三、孔氏南宗对孔子和谐思想的发展

孔子的和谐思想涉及政治、教育、伦理等众多领域，内容十分丰富，内涵极其深刻，有关学者将《论语》中提及的和谐梳理概括为人际和谐、教育和谐、社会和谐、天人和谐、身心和谐等五个方面②；也有学者则将孔子的政治和谐思想阐发为四个维度，具体包括"重伦理"的政治和谐追求思路、"尚中庸"的政治和谐特定思维、"摒暴力"的政治和谐手段途径以及"依于仁"的政治和谐基本内容③。建炎三年（1129），孔端友及孔传部分孔子后裔南渡后，金立孔端操为衍圣公，孔子后裔于是派分南北两宗，北宗核心仍在山东曲阜，南宗核心则在浙江衢州。自孔端友至孔祥楷，孔子后裔在江南地区生息繁衍了二十八代。在将近九个世纪的历史中，孔氏南宗继承并发扬了孔子以人为本、以仁为核、以和为贵的和谐思想，坚持"时中"精神以及"因民

---

① 参见徐寿昌《孔氏南宗史料·序（孔祥楷撰）》，衢州市孔氏家庙管委会 2004 年编印。

② 叶碧：《从"仁""礼""和"的关系看孔子的和谐思想》，《浙江社会科学》2007 年第 2 期。

③ 杨冬丽：《论孔子政治和谐思想的四个维度》，《人文杂志》2013年第 9 期。

之所利而利之"① 的价值导向，以严格的自律精神、深切的人文关怀、务实的实践品格，积极推动"如日月经天、江河行地"的孔子学说从庙堂之学转向平民之学，对江南社会文化的和谐发展作出了重要贡献。

1. 深化"修己安民"思想

南宋初年，"图复旧疆"成为朝廷上下的头等大事和共同心愿。鉴于此，"战"与"和"成为廷议中长期争论的焦点问题。其中，孔子第四十七代孙孔端朝作为主战的代表人物之一，向统治者提出"痛自引责以收人心"等主张。绍兴四年（1134 年），吴玠取得仙人关大捷，"诏宣抚司速上功状"，此时，时任尚书考功员外郎的孔端朝借唐代陆贽之言提出了一系列主张，"唐德宗时，陆贽建言，盗满天下，宜痛自引咎，以言谢之，庶叛者革心。故所下制书，武夫悍卒，无不感涕"②，因此建言"凡制诰号令，因事见辞，以谦抑为先，必自引咎收拾人心"③。这些主张既是对孔子"修己安人""修己以安百姓"思想的继承发扬，也充分体现了儒家"民为邦本"的精神。北宋灭亡固然是金兵大举进攻直接导致的结果，但从深层次上分析，这是长期以来统治者无视民生、压榨过度、腐败无能的必然结果。要稳定和

---

① 李泽厚：《论语今读》，三联书店 2007 年版，第 532 页。

② 熊克：《中兴小纪》卷十六《绍兴四年五月壬子条》，文渊阁四库全书本。

③ 李心传：《建炎以来系年要录》卷七十六《绍兴四年五月丁巳条》，中华书局 1956 年版，第 1252 页。

巩固统治基础，就需以强兵为前提，更需以调和内部矛盾为保障。因此，孔端朝借用陆贽之言规劝统治者"三省其身"，并强调这是内聚人心的固本之举。孔端朝的这一思想对南宗族人来说具有示范意义，进而成为南宗诸贤为官施政的指南。明太祖曾咨询孔克仁"汉治道不纯"该"谁执其咎"，孔克仁果断认为"责在高祖"①，矛头直指最高层。孔氏南宗士人不仅希望统治者自省、修己、安民，同时也身体力行，以仁人之心施仁义之政。衍圣公孔洙之弟孔涛十分关注民生大事，其任职的吴江州，地处太湖之滨，百姓只得以"柴埭""御水"，基本生活得不到保障，贫病交加，可谓"缮修无时，病民特甚"。针对这一现实，孔涛进行了改革，极大地缓解了民众压力，改善了民生，"使可支久，民力以纾"②；邻近地区发生饥荒之时，孔涛又能及时伸出援助之手，"邻州饥，宪府俾君往赈之，全活甚众"。正因为如此，孔涛在当地享有较好声誉，其"治绩为诸州最"；在任桂阳州判官时，因天大旱，孔涛亲自探狱，结果发现"有冤，出其无罪者三人，乃雨"③。孔涛作为身处基层的地方官，其作为使儒家"节用而爱人，使民以时"的思想得到了生动实践。孔公俊主政福建邵武县时的一系列作为也体现了这

---

① 张廷玉等：《明史》卷一三五《孔克仁传》，中华书局1974年版，第3923页。

② 黄溍：《文献集》卷九《承直郎潮州路总管知事孔君墓志铭》，文渊阁四库全书本。

③ 沈翼机等：《浙江通志》卷一七〇《人物三·衢州府·孔涛》，文渊阁四库全书本。

一思想，一方面体恤民情，一方面教而化之，面对"邑新被寇"的局面，孔公俊认为"逆节之萌"是"教养之无法"所致。为此，在"轻徭薄赋，爱重民力"的同时，"大修学官"则旨在通过教育提高民众素质，改善社会风气。孔氏南宗士人对"修己以安民"思想的全新诠释与生动实践，增强了亲和力和感召力，因此深受百姓爱戴。史载，孔传操行介洁，锄强扶弱，吏民畏服，以其高尚的人格魅力使"累招降不受"的建昌兵变得以平定，当叛兵提出要见他时，孔传无所畏惧，"挺然往谕，叛兵以平"[①]；孔传儿子孔端隐也勤政廉洁，造福一方，在江宁为官十年，民风士风为之一新，因而深得当地民众的爱戴，"著清白声，以爱民为务，士大夫莫敢干以私者"，卒后，百姓"立碑以颂其德"[②]。清代孔彦纶廉而爱民，两袖清风，以至于"贫而无以殓"。

2. 深化"有教无类"思想

在"礼崩乐坏""学在官府"的时代，孔子兴办私学，倡导"有教无类"，在中国历史上首开平民教育之先河。孔氏南宗士人认为教育对于民众而言，其根本作用是"学以行道、教以化民"，对于社会而言，教育则是"国之大典"，是实现"修齐治平"的重要途径，因而自觉地继承发扬先圣的教育思想。孔思明对此提出了十分独到而精辟的见解，

① 嘉靖《衢州府志·人物纪三·侨寓列传·孔端友（附孔传）》。
② 孔继汾：《阙里文献考》，山东友谊出版社 1991 年《孔子文化大全》本。

他认为，"道之大，源本乎天；道统之传，本乎圣人；圣人设教，本乎学。学也者，有国之大典也"，"道"的发扬光大需要持之以恒的努力，所谓"道不可须臾离学，不可一日而废"。他认为只有发展繁荣教育，才能使"道"盛行于天下，这也正是建立规范有序的社会秩序、实现社会和谐稳定的重要保障，"天生圣人所以行道也，建学立师所以阐其教也，教隆道亨，洋溢四海，则君君、臣臣、父父、子子，岂非格致诚正，以至于修齐治平"，因而"学不可废，功不可忘"①。这些论述，紧紧围绕"道"这一核心，深刻揭示了"学"与"道"、"教"与"道"、弘"道"与达到"修齐治平"乃至促进社会文明和谐的一系列关系问题，至今仍有重要的时代价值和现实意义。"道"是中国哲学的重要范畴，在道家看来，"道"是宇宙的本原和普遍规律；在儒家看来，"道"不仅是世间万物运行的规律、法则和规范，更由于"道者，所由适于治之路，仁义礼乐皆其具也"②，说明"道"是治国的正确理念和路径。因此，孔氏南宗士人认为，"学"与"教"在"弘道"中具有基础性、先导性以及统领性作用。基于对教育重要性的这种高度认识，孔氏南宗士人始终致力于教育实践。早在南渡之初，孔传就凭借"以家庙寓学官"的优势而"授徒千人"，开启了南宗教育向社会开放之门。孔洙让爵后，孔氏南宗在教育方面的突

① 夏力恕等：《湖广通志》卷一〇七《监利县学重建大成殿记》，文渊阁四库全书本。

② 班固：《汉书》卷五十六《董仲舒传》，中华书局 1962 版，第2499 页。

出特点是从封建府第走向社会大众，从庙学私塾走向民间教育。正德年间建于城南东岳废址的孔氏家塾规模可观，其学习氛围之浓可从邹守益所作的"南宗家塾记"中得到反映。光绪二十九年（1903）春，孔庆仪认识到"旧学"已不能满足日益扩大的平民教育的需要，于是将南宗家塾改建为孔氏中学堂，后又改为"衢县私立尼山小学"。1945年，该校拥有十二个班级六百多名学生，其中孔姓学生却不足百分之十。据不完全统计，从南宋初年南渡以来直到清末，孔氏南宗先后有五十多人出任江西、安徽、浙江、江苏、湖北、湖南、山东、广东、福建、甘肃等十多个省（区）六十多个市县的学官，包括行省儒学提举、州路教授等等，所到之处，无不"修庠序之教""文风丕振"，不仅传承弘扬了先圣"有教无类"的教育思想和理论，而且以积极的作为极大地推动了江南地区教育事业的发展。

宋明时期，民办书院的兴盛是教育发展的一大特色。孔氏南宗士人在这一浪潮中不仅积极投入，而且产生了极其重要的影响。要么直接创办书院，要么以圣裔的特殊身份、独到的理念以及丰富的经验，纷纷被邀请董理各地书院。由此，孔氏南宗的平民教育实践掀起了新的高潮，对后世产生了重大影响。江苏靖江历史上有不少书院，其中创办最早、影响最大的则是马州书院。据元代席帽山人王逢所题之序可知，马州书院为孔子第五十二代孙元虔（字昆季）所建。其实，早在南渡之时，元虔祖上、孔子第四十七代孙孔若罕在由阙里至衢州途中，留滞泰兴，因询问当地老人而得知当地之河为"龙开河"，并因其"西北通淮泗"而认为"洙泗龙泉之支流其在兹"，于是率族人"筑室河上，与其子端志各授弟子业，从游日众"，并告诫子孙"治生勿求富，读书勿求荣"。可惜，书院于淳祐元年（1241）冬因邑毁于北兵而未能幸免，孔元虔于此时避难该地，于是重建书院，"咸淳间书院落成，教授复如初"①。孔子第四十九世孙孔莘夫，曾任江西临川丞，其后代于元至元年间迁往新城，在此创建了贤溪书院。至正元年（1341），孔子第五十三世孙孔公俊莅政福建同安县。当时，由于"国家表章（引者疑为'彰'）理学"，因此只要朱熹曾经讲学过的地方，"悉为立学设师"，"闽中最盛"而"同安独阙"。鉴于此，孔公俊积极努力，其"兴举坠典"的倡议得到众人赞同，于是在县学之东创建了大同书院。闽中名士林泉生盛赞孔公俊建书院、祀朱熹、崇四书之举，称其能"因民所尊信者而兴学立教，有循吏之风"②。除直接创办书院之外，孔氏南宗士人出任书院山长者更是前后相望。元明两代，孔氏南宗士人共有十人出任书院山长。由于南宗士人对书院的精心经营，加之其特殊地位和影响，吸引了大批著名学者前来讲学，不仅扩大了江南书院的影响，更为江南地区培养了大批才子。

3. 深化"述而不作"思想

孔子主张"述而不作，信而好古"，认为"巧言令色"

---

① 王逢：《梧溪集》卷二《题马州书院有序》，文渊阁四库全书本。
② 谢道承等：《福建通志》卷七十一《林泉生大同书院记》，文渊阁四库全书本。

者必然"鲜矣仁"。但面对兵燹造成的人心浮动、文脉濒于断裂的残酷现实，孔氏南宗士人深深地感到"述而不作"无补于"衍圣弘道"。面对孔子逝世一千五百余年后族人之间"或问其姓，则内求而不得；或审其家，则舌举而不下"的现实，南宗重要奠基者、孔子第四十七代孙孔传感到非常痛心和愧疚，"为之后者，得无愧乎"①？于是亲自编撰了《祖庭杂记》。孔子第五十一代孙、金代衍圣公孔元措如此评述，此书系孔传"克承前志，推原谱牒，参考载籍，摘拾遗事"而成，可惜宋建炎之际由于战乱而"不暇镂行"。所幸的是到四十九代从祖，主祥符县簿、承事孔璙"惧其亡逸，证以旧闻，重加编次"，这样又才有《祖庭杂记》，从而使后人得以"览圣迹与夫历代褒崇之典"②。孔元措在合并两本《祖庭杂记》的基础上，增补编撰成《孔氏祖庭广记》。此外，如前文所及，孔传于建炎初年因感伤祖庭沦丧的历史悲剧，编纂了《东家杂记》。《祖庭杂记》和《东家杂记》两书是早期关于孔氏家族史的重要著作，《东家杂记》则被认为是"现存较早的孔子史志，对于考证、研究孔子生平事迹、孔氏家族史以及南宋以前历代崇祀沿革甚有价值"③。此外，基于对"言与实""述与言"关系的深刻认识，以孔传为代表的始渡一代积极著书立言。如孔传的《孔子编年》《续白氏六帖》《续尹植文枢纪要》《杉溪集》，

---

① 孔传：《东家杂记·原序》，文渊阁四库全书本。
② 孔元措：《孔氏祖庭广记·引》，商务印书馆1936年版。
③ 《儒藏》史部《孔孟史志提要·东家杂记》。

"皆行于世"；孔端朝"以杀青为己任"，"虽在省曹，犹兼著作"①，著有《南渡集》二十卷；孔端问著有《沂川集》。此后，著书立言成为孔氏南宗士人的优良传统，可谓代有传承。南宋中后期，以孔元龙、孔从龙兄弟为代表的孔氏南宗士人，将著书立言、以言弘道推向高潮。孔元龙著有《柯山论语讲义》《论语集说》《鲁樵斐稿》《奏议丛壁》《诲忠策》等著作。孔元龙兄弟共同所辑的《洙泗言学》，深得当时著名理学家真德秀的肯定。真德秀在为《洙泗言学》所作的跋中，将其与张栻所辑的《洙泗言仁》相提并论，认为张栻辑《洙泗言仁》的目的在于"使学者知所以为仁"，而孔从龙兄弟"辑其言学者四十余章"的目的则在于"使学者知所以为学"，并认为孔从龙兄弟以"圣裔"的特殊身份编辑此书，将"言仁"与"言学"有机地统一起来，其意义和价值更为重大，"研精先圣之书，其所发明，有补学者。虽《鲁论》二十篇言仁与学盖无几，玩而绎之，实无一语之非仁，亦无一语之非学"②。宋元之交，孔子第五十二世孙孔万龄曾师从许衡，著有《渔唱集》，在江浙一带享有声望；孔子第五十三世孙、衍圣公孔洙，在经史方面具有较高造诣，著有《存斋集》二卷和《江南野史》。元代孔涛著有《存存斋稿》，但"未及诠次"，只有"《阙里谱系》

① 程敏政：《新安文献志》卷九十三《孔右司端木传》，文渊阁四库全书本。
② 真德秀：《西山文集》卷三十六《跋孔从龙洙泗言学》，文渊阁四库全书本。

一卷为成书"①；孔津著有《鲁林集》一卷。明清时期，孔
贞时、孔贞运兄弟共同编纂《六曹章奏》，孔贞时的才识过
人，其所著"足兵足饷诸议"令时人"皆服其精当"，以至
于光、熹两朝"诏令、表册、谥议之文，政府多委之"②。
孔子第六十四代孙孔尚豫、孔尚蒙被称为"兰溪二孔"。其
中，孔尚豫（字仲石，1605—?）晚年潜心于理学和心学，
著有《春秋尊义》《易解》《诒书堂类稿》等。孔氏南宗族
人通过修谱、著书等方式，实现了由以"述"弘道到以
"言"弘道的重大转向，从而促进了"大道南渐"的历史进
程，推动了南北文化的融合发展。

4. 深化"礼让治国"思想

"礼治"是孔子思想的重要组成部分。在孔子看来，
"道之以政，齐之以刑，民免而无耻；道之以德，齐之以
礼，有耻且格"③，孔子还认为，"上好礼，则民易使也"④，
"能以礼让为国乎，何有。不能以礼让为国，如礼何?"⑤ 这
些论述所主张的是统治者要重视以礼治国，注重以规范去教
化百姓。长期以来，孔氏南宗族人继承并发扬了这一思想，

---

① 黄溍：《文献集》卷九《承直郎潮州路总管知事孔君墓志铭》，
文渊阁四库全书本。
② 黄之隽：《江南通志》卷一三九《人物志·宦绩一·孔贞时》，
文渊阁四库全书本。
③ 《论语·为政》。
④ 《论语·宪问》。
⑤ 《论语·里仁》。

并将治国之道与治家之道有机地相统一，在孔氏大家族内部形成了"泗浙同源、无间南北"的家族观，对中国古代的宗族和谐与发展具有典型示范意义。南宗从第六代衍圣公孔洙开始，才"内附我朝，会曲阜，有争立之讼。廷论谓洙实宗绪之正，宜绍爵如故"，然而"洙乃力辞南归，爵遂弗及其后，君子盖深惜之"①，这就是"孔洙让爵"。这一事件对于孔氏南宗来说意味着失去崇高的政治地位以及较为优越的经济待遇，然而其意义和影响却远远超越了"让爵"本身。一方面，让爵消解了南北宗之间的封爵争讼，它所维护的不仅仅是南北孔氏家族之间的和睦，更重要的是维护了先圣孔子在历史上的地位和影响。一方面，孔洙作为南宋所袭封的衍圣公，"让爵"意味着不接受元朝的封赏，由此显示的忠臣不仕二主的气节则折射出忠孝两全的精神。因此，无论是时人还是后人，对孔洙让爵所体现的高风亮节都给予了高度评价，明人杨士奇如此称道："盖君子有不得已而去先人之乡者，历世既远，势不能复，则修其先人之道，诵其言、考其行，服膺而奉行之，以图无忝。诚若是也，即去千里之远、百世之久可以为孝。"② 清人朱彝尊则赞叹道："立大宗而宗子辞不受，能以礼让，是人之所难也。"③ 清代经

---

① 陈旅：《安雅堂集》卷六《送孔彦明教授建昌序》，文渊阁四库全书本。

② 杨士奇：《东里集（文集）》卷三《鲁林怀思图诗后序》，文渊阁四库全书本。

③ 朱彝尊：《曝书亭集》卷四十七《书韩敕孔庙前后二碑并阴足本》，文渊阁四库全书本。

学家、孔子第六十八代孙、衍圣公孔传铎之子孔继汾也由衷地对孔洙深表敬佩之意："不有迁者，谁共社稷？不有居者，谁奉烝尝？衍圣公在宋金元之交，南北各受其封是也。然于四郊多垒之际而能守其传器，弗坠厥宗，则居者视迁者为尤苦，况世爵原为奉祀，匪仅荣我孙子。洙之能让，可谓深知大义。"①在强调以礼让精神为内在支撑、身体力行为外在引领的同时，孔氏南宗更注重从思想、环境和制度等多方面入手建立行之有效的长效机制，从根本上防止南北两宗"互相嫌隙，妄起争端"②。一是统一思想认识。通过不断考订、修撰家谱，"俾流裔清白，不致泮涣分离"，"以展木本水源时思之敬"③；二是营造良好环境。"泗浙同源""圣泽长流""圣泽同长"等匾额高悬于孔府，以昭告族人时刻不忘南北一家；三是强化制度约束。家之有规犹国之有法。家庭和家族作为社会的基本细胞，其文明和谐程度直接关乎社会进步和文明发展。历史上的世家大族十分重视族（家）规（训）的制定，以之规范族（家）人的行为规范。孔氏南宗贵为"圣裔"，深知身份的特殊和社会的期望，注重修身、齐家与治国、平天下之间的有机统一。明正德元年（1506），由衢州知府沈杰制定的孔氏家规经明廷批准后正

---

① 孔继汾：《阙里文献考》卷八《世系考》，山东友谊出版社 1991 年《孔子文化大全》本。

② 《孔府档案史料选二·孔氏家规》，山东友谊出版社 1991 年《孔子文化大全》本。

③ 《孔府档案史料选二·孔氏家规》，山东友谊出版社 1991 年《孔子文化大全》本。

式颁发，此为《钦定孔氏家规》①：第一条的"遵制典"，要求孔氏南宗子孙"永遵制典，恪守祖风"，否则将"以不忠不孝论，置之重典，永不叙录"。第二条的"端教源"，要求世袭博士认真履行职责，"修明圣教"以管好南宗子孙，并做到"身先督率，躬行实践"，只有这样，才能不辜负"朝廷褒崇圣裔之盛典"。第三条的"示劝惩"，要求做到"礼""法"并重，"善者以礼待之，恶者以法治之"，对于严重违背家规者，则"生不许沾朝廷恩惠免差，死不许归葬圣公坟墓"。第七条的"责报本"，要求南宗子孙不忘祖地，"每十年一赴阙里，谒拜圣祖家庙，祭扫山林"。《钦定孔氏家规》所强调的始终是"约己以礼"，与孔子的"礼让"思想一脉相承，此所谓"君子笃于亲，而民兴于仁"。孔氏南宗族人以自我规戒、修明圣教所体现的德让之风，对于国家而言，使"文明之化普及南北"，促进了南北文化的融合发展；对于孔氏南宗本身而言，使其所受的"褒崇之恩无退迹"②，长期以来成为士人和民众的楷模。所有这些，对当今的家庭教育、家风建设乃至社会公德、社会风尚建设都具有重要的启迪意义。

5. 深化"和而不同"思想

"和而不同"的主张是孔子和谐思想的核心和精髓，充

---

① 《孔府档案史料选二·孔氏家规》，山东友谊出版社 1991 年《孔子文化大全》本。

② 《孔府档案史料选二·孔氏家规》，山东友谊出版社 1991 年《孔子文化大全》本。

分体现了儒家开放博纳的包容精神。《论语》中与"和而不同"表述相似的还有"君子周而不比，小人比而不周"①"君子尊贤而容众，嘉善而矜不能"② 等等，充分反映了孔子"和为贵"的主张。孔氏南宗对这一思想不断加以发扬光大，大力提倡"学与人共，有资于世"的"仁人之心"。孔传鉴于唐宋以来人们只"挟一经"的狭隘理念，并出于使唐宋以来的著述"无坠厥绪"、以期对学者有"博闻之益"③ 等重要目的，效仿白居易所纂《六帖》，选取唐朝之后的"诗、颂、铭、赞、奇编、奥录"等著述中的相关内容，"撮其枢要，区分汇聚"而汇纂成为《六帖新书》，从中体现的学识和境界折射出孔传的学术价值取向，即博而能贯通、有益于世。该书内容丰富，宋人洪迈所抨击的"俗传浅妄书如《云仙散录》之类，皆绝可笑。孔传《续六帖》悉载其中事，自秽其书"④，恰恰从一个方面反映出该书阳春白雪与下里巴人兼收并蓄的包融性。孔端朝也曾主张效仿唐代的做法，极力建言"唐以韩愈为史官，当时各致所闻，乞召中外如唐故事"⑤。孔传以"圣裔"之身份以及非凡的勇气，率先打破"挟一经，不治他技"的格局，不仅"研

①　《论语·为政》。
②　《论语·子张》。
③　白居易、孔传撰：《白孔六帖·原序（韩驹撰）》，文渊阁四库全书本。
④　《四库全书总目》卷一三五《白孔六帖》，文渊阁四库全书本。
⑤　程敏政：《新安文献志》卷九十三《孔右司端木传》，文渊阁四库全书本。

精先圣之书"，而且收录"俗传浅妄"之书，无疑是创新之举，体现出尊重差异、开放包容的精神，从而在著书立言方面独辟蹊径。

孔氏南宗的开放包容精神不仅体现在著书立言方面，而且在治学、从教、出仕、交友诸方面都能将"和"一以贯之。由于孔子世家所拥有的"衍圣""弘道"的特殊身份和使命，历代从最高统治者到普通百姓都对孔子褒崇有加，对孔子后人也特别尊敬。但孔氏南宗族人并未因此高高在上，而是以开放博纳的胸怀，主动敞开府门，积极融入江南社会。从历代与孔氏南宗交往的社会关系来看，既有赵去疾、赵汝腾、宋濂、王恺、杨士奇、李之芳、左宗棠等历代名宦，也有朱松、朱熹、真德秀、王阳明、许衡、邹守益等名儒大家，还有陆游、赵孟頫等诗画名家。孔端朝曾以诗求教于朱松，朱松则以诗答之："岁晚尊前一笑哗，怜君孤坟老天涯。诸豪虽识临邛客，陋族难当阙里家。会有孟广求共隐，不应牧犊但长嗟。青衫华发春风里，择壻犹堪驻宝车。"① 宋元之交的孔万龄师从理学家许衡，明代的孔克仁邀请宋濂为家谱题序，寻访隐士胡翰并劝之为仕。孔克聪为方孝孺"通家子"，又与方孝孺弟子章朴联姻。在章朴看来，孔克聪"期以学业发祥而志气卓越，泥涂轩冕"，故经常以"治化大行"为由，与先生一道"劝之仕"②，同时感

① 朱松：《韦斋集》卷四《孔生示二首答一篇》，文渊阁四库全书本。

② 《古今图书集成·明伦汇编·氏族典》卷三七八《孔圣部艺文·隅南孔氏谱序》，中华书局1986年影印本。

到在与孔克聪的交往中如沐春风，"予沐熏陶，实渥德契"。孔洙让爵后，南宗后人世为儒官、书院山长、儒学提举等，前后相望，与下层学子、平民百姓的交往更为频繁和密切，因而在其困窘之时也多有相助。任凭历史变迁，孔氏南宗一以贯之，无间南北，关注民生，开放办学，学与人共，一方面谨遵祖训，诗礼相承，一方面不断走向社会，融入民间，发扬光大、普及传承孔子的和谐思想，由此形成的"大道南渐"对江南社会的和谐发展产生了广泛而深远的影响。

四、孔氏南宗的平民化作为及启示

自从南宋初年扈跸南渡、赐家衢州、重建宗庙以来，孔氏南宗在以衢州为中心的江南大地上生息繁衍，其中也历经了各种曲折。但由于拥有圣裔的特殊地位，孔氏南宗不仅受到朝廷的高度重视，而且得到士人民众的爱戴，加之自身的积极作为，成为江南地区重要的宗族之一。孔洙让爵则成为孔氏南宗发展史上的重大转折，由此开启了孔氏南宗的平民化进程。处于平民地位的孔氏南宗，依然不忘衍圣弘道之责，以各种途径报效国家，拯济天下，化民成俗，传承普及儒家思想，致力于平民教育。孔氏南宗的平民化作为，为当今社会的许多方面提供了重要而有益的启示。

1. 由"至尊"到"平民"的转折

孔子在中国思想史、教育史和文化史上都拥有特殊地位，"孔子者，中国文化之中心也。无孔子则无中国文化。

自孔子以前数千年之文化，赖孔子而传；自孔子以后数千年文化，赖孔子而开"①，自古以来，"六经之道，帝王世守之。君臣父子，所以不胥为夷者，皆夫子之赐"。这一特殊而崇高的地位恩及其子孙后代，此所谓"读其书，享其学"就得"禄其苗裔"②。因此，作为"至圣苗裔"的孔子后裔，受到历代政府的各种优待和士绅民众的敬仰爱戴。即使是处于半壁江山、动荡不定的南宋王朝，也依旧给孔子后裔以各种优待。早在北宋宣和三年（1121），孔子第四十八世嫡长孙孔端友"袭封衍圣公"。南渡之后，孔端友自然成为南宗始祖。绍兴二年（1132）孔端友去世之后，南宋王朝先后赐封孔氏南宗五代嫡长孙为衍圣公，即孔玠、孔搢、孔文远、孔万春、孔洙，由此可见孔氏南宗的"大宗"地位。拥有"大宗"地位的孔氏南宗，自然享有朝廷赋予的种种特权，包括政治上的宗子封爵、恩例授官，经济上的赐田、免差徭等等。

"孔洙让爵"在孔氏南宗历史上是具有转折意义的重大事件。元灭宋不久，元朝廷就将孔子嫡裔授爵问题提到重要日程，元世祖忽必烈于至元十九年（1282）十一月"召洙至，欲令袭爵。洙以坟墓在衢，力辞，乃让其爵于曲阜宗弟治。自是，曲阜之后世袭为公，而嫡派之在衢州者遂无禄"③。此

① 柳诒徵：《中国文化史》，上海古籍出版社 2001 年版，第 263 页。
② 孔胤植重修：《阙里志》卷十四《诏诰》，山东友谊出版社 1991 年《孔子文化大全》本。
③ 《武宗实录》卷十四《正德元年六月辛酉条》，上海书店出版社 1982 年版。

后，"衍圣公"这一至高无上的爵位就由北宗孔氏承袭。尽管孔洙因此而获得元世祖"宁违荣而不违亲，真圣人后"①的盛赞，并不断受到后代诸多学者的推崇，但对于孔氏南宗而言，这一事件却造成了无可挽回的严重后果。"孔洙让爵"揭开了孔氏南宗平民化进程的序幕，孔氏南宗面临的则是长达二百年之久的家道中落，期间曾遭受到"子孙益多，庙乏主祀，衣冠祭仪，混同流俗"②的坎坷命运。

与曾经拥有的宗子封爵、恩例授官等政治特权和赐田、免差徭等经济优惠相比较，孔氏南宗特殊而优厚的政治、经济及社会地位在让爵之后已风光不再。首先，"孔洙让爵"使孔氏南宗在政治上失去了至高无上的"衍圣公"爵位，其子孙后裔在此后的入仕之途也就变得艰难坎坷。爵位的失去意味着各种机会的丧失，其中最重要的就是"恩例授官"特权的丧失。南宋时期，"更多的南宗族人则因恩例授官出仕"③，让爵之后，孔氏南宗族人则必须通过科举、入太学等途径才能得以出仕。第二，孔氏南宗在经济上的各种优待也逐渐丧失，甚至出现难以维持祭祀活动所需财力的困顿局面，赐田"多有硗瘠，每岁该纳官粮一百三十余石，子孙输纳艰难，以致岁时祭祀不敷"④。第三，与政治、经济地

---

① 民国《衢县志》卷二十二《人物志二·元·孔洙》。

② 《古今图书集成·明伦汇编·官常典》卷一一六《圣裔部汇考二》，中华书局 1986 年影印本。

③ 《衢州孔氏南宗家庙志》，浙江人民出版社 2001 年版，第 50 页。

④ 沈杰：《乞添授衢州孔氏官职及处置祀田疏》，转引自《衢州历史文献集成》（文集专辑）第十册，中华书局 2013 年版，第 84 页。

位相关的则是社会地位的一落千丈，孔氏南宗的祭田甚至出现被人冒领和百姓所夺的现象。"漫无统纪""与民一体服役"① 则形象地反映了孔氏南宗族人在失爵之后的社会地位。在此背景下，孔氏南宗家庙无力维修，当时衢州知府唐瑜（字达美）鉴于"孔氏祭田夺于民"的现实而出手相助，即把被百姓所夺的祭田"以俸赎还之，俾孔氏世供祀"②。

明正德元年（1506），孔子第五十九世孙孔彦缙受封为翰林院五经博士，孔氏南宗的袭封从此得以恢复。爵位的恢复自然推动了孔氏南宗的复兴，然而，五经博士的级别、待遇是根本无法与地位显赫的衍圣公相提并论的。孔氏南宗在家庙修葺、祭祀、族人教育诸方面所需的费用非寻常家族可比，如何在维持世家门风与族人生活之间取得平衡，始终是让爵之后南宗族人所面临的经常性、现实性难题。复爵之后的明清时期，这一难题依然十分突出，五经博士甚至被称为"空名"，"不得坐木天一片席"，称其"饩廪萧然，无以糊其数百指也"③。

2. 孔氏南宗的平民化作为

孔洙让爵之后，孔氏南宗尽管面对各种世态炎凉，但并未因之而心怀不满。相反，孔子后裔却以更加忠实的态度，

---

① 《明实录》卷二十《正统元年七月庚戌条》，上海书店出版社1982 年版。
② 王鏊：《震泽集》卷二十五《都察院右副都御史唐公墓表》，文渊阁四库全书本。
③ 天启《衢州府志》卷三十六《政事志·礼类·尊圣》。

时刻牢记圣裔身份，以平民化的心态，融入社会、融入民间，践行孔子的政治思想、教育思想，为官者则努力造福一方，从教者则以化民成俗为己任，不仅推动了江南社会文化的发展进步，而且为当下的社会发展和文化建设提供了诸多有益启迪。

（1）时刻铭记报效国家、拯济天下的崇高情怀

孔洙以其渊博的学问、高尚的品行以及较为卓著的政治作为，为后人树立了良好榜样。其子孔楷在平定地方割据势力、维护国家统一斗争中献出了宝贵生命，成为孔子南宗后人心系家国的杰出代表。明朝初期，处于失爵时期的南宗族人入仕人数明显减少，但孔克仁、孔克进、孔克准、孔克表等人，因高尚的品行、渊博的学识和出众的才华不仅入仕，而且成为栋梁之才，深得朝廷信任和时人好评。其中，孔子第五十五世孙孔克仁在朱元璋取得政权前后，以"博士"身份与宋濂"常侍左右"[1]。在与明太祖讨论时政和军事时，孔克仁因对历史和现实的独到见解而表现出极为出色的政治智慧和谋略，因而深得明太祖赏识，以至于被委以教授太祖诸皇子及功臣子弟的重任。孔克进则因在任上的突出表现深得明成祖赏识，结果"以圣人之子孙，掌皇家之玉牒"[2]。孔克准在明成祖和明仁宗时先后担任工部都水司主事、太常博士和太常丞，因"秉礼而蹈义""奉职尤尽诚"[3] 而深得

---

① 徐映璞：《两浙史事丛稿》，浙江古籍出版社 1988 年版，第 38 页。

② 《衢州孔氏南宗家庙志》，浙江人民出版社 2001 年版，第 142 页。

③ 王直：《抑庵文后集》卷二十九《孔君墓志铭》，文渊阁四库全书本。

时人赞许。建德支南宗族人、孔子第六十三世孙孔贞时、孔贞运兄弟，虽然身处晚明动荡不羁的社会环境，依然心系国家，勤于政事。面对官场腐败、政事懈怠，孔贞时多次上疏，就整饬吏治提出"明职守""定功罪""信赏罚"① 等三大主张，体现出"济天下为己任"的崇高情怀。孔贞运处于晚明大厦将倾之时，仍忧国忧民，积极上疏建言，提出"重德行"，"清言路、峻廉耻、破方隅、止搜刮"② 等政治主张，体现了宽仁爱民的思想。总之，孔氏南宗族人不论职位高低，都能做到心系天下，勤政为民，因而赢得了朝廷和百姓的高度肯定。

（2）传承弘扬儒家的德化思想

首先，孔氏南宗士人以实际行动对儒家"修己以安人"等主张作出了全新的诠释，传承弘扬了儒家的德化思想，将儒家一贯主张的教养应用于政治活动。孔克仁注重实学的主张在明初发挥了重要作用。明太祖曾经常与孔克仁讨论天下形势和历史兴亡成败问题，孔克仁基于对汉代治道的深刻认识而赞成王道，认为汉高祖成功的重要原因就在于知人善任，从中反映出他对儒家重视贤才主张的态度。其次，孔氏南宗族人继承发扬了儒家的"仁政"和"化民成俗"思想。孔子第五十四世孙、孔洙之子孔公俊强调为政者只有教养有法，才能得到百姓敬重。其所实行的"轻徭薄赋，爱重民

---

① 孔贞时：《在鲁斋文集》卷四《拟请圣断综核名实剖判是非以息群嚚定国是疏》，四库禁毁书丛刊本。

② 黄之隽等：《江南通志》卷一三九《人物志·宦绩一·孔贞运》，文渊阁四库全书本。

力"就是对孔子仁政思想的发扬光大；其"大修学宫，俾摄学事"等举措则充分体现了对教育的高度重视，从而将仁政与教化有机地统一起来。孔子第五十五世孙孔克忠在任江苏金坛县主簿期间，也以清廉勤政、体恤百姓而著称。最后，孔氏南宗族人继承发展并积极践行儒家礼让的思想。"孔洙让爵"堪称中国古代社会"以礼齐家"的典范，充分显示了孔氏南宗的礼让风范，因而被古代学者称为"善守圣人家法"之举，"譬于养亲，曲阜孔氏功在陵庙，所谓养口体者也，衢孔氏养志者也"①。明代孔贞时坚持治国与治家相统一，极力推崇礼让精神，不仅对孔子"友于兄弟，施于有政，是亦为政"的主张高度推崇，而且以实际行动阐发了礼让精神对治国的重要性。综观孔氏南宗的发展历程，南宗士人不仅注重传承儒家经典，而且以经世之志关注现实、融入时代，在实践中赋予以"德化"为核心的儒家政治思想崭新的文化内涵和鲜活的时代精神。

（3）以多种形式致力于平民教育

失去爵位的孔氏南宗，自觉地走出较为封闭的状态，以积极的姿态融入社会，即逐渐由庙堂走向民间，以各种形式从事平民教育，从而推动平民教育的发展。首先，身同庶民的南宗士人积极参与官方教育，实现了由族学教育向社会教育的重大转变。让爵后的孔洙被元世祖授以国子祭酒兼提举浙东学校，在后来由程钜夫向元世祖举荐的人选中，孔洙

---

① 魏禧著，胡守仁等点校：《魏叔子文集》卷四，中华书局2003年版，第208页。

"以其提举浙东学校的政绩和两度建庙、奉祀的德业名列第七"①。在孔子第五十三世孙中，孔涛曾任宁国路儒学录、溧阳州儒学教授，孔涓、孔瀛、孔洵、孔源、孔灏分别任建德路学正、昌国州学正、江浙等处儒学副提举、常山儒学、嘉定州教授、宁国路学正。明清时期，孔氏南宗士人纷纷出任各地学官，主持各级官学教育。其中，明代成就突出的有孔子第五十四孙孔思模、孔思柏，第五十五世孙孔克忠，第五十六世孙孔希风，第五十八世孙孔公望等；清代有孔子第六十四孙孔尚遂，第六十五世孙孔衍球，第六十六世孙孔兴怀，第七十世孙孔广升，第七十一世孙孔昭瑞，第七十二世孙孔宪采等。其次，孔氏南宗以担任山长或创办书院等途径，推动江南各地书院的建设与发展。孔洙之弟孔演于大德年间（1297—1307）"以恩例任柯山书院山长"②，"博识勇于义。大德末教授，建义学，八斋、小学、颐讲之堂，靡不重新"③。孔洙次子孔思俊于至正十一年（1351）创办了大同书院，当地士人引之为荣。婺州孔氏族人孔克英任丹阳书院山长期间的作为和影响，被宋濂盛赞为"惠泽流于时""声光赫著于无穷"，虽"仅及期年"，然"司教丹阳施度槃，衿佩执经从如雨。嘉苗方秀谁区取，视天梦梦心噢咻。

① 徐寿昌：《江南名贤孔洙及其子孙》，载《衢州名人》，天马图书有限公司 2003 年版，第 150 页。

② 徐寿昌：《江南名贤孔洙及其子孙》，载《衢州名人》，天马图书有限公司 2003 年版，第 159 页。

③ 民国《衢县志》卷二十二《人物志二·元·孔演》。

有宁一丘草繁芜，太史勒铭示千古"①。明清时期，孔氏南宗士人或以担任山长而从事书院教育，孔克安、孔克原、孔克谦等分别出任白水书院、屏山书院和祁庵书院山长等；或出资创建和经营书院，贤溪书院和万松书院即为典型代表。最后，在族学教育中发扬光大孔子"有教无类"的思想。孔洙让爵曾使孔氏南宗及族学活动陷入困顿境遇，直到明朝中期，南宗族学才得以逐渐复兴。此后南宗族学的最大特点和贡献是向社会开放，从而使广大平民弟子获得了受教育机会。在发展平民教育方面，孔子第七十三世孙孔庆仪的作为和贡献尤为突出。面对风云变幻、西学东渐的近代社会，孔庆仪感到原来的族学教育已远远不能满足社会发展尤其是图存救亡的需要，"慨旧学之不足以图存"，于是大刀阔斧地对旧式教育进行改革，于 1903 年倡导建立孔氏中学校，后于 1910 年、1912 年先后改为两等小学堂、孔氏完全小学，在衢州乃至整个近代学校教育史上写下了浓墨重彩的一笔。

（4）化民成俗以维护地方社会的稳定发展

孔洙让爵尽管使孔氏南宗失去了至尊地位，但"圣孙"的特殊身份在江南士人和广大民众中始终是拂之不去的文化符号和精神依托，孔氏南宗崇尚伦理、诗书传家的优良传统使区域人文环境不断得以优化。孔氏南宗族人自觉融入江南社会文化环境之中，未出仕者多有乐善好施、慷慨好义之举。孔子第六十五世孙孔衍鸾"忠义之念甚笃"，在动乱之

---

① 宋濂著，黄灵庚点校：《宋濂全集》卷六十七《墓铭四·丹阳书院山长克英墓铭》，人民文学出版社 2014 年版，第 1598—1599 页。

际，"率乡勇捍卫左右，乡曲恃以无恐"①；孔子第六十七世孙孔毓周因"御寇患，立功所在多有"以及"文韬武略，可以捍患，可以安民"的才干，被衢州翰林院五经博士孔毓垣赞为"南宗之伟望"②；孔子第六十七世孙孔毓云"重然诺，恶背约，见人有难，力为排之；见人有善，乐为道之"③；孔子第六十七世孙孔毓天"以敦伦饬纪，乐善好施为念"④。所有这些，促进了江南地区的社会稳定与和谐发展，对形成"士修礼义，俗尚敦朴"⑤的民风民俗和社会氛围发挥了重要作用。

3．孔氏南宗平民化作为的当代启示

处于平民地位的孔氏南宗，时刻铭记"圣裔"之身份，以衍圣弘道为己任，以平民之地位，行平民之凡事，履圣裔之职责，从中所体现的担当意识和坚守精神折射出强烈的社会责任感；德才并育的教育理念与实践折射出教育的育人本质；对儒家学说的传承创新折射出强烈的文化自觉意识。所有这些，对当今的文明建设都具有重要启示。

---

① 《（永康）孔氏宗谱》卷二十九《仁化公传（孔传曾撰）》，民国八年（1919）木活字本。
② 《（永康）孔氏宗谱》卷二十九《南屏公像赞（孔毓垣撰）》，民国八年（1919）木活字本。
③ 《（永康）孔氏宗谱》卷二十九《毓云公行传（杨继忠撰）》，民国八年（1919）木活字本。
④ 《（永康）孔氏宗谱》卷十三《崇三百五十三·毓天》，民国八年（1919）木活字本。
⑤ 民国《衢县志》卷八《风俗志·习俗》引《浙江通志》。

（1）孔氏南宗的平民化作为所体现的担当意识和坚守精神，折射出强烈的社会责任感

康德认为："没有任何承担、不负任何责任的东西，不是人而是物件。"[①] 有学者认为，"社会责任既是个人生存的手段，也是社会发展的必备条件"，公民只有自觉承担社会责任，才能成为一个完整的人，才能实现每个人的存在与发展，才能实现社会的存在与发展[②]。长期以来，各界对社会责任感缺失的抨击声和重构社会责任体系的呼吁声不绝于耳。改革开放以来，我国在经济得到快速发展的同时所导致的资源枯竭、生态环境甚至生存环境日益恶化等一系列社会问题，很大程度上是由市场经济主体的社会责任严重缺失所造成的。演员、运动员、主持人等公众人物，因其身份的特殊性和影响的广泛性，理应具有更强的社会责任意识，在诚信、守法、文明诸方面发挥示范和引领作用。但令人遗憾的是，相当部分公众人物却只热衷于地位和金钱，毫不负责地充当问题企业、问题产品的形象代言，在很大程度上反映出其在世界观、人生观、价值观方面的严重偏差。就本质而言，从一个侧面透视出以社会责任感为核心的人文精神的严重缺失。作为具有社会属性的每个个体，必须时刻思考"我是谁""为了谁"等问题。在如何重构社会责任体系的路径问题上，孔氏南宗平民化时代的所作所为给我们提供了

---

① ［德］康德撰，苗力田译：《道德形而上原理》，上海人民出版社 2002 年版，第 7 页。

② 王威：《论人的社会本质与公民社会责任感的培养》，《实事求是》2011 年第 2 期。

重要启迪。历代统治者和士绅民众对孔子后裔寄予厚望，希望南宗后裔在乡者"言必忠信，行必笃敬，以守家法"，否则"人将有指而议之"①；入官者应"学圣人之学，心圣朝之心，以自振厉"，从而使"圣人之道复明于天下，非特在一郡而已"，以达到"世泽可绵，国恩可报"②之目的。因此，作为圣人之后，既然承"先圣余泽"，就不得"负圣祖之教"，更不得负众人之望，因为"其先愈大，人望之愈深"，即使做得比别人好，仍会被认为"未若其祖"；一旦做得不好，那就更将遭到全社会的非议，所谓"一有遗失，则人群指而议之，以为不肖人矣"③。孔氏南宗族人孔克良在任满赴京时向林弼的告别之词，一语道出了孔子后裔的普遍心态，"某籍先圣余泽得列学官，今当典教一郡，恒恐弗称，以负圣祖之教。先生幸有言，庶可规于鄙吝也"④，言辞之中反映出战战兢兢、身体力行的心声。这也正如孔克敏所说："我，孔氏之子孙也。孔氏之道，大如天地，明如日月，信如四时，坚如金石。夫人之所当学也，况吾为其后者乎？"⑤言语和意识之中充分体现了孔氏南宗士人的担当意识和坚守精神，从中折射出强烈的社会责任意识，这也恰恰

---

① 弘治《衢州府志》卷十四《重修孔氏家庙记（罗璟撰）》。

② 林弼：《林登州集》卷八《送孔善夫序》，文渊阁四库全书本。

③ 《（永康）孔氏宗谱》卷二十八《宋太史景濂送永康孔教谕士安往曲阜谒庙序》，民国八年（1919）木活字本。

④ 林弼：《林登州集》卷八《送孔善夫序》，文渊阁四库全书本。

⑤ 宋濂著，黄灵庚点校：《宋濂全集》卷三十二《序十一·赠孔君序》，人民文学出版社2014年版，第697页。

是我们这个时代的呼声和强音。

（2）孔氏南宗注重德才并育的教育理念与实践，折射出教育的宗旨和本质在于求真育人

教育的本质问题一直是教育界和学术界争论不休的焦点问题。反思我国的教育，陶行知先生关于中国没有"学校"而只有"教校"的论述，对于我国目前的教育仍富有现实性、针对性和批判性。在我国的教育体系中，无论是学校教育，还是家庭教育和社会教育，以教学活动代替教育活动、将智育几乎等同于教育的现象十分突出，成人与成才、规范与个性、学习与创新甚至教与学等基本关系问题，理论上说来高度重视，实践层面却一直未能得到科学有效的处理，更谈不上真正落到实处，从而导致应试教育、"听话"教育等弊端积重难返。尤为突出的是教育评价指标和评价手段都非常单一。一个小孩自从出生那天起，长辈们就开始为其设计成才之路，望子成龙、望女成凤心切。小孩一旦进入学校，只要能取得好成绩，就是家长心目中的好孩子，老师心目中的好学生。社会对初中和高中的评价则基本上以升学率和重点率为指标。大量事实证明，其结果是以损害学生的身心健康为代价的，更谈不上将学生培养成全面发展和可持续发展的人才。在重智育轻德育、重知识轻能力的教育大环境下，许多学生进入大学时仍缺乏最基本的礼仪规范和自理能力，更谈不上创新能力。更有甚者，近年来不断曝光的学校、教师和家长联手帮助学生考试作弊的众多案例，充分暴露出诚信教育的缺失。试想，这样的所谓"好学生"如何能在未来社会中立于不败之地？观照孔氏南宗的平民化教育实践，

我们可以从其教育理念中找到许多有益的参考。孔氏南宗桐乡支族人、孔子第六十四世孙孔尚遂在任乐清县学训导期间，强调德才并育，尤为注重品德修养，从而营造了良好的教风、学风，培育了大批人才，"教以孝弟忠信，立身行己之事，不数年而士习文风蒸蒸日上"[①]。永康孔氏南宗族人耕读相传，孔子第六十七世孙孔毓良的话在处理耕与学、农事与修身的关系上富有深刻的哲理，"田犹心，然以沃土为虚灵，以町畦为径寸，植嘉禾犹存仁抱义，去私欲如薙草芟荑。人如仁义不蓄，若嘉禾之怠植；苗或稂莠不刈，譬私欲之日萌"，其所蕴含的"以治耕而治其心"[②] 的人文内涵，使孔氏南宗族人身在陇亩，却勤于求学、严于修身，心忧天下、志节卓然。德才并育的教育理念与实践，充分体现了孔氏南宗注重为人与为学、为人与为事的有机统一，从中折射出教育的本质在于求真育人，正如陶行知先生倡导的"千教万教教人求真，千学万学学做真人"。

（3）孔氏南宗传承创新儒家学说所体现的文化自觉意识，折射出儒学演进的普及化和大众化特征

人文社会科学在传播先进文化与凝聚传递正能量、弘扬人文精神与塑造精神家园、关注百姓需求与咨政育人、整合社会力量与促进社会和谐等方面具有重要作用。教育部于2010 年 10 月召开了全国高校推进哲学社会科学大众化、普

---

① 《(桐乡)孔氏宗谱·时乘公传》，清光绪三十三年（1907）刻本。
② 《(永康)孔氏宗谱》卷二十九《德山翁行略》，民国八年（1919）木活字本。

及化工作经验交流会，已故著名学者俞吾金先生主编的《理论新视野丛书》，以浅显易懂、生动精辟的语言而被誉为"大学者写小书，大道理通俗化"的创新范例。然而，"一般意义上的学术著作往往有一定的阅读门槛"① 却是不争的事实。目前，学者深居象牙塔，学术研究脱离实际、脱离大众的现象在相当程度上存在，学术成果的转化率和应用率普遍较低。然而，哲学社会科学的普及化和大众化工作远未提到应有高度，这也在很大程度上为低俗文化占领大众文化市场提供了现实基础。所有这些，给广大社科研究、文化艺术和理论宣传工作者提出了严峻挑战。平民化时期的孔氏南宗，通过各种形式努力传承和创新儒家学说，从中体现的文化自觉意识为当今哲学社会科学的普及化和大众化提供了有益思路。无论处于何种身份，孔氏南宗后裔始终恪守本分、身体力行，秉承家学，精心研读典籍，继承、创新和发展儒家思想。其中，孔思模、孔克准、孔克仁、孔克表、孔克英等学识渊博，均对经史见解独到，又注重实学。孔贞时强调学术与事功的辩证统一，认为"事者学之实用，学者事之实体"②，体现了经世致用的特点。孔氏南宗的努力不仅使孔子创立的儒家学说"倡行于家族"，而且"统布于四海，垂及万世"③，孔氏南宗家庙为历代江南士人和民众

---

① 《大学者写小书，大道理通俗化》，http：//news. xinhuanet. com/society/2010—10/20/c_ 13567210. htm。

② 孔贞时：《在鲁斋文集》卷三《事学》，四库禁毁书丛刊本。

③ 《南宗孔府档案》，第 1635 号文献。

"心中所向往"①，以至于成为众人"不克重趼，裹粮以登"②的圣地，在以孔氏南宗家庙所在地衢州为中心的江南地区，由是聚集了一批又一批的学者，或拜谒圣庙，或讲学传道。孔氏南宗与社会各界对儒家学说的传承弘扬，汇成一股强大的文化洪流，营造了积极向上、和谐奋进的人文环境，从而使江南地区"声教洋溢"，"士林沐浴变化以成其材"，"自格物致知，以迄修齐治平"③，从中折射出儒学演进的普及化和大众化特征，充分展示了儒家文化从庙堂走向民间、并与民间紧密融合的历史进程。所有这些，为当今广大社会科学工作者提供了良好的示范和有益的启示，促使我们作出认真思考和积极努力：如何让哲学社会科学更好地走向大众、服务大众、服务社会；如何让哲学社会科学更好地走出国门、走向世界，唱出"中国好声音"。

---

①　民国《衢县志》卷十六《碑碣志一·清道光重修衢州孔氏家庙记》。

②　康熙《衢州府志》卷七《圣庙图第七·修建·李之芳记》。

③　民国《衢县志》卷十六《碑碣志一·清道光重修衢州孔氏家庙记》。

附录一：孔氏南宗六代衍圣公小传

世 系	南宗衍圣公	袭封时间	小 传
第四十八世	孔端友 (1078—1132)	崇宁三年 (1104)	字子交。宣和三年(1121)，"(转)通直郎，直秘阁，仍许就任关升"(《宋史》)。建炎二年(1128)十一月，宋高宗于扬州郊祀，孔端友与族长孔传奉诏陪祀，祀毕返鲁。不久因形势危急，率部分族人南下，后寓居衢州。建炎四年(1130)，任湖南郴州知军。子一：孔玠。
第四十九世	孔玠 (1123—1154)	绍兴二年 (1132)	字锡老。绍兴二年(1132)闰四月，任承奉郎，袭封衍圣公。绍兴八年(1138)六月，转通直郎。子三：孔搢、孔扰、孔持。
第五十世	孔搢 (1146—1193)	绍兴二十四年(1154)	字季绅(又作秀绅)。九岁袭封衍圣公。历任建昌军知军、浙东安抚使司参议。子一：孔文远。

世　系	南宗衍圣公	袭封时间	小　传
第五十一世	孔文远 （1186—1226）	绍熙四年 （1193）	字绍先。八岁袭封衍圣公。历任吉州、隆兴通判。子二：孔万春、孔万龄。
第五十二世	孔万春 （？—1241）	宝庆三年 （1227）	字耆年。历任衢州通判，泉州通判兼南外宗正丞。子一：孔洙。
第五十三世	孔　洙 （1231—1291）	淳祐元年 （1241）	字景清，一字思鲁，号存斋。历任衢州、平江、信州等地通判。致力于族务，在菱湖家庙和城南家庙修建过程中起重要作用。元世祖定天下，"疑所立"（商辂《续资治通鉴纲目》），召孔洙赴京。孔洙称"庙墓在衢，不忍舍去"，让爵于曲阜宗弟孔治。元世祖嘉赞曰："宁违荣而不违道，真圣人后也。"授承务郎、国子监祭酒兼提举浙东学校。精研经史，著有《承斋集》二卷。子三：孔思楷、孔思俊、孔思溥。

　　说明：本表根据孔继汾《阙里文献考》、弘治《衢州府志》、嘉庆《西安县志》、民国《衢县志》、徐映璞《孔氏南宗考略》、徐寿昌《孔氏南宗史实辨正》等史料整理而成。

附录二：孔氏南宗十五代翰林院五经博士简表

世　　系	南宗宗子	袭封时间
第五十九世	孔彦绳	正德元年(1506)
第六十世	孔承美	正德十四年(1519)
第六十一世	孔弘章	嘉靖二十六年(1547)
第六十二世	孔闻音	万历五年(1577)
第六十三世	孔贞运	万历四十三年(1615)
第六十四世	孔尚乾①	早卒未袭职
第六十五世	孔衍桢	顺治九年(1652)
第六十六世	孔兴爇	康熙四十年(1701)
第六十七世	孔毓垣	康熙五十一年(1712)
第六十八世	孔传锦	雍正十三年(1735)
第六十九世	孔继涛	未承袭先卒
第七十世	孔广杓	嘉庆元年(1796)
第七十一世	孔昭煊	嘉庆二十四年(1819)
第七十二世	孔宪坤	道光二十五年(1845)
第七十三世	孔庆仪	同治三年(1864)

资料来源：民国《衢县志》卷十二《爵秩志·圣裔袭封》。

---

① 孔尚乾在民国《衢县志》为"孔尚朝"。天启《衢州府志》卷九《人物志·圣裔·孔贞运》载："万历四十三年二月一日，题孔圣正宗，袭封翰院五经博士，子尚乾。"综合分析天启《衢州府志》之记载，徐映璞先生考证等文献资料以及"尚乾"(名)与"象玄(元)"(字)之间的关系，著者认为应为"孔尚乾"。

附录三:孔氏南宗家庙建(缮)历史简表

家 庙	建(缮)历史简况		
	原 由	发起、修建者	时 间
菱湖家庙	当时孔氏南宗在衢并无"专享之庙",难以开展陈列和祭祀等活动。	郡守孙子秀	宝祐二年(1254) (仅存22年,便被兵燹所毁)
城南家庙	菱湖家庙为兵燹所毁,迁城南崇文坊		元初
	历经战乱,"圮坏不治"	朱元璋部属王恺	元至正十九年(1359)
	家庙圮坏	礼部尚书胡濙	明初
	风雨震凌,不无朽弊	吏部郎中周近仁及知府萧文明、张俊	弘治年间(1488—1505)
新桥街家庙	南宗再度受封之后,孔承美以为城南家庙浅狭,要求迁建	巡按抵御史唐凤仪、布政使何天衢等	正德十六年(1521)
	感念南北一脉	(北宗)孔子第六十三世孙孔贞锐	顺治(1644—1661)初
	战乱危及,年久失修	五经博士孔衍桢衢州同知杨道泰	康熙十三年(1674)
	报部拨款,局部维修		雍正八年(1730)

（续表）

家　庙	建（缮）历史简况		
	原　由	发起、修建者	时　间
新桥街家庙	报部重修	孔子第六十八世孙孔传锦	乾隆四十三年(1778)
	栋宇颓朽，瓴甓缺坏	知府周镐、继任谭瑞东	道光元年(1821)
	捐修	闽浙总督左宗棠	同治三年(1864)
	局部维修		同治八年(1869)
	捐修	金衢严道道台桑树勋	光绪八年(1882)
	重修及改建	学政徐致祥	光绪二十二年(1896)
	垣墉倾剥，梁木腐朽	前任郡守洪思亮知府世善	光绪二十六年(1900)
	略作维修	国民政府	民国三十五年(1946)
	殿梁朽坏、山墙开裂	衢县人民委员会	1961 年
	大规模翻修	浙江省文物局衢州市人民政府	1984—1988 年
	重建圣泽楼	衢州市人民政府	1991—1993 年
	复建工程	衢州市人民政府	1999 年

　　资料来源：《衢州孔氏南宗家庙志》，浙江人民出版社 2001 年版，第 23—30 页。

附录四:孔氏南宗后裔重要著述简表

世系	南宗士人	主要著述	文献来源
第四十七世	孔 传	《东家杂记》《孔氏六帖》	《四库全书》
		《孔子编年》	马端临:《文献通考》卷一九九《史·传记四》
		《文枢要记》《杉溪集》	吕元善:《圣门志》卷三下
		《洙南野史》	天启《衢州府志》卷一《舆地志·形胜·龙游》
		《阙里祖庭记》	民国《衢县志》卷十四《艺文志上》
第四十八世	孔端问	《沂州集》	民国《(永康)孔氏宗谱》卷七
	孔端朝	《阙里世系》	马端临:《文献通考》卷二七〇《史·谱牒》
	孔行可	《景丛集》	孔继汾:《阙里文献考》卷七十四《子孙著闻者考第十五之二·元龙》
	孔 璹	《吏事总龟》	民国《(永康)孔氏宗谱》卷七
第四十九世	孔 挺	《松阳诗稿》	民国《(永康)孔氏宗谱》卷八

（续表）

世系	南宗士人	主要著述	文献来源
第五十世	孔元龙	《海忠策》《洙泗言学》	孔继汾:《阙里文献考》卷七十四《子孙著闻者考第十五之二·元龙》
		《论语鲁樵集》	天启《衢州府志》卷十二《艺文志一》
	孔拱	《习经》《读史》《村居杂兴》《锡山草堂集》	徐映璞:《孔氏南宗考略·宋代名贤事迹考》
第五十二世	孔万龄	《渔唱集》	徐映璞:《孔氏南宗考略·元代名贤事迹考》
第五十三世	孔洙	《存斋集》	《衢州孔氏南宗家庙志》
		《江南野史》	民国《衢县志》卷十四《艺文志上》
	孔涛	《存存斋稿》《阙里谱系》	黄溍:《文献集》卷九上
	孔津	《鲁林集》	徐映璞:《孔氏南宗考略·元代名贤事迹考》
第五十四世	孔思模	《东家举要》	弘治《孔氏宗谱》
第六十三世	孔贞时	《在鲁斋文集》	四库禁毁书丛刊
	孔贞运	《敬事草》《行余草》《皇明诏制全书》《词林典类》	孔继汾:《阙里文献考》卷七十九

世系	南宗士人	主要著述	文献来源
第六十四世	孔尚豫	《诒书堂类稿》	黄之隽等:《江南通志》卷一三九
	孔自洙	《竹湄居士集》《枢余十义》《闽学规条》《兵曹秋秩条议》	《(桐乡)孔氏宗谱·皛庵公传》
第七十一世	孔昭晙	《小山课子文》《史鉴详批》《五经详注》	民国《衢县志》卷二十三《人物志三·孔昭晙》
第七十二世	孔宪达	《发蒙初阶》《祖述志闻》	徐映璞:《孔氏南宗考略·近代名贤事迹考》
第七十三世	孔庆镕	《心向往斋谜话》《梦梦录》《游戏文章联存》	徐映璞:《孔氏南宗考略·近代名贤事迹考》

附录五:孔氏南宗后裔参与官学教育简况表

世系	南宗士人	担任学官情况	文献来源
第五十二世	孔　纯	西安县学教谕	徐映璞:《孔氏南宗考略·元代名贤事迹考》
	孔万宪	湖广儒学提举	徐映璞:《孔氏南宗考略·元代名贤事迹考》
	孔昭孙	庆元儒学正、蕲阳教授	袁桷:《清容居士集》卷三十《袁州知事孔君墓志铭》
第五十三世	孔　洙	提举浙东学校	宋濂等:《元史》卷十二《世祖本纪九》
	孔　涛	宁国路儒学录、溧阳州儒学教授	黄溍:《文献集》卷九上《承直郎潮州路总管府知事孔君墓志铭》
	孔　涓	建德路学正	吕元善:《圣门志》卷三下《孔氏闻达·五十三代·孔涓》
	孔　瀛	昌国州学正,江浙等处儒学副提举	宋濂著,罗月霞主编:《宋濂全集·潜溪后集》卷十《故检校孔君权厝志》
	孔　源	常山儒学	徐映璞:《孔氏南宗考略·元代名贤事迹考》

世系	南宗士人	担任学官情况	文献来源
第五十三世	孔 洵	嘉定州教授	徐映璞：《孔氏南宗考略·元代名贤事迹考》
	孔 灝	宁国路学正	鲁贞：《桐山老农集》卷三《故遂安县主簿孔世广墓志铭》
第五十四世	孔思模	西安儒学教谕、国子监学正	弘治《衢州府志》卷十《荐举》
	孔思柏	衢州府学训导、教授，龙游县学教谕	徐映璞：《孔氏南宗考略·明代名贤事迹考》
第五十五世	孔克忠	福建福清学正	徐映璞：《孔氏南宗考略·明代名贤事迹考》
第五十六世	孔希风	江西建昌府儒学训导、广东潮阳县学训导	徐映璞：《孔氏南宗考略·明代名贤事迹考》
第五十八世	孔公望	江苏金坛县学训导	徐映璞：《孔氏南宗考略·明代名贤事迹考》
第六十四世	孔尚遂	乐清县学训导	孔宪文等：《(桐乡)孔氏宗谱·时乘公传》
第六十五世	孔衍球	都昌县训导	孔继汾：《阙里文献考》卷九十二《子孙著闻者考第十五之二十·衍球》。
第六十六世	孔兴怀	湖南零陵县学训导	徐映璞：《孔氏南宗考略·近代名贤事迹考》

（续表）

世系	南宗士人	担任学官情况	文献来源
第七十世	孔广升	象山、兰溪司训，武义教谕	民国《衢县志》卷二十三《人物志三·孔广升》(引郑桂东撰《殉难记》)
第七十一世	孔昭瑞	衢州西安县学教谕	徐映璞:《孔氏南宗考略·近代名贤事迹考》
第七十二世	孔宪采	景宁教谕兼训导,丽水、庆元、分水学篆	孔宪文等:《(桐乡)孔氏宗谱·孔宪采传》

附录六:孔氏南宗部分支系简表

居住地		始迁祖	始迁祖世系	迁徙年代	迁徙背景
浙江	衢州	孔端友	第四十八世	南宋初	扈跸南渡寓居衢州
	衢州沟溪	孔毓均(孔端友之后)	第六十七世	清康熙(1662—1722)末年	自衢州新桥街迁居沟溪乡
	衢州常山	孔诏(孔端问之后)	第五十二世	元初	辞官归隐常山
	衢州江山	孔克旸(孔端问之后)	第五十五世	明朝初期	自衢州迁居江山苦竹街
	金华磐安(永康支)	孔端躬	第四十八世	南宋初年	南渡后自台州赴衢,见磐安山川秀美,遂居焉
	金华	孔璪(孔端朝长子)	第四十九世	南宋初年	任兰溪主簿遂家婺州
	钱塘(今杭州)	孔端思	第四十八世	南宋初年	南渡后居杭州
	萧山砾山(今义桥镇)	孔沁(孔端思之后)	第五十三世	明洪武(1368—1398)初年	自杭州迁居萧山砾山
	萧山苧萝乡(今临浦境内)	孔万善(孔瓒之后)	第五十二世	元初	迁居苧萝乡
	富春虎爪坞	孔聪四(孔瓒之后)	第六十六世	康熙年间(1662—1722)	自萧山苧萝乡迁居富春

（续表）

居住地		始迁祖	始迁祖世系	迁徙年代	迁徙背景
浙江	萧山觉山（今临浦）	孔汭（孔端修之后）	第五十三世	元朝末年	卒葬萧山，其子孔思颐等守墓居萧山
	青镇（桐乡支）	孔公昉（孔瓒之后）	第五十八世	明正统年间（1436—1449）景泰间年间（1450—1457）	自湖州迁居青镇
	台州温岭	孔端廉	第四十八世	南宋初	南渡居于台州温岭
	宁波奉化	孔琛	第四十九世	南宋初年	南渡居于宁波奉化
	慈溪庄桥支	孔文祐（孔琛之后）	第五十一世	南宋	自奉化迁居慈溪庄桥
	慈溪派	孔瓒	第四十九世	南宋初年	南渡迁居宁波慈溪
江苏	泰兴	孔若罕	第四十七世	南宋初年	南渡时滞于泰兴，知河川通淮泗，遂家焉
	靖江	孔元虔（孔若罕之后）	第五十二世	南宋淳祐元年（1241）	因避乱，自泰兴迁居靖江
	镇江	孔端佐、孔端礼	第四十八世	南宋初年	南渡居于镇江
	镇江	孔应达（孔端问之后）	第五十一世	宋末元初	任润州（今镇江）学正，迁居镇江
	泰州兴化	孔宏贤（孔应达之后）	第六十一世	明中后期	随父贸易，葬父于兴化，遂居焉
	镇江	孔访（孔端己之后）	第五十七世	元明时期	自衢州迁居镇江
	镇江	孔璠（孔端植之子）	第四十九世	南宋初年	侍父渡江，后居镇江

居住地		始迁祖	始迁祖世系	迁徙年代	迁徙背景
江苏	常州金坛	孔璩（孔端隐长子）	第四十九世	南宋初年	任镇江丹徒县丞,后居金坛
	句容青城	孔瑄（孔端隐次子）	第四十九世	南宋初年	孔端隐劝农句容,卒于官,葬此,孔瑄守墓居此
江西	鹰潭	孔濂（孔端友之后）	第五十三世	元朝初年	任信州路教授,自衢州迁居鹰潭
	抚州临川	孔琬（孔传之孙）	第四十九世	南宋初年	乾道二年（1166）任临川县丞,遂家焉
	抚州	孔瑄	第四十九世	南宋初年	南渡家于抚州
	抚州金溪	孔之繻、孔之绅（孔琬之后）	第五十二世	宋元时期	自临川迁居金溪
	新城贤溪（今抚州市黎川县）	孔温宠（孔琬之后）	第五十三世	宋元时期	自临川迁居新城贤溪
	石城	孔闻安（孔琬之后）	第六十二世	明代	自建宁迁居石城
安徽	徽州	孔端朝	第四十八世	南宋初年	南渡后任黟县令,遂家徽州
	合肥	孔克美（孔端隐之后）	第五十五世	约元末明初	见合肥秀美而居焉
	池州建德县（今东至）	孔伯隆（孔端隐之后）	第五十七世	永乐年间（1403—1424）	永乐二年（1404）屯田建德,遂居焉
	庐江	孔克珏（孔端隐之后）	第五十五世	元末明初	避乱至太平府,复迁居庐江

（续表）

居住地		始迁祖	始迁祖世系	迁徙年代	迁徙背景
安徽	庐江	孔衍胜（孔端隐之后）	第六十五世	明清时期	自合肥迁居庐江
湖南	常德	孔端位（孔传之子）	第四十八世	南宋初年	仕常德，宋室南渡，遂家焉
湖南	桃源	孔抃（孔端位之后）	第五十世	南宋时期	自常德迁居桃源
湖北	鄂州通城	孔端植（孔传之子）	第四十八世	南宋初年	南渡后任鄂州通城令，遂居焉
湖北	嘉鱼	孔廉见（孔端植之后）	第五十二世	约元代	爱嘉鱼秀美，遂家焉
湖北	荆门	孔克成（孔端问之后）	第五十五世	元朝末年	至正八年（1348），任荆门刺史，卒于官，其子遂家焉
福建	崇安武夷山	孔思楷（孔端友之后）	第五十四世	元朝末年	遵母命入闽，后战死崇安，葬于此，其子依墓而居
福建	建宁	孔温宁（孔琬之后）	第五十三世	南宋末年	因避乱迁居建宁岭腰
福建	上杭	孔思铭（孔琬之后）	第五十四世	元代	元至治年间（1321—1323）仕汀州，因世乱而居上杭
福建	永定金丰	孔公俭（孔琬之后）	第五十八世	明朝初年	自上杭迁居永定金丰都
福建	永定龙门	孔公进、孔公达（孔琬之后）	第五十八世	明朝初年	性淡泊，好幽静，迁居永定龙门乡

	居住地	始迁祖	始迁祖世系	迁徙年代	迁徙背景
广	潮阳	孔思溥（孔端友之后）	第五十四世	洪武元年（1368）	因避乱，携子孔克法迁居潮阳
东	大浦	孔贞尔（孔琬之后）	第六十三世	明清时期	自永定迁居大浦

说明：本表根据民国《孔子世家谱》、徐映璞《孔氏南宗考略》及《衢州孔氏南宗家庙志》等资料整理而成。

主要参考文献

一、古代文献

001 班固:《汉书》,中华书局 1962 年版。

002 宋祁、欧阳修等:《新唐书》,中华书局 1975 年版。

003 宋濂等:《元史》,中华书局 1976 年版。

004 张廷玉等:《明史》,中华书局 1974 年版。

005 赵尔巽等:《清史稿》,中华书局 1977 年版。

006 李心传:《建炎以来系年要录》,中华书局 1956 年版。

007 毕沅:《续资治通鉴》,中华书局 1957 年版。

008 张廷玉:《御定资治通鉴纲目三编》,文渊阁四库全书本。

009 商辂:《续资治通鉴纲目》,文渊阁四库全书本。

010 《明实录》,上海书店出版社 1982 年版。

011 李贤:《明一统志》,文渊阁四库全书本。

012 《古今图书集成》,中华书局 1989 年影印本。

013 李昉等:《文苑英华》,中华书局 1966 年版。

014 钱伯城等:《全明文》,上海古籍出版社 1992 年版。

015 袁采:《袁氏世范》,团结出版社 1997 年《四库全书精品文存》本。

016 白居易、孔传撰:《白孔六帖》,文渊阁四库全书本。

017 舒頔:《贞素斋集》,文渊阁四库全书本。

018 凌迪知:《万姓统谱》,文渊阁四库全书本。

019 黄宗羲著,沈善洪主编:《黄宗羲全集》,浙江古籍出版社 2005 年版。

020 张载:《张载集》,中华书局 1978 年版。

021 王炎:《双溪类稿》,文渊阁四库全书本。

022 程俱:《北山小集》,四部丛刊初编本。

023 鲁贞:《桐山老农集》,文渊阁四库全书本。

024 赵琦美:《赵氏铁网珊瑚》,文渊阁四库全书本。

025 陶宗仪:《书史会要》,文渊阁四库全书本。

026 林宝:《元和姓纂》,文渊阁四库全书本。

027 许谦:《白云集》,文渊阁四库全书本。

028 黄溍:《文献集》,文渊阁四库全书本。

029 胡翰:《胡仲子集》,文渊阁四库全书本。

030 王逢:《梧溪集》,文渊阁四库全书本。

031 杨士奇:《东里集》,文渊阁四库全书本。

032 林弼:《林登州集》,文渊阁四库全书本。

033 魏校:《庄渠遗书》,文渊阁四库全书本。

034 宋濂著,罗月霞主编:《宋濂全集》,浙江古籍出版社 1999 年版。

035 宋濂著,黄灵庚点校:《宋濂全集》,人民文学出版社 2014 年版。

036   王直:《抑庵文后集》,文渊阁四库全书本。

037   王鏊:《震泽集》,文渊阁四库全书本。

038   王守仁著,吴光等编校:《王阳明全集》,上海古籍出版社 1992 年版。

039   罗钦顺:《整庵存稿》,文渊阁四库全书本。

040   黄佐:《翰林记》,文渊阁四库全书本。

041   林尧俞:《礼部志稿》,文渊阁四库全书本。

042   孔贞时:《在鲁斋文集》,四库禁毁书丛刊本。

043   朱彝尊:《曝书亭集》,文渊阁四库全书本。

044   杜堮:《遂初草庐诗集》,续修四库全书本。

045   朱珪:《知足斋诗集》,续修四库全书本。

046   王士禛:《居易录》,文渊阁四库全书本。

047   魏禧:《魏叔子文集外编》,续修四库全书本。

048   黎淳:《黎文僖公集》,续修四库全书本。

049   杨椿:《孟邻堂文抄》,续修四库全书本。

050   朱熹:《四书章句集注》,岳麓书社 2007 年版。

051   黄光昇:《昭代典则》,续修四库全书本。

052   徐乾学:《资治通鉴后编》,文渊阁四库全书本。

053   吴师道:《礼部集》,文渊阁四库全书本。

054   魏禧著,胡守仁等点校:《魏叔子文集》,中华书局 2003 年版。

055   吾衍:《周秦刻石释音》,文渊阁四库全书本。

056   方回:《桐江续集》,文渊阁四库全书本。

057   吾衍:《竹素山房诗集》,文渊阁四库全书本。

058   杨勇:《陶渊明集校笺》,上海古籍出版社 2007 年版。

059　彭大翼:《山堂肆考》,文渊阁四库全书本。

060　杨伯嵒:《六帖补》,文渊阁四库全书本。

061　《四库全书总目》,文渊阁四库全书本。

062　程敏政:《新安文献志》,文渊阁四库全书本。

063　朱熹:《晦庵集》,文渊阁四库全书本。

064　《大清一统志》,文渊阁四库全书本。

065　熊克:《中兴小纪》,文渊阁四库全书本。

066　陈旅:《安雅堂集》,文渊阁四库全书本。

067　张际亮著,王飚校点:《思伯子堂诗文集》,上海古籍出
　　　版社 2007 年版。

068　朱松:《韦斋集》,文渊阁四库全书本。

069　刘禺生:《世载堂杂忆》,中华书局 1960 年版。

070　楼钥:《攻媿集》,四部丛刊初编本。

071　王志邦总编:雍正《浙江通志》(标点本),中华书局 2001
　　　年版。

072　沈翼机等:《浙江通志》,文渊阁四库全书本。

073　谢道承等:《福建通志》,文渊阁四库全书本。

074　夏力恕等:《湖广通志》,文渊阁四库全书本。

075　黄之隽等:《江南通志》,文渊阁四库全书本。

076　陶成等:《江西通志》,文渊阁四库全书本。

077　弘治《衢州府志》。

078　嘉靖《衢州府志》。

079　天启《衢州府志》。

080　康熙《衢州府志》。

081　嘉庆《西安县志》。

082　民国《衢县志》。

083　雍正《开化县志》。

084　康熙《江山县志》。

085　乾隆《江山县志》。

086　余绍宋:《龙游县志》,语丝出版社 1999 年版。

087　《衢州历史文献集成》(方志专辑),中华书局 2010 年版。

088　《衢州历史文献集成》(文集专辑),中华书局 2013 年版。

二、孔氏家族史料

089　孔传:《东家杂记》,丛书集成初编本。

090　孔思模:《东家举要》。

091　孔元措:《孔氏祖庭广记》,商务印书馆 1936 年版。

092　吕元善:《圣门志》,明天启七年(1627)本。

093　戴庭槐:《孔门源流》,明刻本。

094　陈镐:《阙里志》,明弘治十八年(1505)本。

095　孔胤植重修:《阙里志》,山东友谊出版社 1991 年《孔子文化大全》本。

096　孔继汾:《阙里文献考》,山东友谊出版社 1991 年《孔子文化大全》本。

097　孔昭仁等:《续修梧塍孔氏谱》,清同治十二年(1873)木活字本。

098　《(永康)孔氏宗谱》,民国八年(1919)木活字本。

099　孔广鼐:《(四明慈水)孔氏宗谱》,民国二十四年(1935)

298

木活字本。

100　孔赵银主编:《(永康山西孔村)孔氏族志》,1997 年铅印本,浙江省图书馆藏本。

101　孔广沧等:《(句容孔巷)孔氏家谱》,清嘉庆元年(1796)刻本。

102　孔昭音等:《(闽杭)孔氏家谱》,清光绪三十二年(1906)闽汀上杭县诗礼堂木活字本。

103　孔宪文等:《(桐乡)孔氏宗谱》,清光绪三十三年(1907)刻本。

104　孔宪荣:《(兴化)孔氏支谱》,清宣统元年(1909)木活字本。

105　孔昭桢等:民国《(萧山)孔氏宗谱》,民国七年(1918)诗礼堂木刻本。

106　《(永康榉川)孔氏宗谱》,民国八年(1919)重修本。

107　《(江西石城)孔氏族谱》。

108　孔祥升等:《(石城竹溪)孔氏第九修族谱》,2000 年刊印本。

109　《江西新城县志》,清同治九年(1870)刊本。

110　《(江西)圣裔孔氏宗谱》,清乾隆四年(1739)续修本。

111　孔德成:民国《孔子世家谱》。

112　孔德懋主编:《孔子家族全书》,辽海出版社 1999 年版。

113　《孔府档案史料选》,山东友谊出版社 1991 年《孔子文化大全》本。

114　《南宗孔府档案》,第 1635 号文献。

115　徐寿昌:《孔氏南宗史料》(卷一至八),孔氏南宗家庙管理委员会 2004 年内部刊印本。

116　徐寿昌:《孔氏南宗史料》(卷九至十六),孔氏南宗家庙管理委员会 2009 年内部刊印本。

117　《衢州孔氏南宗家庙志》,浙江人民出版社 2001 年版。

三、今人专著、论文(集)

118　钱穆:《论语新解》,三联书店 2005 年版。

119　柳诒徵:《中国文化史》,上海古籍出版社年 2001 版。

120　金普森、陈剩勇主编:《浙江通史》,浙江人民出版社 2005 年版。

121　邓洪波:《中国书院史》,东方出版中心 2006 年版。

122　冯尔康:《18 世纪以来中国家族的现代转向》,上海人民出版社 2005 年版。

123　王日根:《明清民间社会的秩序》,岳麓书社 2003 年版。

124　余英时:《中国思想传统及其现代变迁》,广西师范大学出版社 2004 年版。

125　浙江省社会科学界联合会:《浙东学派与浙江精神》,浙江古籍出版社 2006 年版。

126　郁达夫:《郁达夫全集》,浙江大学出版社 2007 年版。

127　陈荣捷:《朱学论集》,华东师范大学出版社 2007 年版。

128　徐映璞:《两浙史事丛稿》,浙江古籍出版社 1988 年版。

129　匡亚明:《孔子评传》,南京大学出版社 1990 年版。

130　衢州市政协文史委:《衢州文史资料》(第七辑),浙江人民出版社 1989 年版。

131　朱汉民、邓洪波、陈和:《中国书院》,上海教育出版社

2002 年版。

132　鄢卫建、刘国庆:《衢州姓氏》,语丝出版社 2001 年版。

133　衢州市政协文史委会:《衢州名人》,天马图书有限公司
　　　2003 年版。

134　《历史文化名城衢州》,浙江人民出版社 2004 年版。

135　徐宇宁:《衢州简史》,浙江人民出版社 2008 年版。

136　孔祥楷主编:《儒学研究》(上、下),杭州出版社 2006
　　　年版。

137　孔祥楷:《孔祥楷文稿》,人民日报出版社 2006 年版。

138　洪铁城:《沉浮樺溪》,机械工业出版社 2006 年版。

139　衢州市政协文史委:《南孔研究》,中国戏剧出版社 2001
　　　年版。

140　徐建平、章浙中:《南孔文化》,浙江大学出版社 2004
　　　年版。

141　王霄冰:《南宗祭孔》,浙江人民出版社 2008 年版。

142　孔繁廉:《温岭孔子后裔》,天马图书有限公司 2005
　　　年版。

143　崔铭先:《孔夫子的嫡长孙们》,浙江人民出版社 2009
　　　年版。

144　郭学焕:《孔子后裔在浙江》,浙江人民出版社 2013
　　　年版。

145　李泽厚:《论语今读》,三联书店 2007 年版。

146　沈善洪:《浙江文化史》,浙江大学出版社 2009 年版。

147　张彬:《浙江教育史》,浙江教育出版社 2006 年版。

148　《衢州市教育志》,杭州出版社 2005 年版。

149　《衢州市志》,浙江人民出版社 1994 年版。

150　张涤华:《类书流别》,商务印书馆 1958 年版。

151　吴万居:《宋代书院与宋代学术之关系》,(台湾)文史哲出版社 1991 年版。

152　韦政通:《中国思想史》,上海书店出版社 2004 年版。

153　[德]康德撰,苗力田译:《道德形而上原理》,上海人民出版社 2002 年版。

154　洪铁城:《中国第三圣地——孔氏婺州阙里》,《规划师》1997 年第 1 期。

155　张晓旭:《中国孔庙研究专辑》,《南方文物》2002 年第 4 期。

156　周斌:《衢州南宗孔氏家庙》,《浙江档案》2009 年第 9 期。

157　木铎:《一个个孔子后代迎面而来——写在〈衢州孔氏南宗家庙志〉出版之际》,《浙西文学》(内部资料)2001 年(冬)。

158　李小宁:《孔氏南宗家庙庙制探析》,《东南文化》2002 年第 1 期。

159　马敏:《政治象征——符号的文化功能浅析》,《华南师范大学学报》2007 年第 4 期。

160　刘勇:《明儒李遂的讲学活动及其与阳明学之关系》,《明史研究论丛》第九辑,紫禁城出版社 2011 年版。

161　孔庆华:《临川孔氏考略》,《东华理工学院学报》2004 年第 2 期。

162　张小平:《魏禧思想交游考论》,江西师范大学 2007 年硕士学位论文。

163 刘志扬、秦延红:《儒家和法家政治思想的几点比较》,
《中国海洋大学学报》2003 年第 6 期。

164 国风:《追求完美的梦——儒家政治思想的乌托邦性
格》,《甘肃社会科学》2007 年第 4 期。

165 野田悟:《吾衍与其〈学古编〉之研究》,中国美术学院
2009 年博士学位论文。

166 周立新、易琳、蔡卫:《清代书院的道德教育及其对当代
思想道德教育的启示》,《中国矿业大学学报》2007 年第
3 期。

167 叶祝弟、秦维宪:《寻求区域史研究的新起点》,《历史教
学问题》2011 年第 3 期。

168 刘士林:《江南与江南文化的界定与阐释》,《中国社会
科学报》2010 年 2 月 25 日。

169 胡发贵:《儒家文化与中国古代社会的认同与凝聚》,
《学海》1999 年第 3 期。

170 林伟健:《国家凝聚力:从文化认同到政治认同》,《广东
省社会主义学院学报》2009 年第 7 期。

171 钟来全:《大一统思想与民族精神家园的建设》,《贺州
学院学报》2007 年第 12 期。

172 陈理:《"大一统"理念中的政治与文化逻辑》,《中央民
族大学学报(哲学社会科学版)》2008 年第 2 期。

173 赵旭峰:《儒学的传入与云南少数民族国家认同感的形
成》,《思茅师范高等专科学校学报》2006 年第 5 期。

174 袁兆春:《孔氏家族宗族法及其法定特权研究》,华东政

法大学 2005 年博士学位论文。

175 叶碧:《从"仁""礼""和"的关系看孔子的和谐思想》,《浙江社会科学》2007 年第 2 期。

176 杨冬丽:《论孔子政治和谐思想的四个维度》,《人文杂志》2013 年第 9 期。

177 王威:《论人的社会本质与公民社会责任感的培养》,《实事求是》2011 年第 2 期。

178 赵文坦:《孔氏南宗"让爵"考》,《史学月刊》2012 年第 3 期。

后 记

2014年9月24日,在纪念孔子诞辰2565周年国际学术研讨会开幕会上,习近平总书记指出:"孔子创立的儒家学说以及在此基础上发展起来的儒家思想","同中华民族形成和发展过程中所产生的其他思想文化一道,记载了中华民族自古以来在建设家园的奋斗中开展的精神活动、进行的理性思维、创造的文化成果,反映了中华民族的精神追求,是中华民族生生不息、发展壮大的重要滋养"。习近平总书记的讲话充分揭示了孔子及其学说在中国思想史和文化史上的地位。

因孔子广博深邃的思想与至大无穷的教化德泽,加之历代政府的礼遇与士人民众的尊崇,孔子后人英杰辈出,孔氏家族成为名至实归的"中华第一家"。孔子后裔深知"其先愈大,人望之愈深",时时处处以"进于道而无忝于圣人"自勉自励。南宋初年南渡以来,孔子后裔在广大的江南地区繁衍生息,衍圣弘道,蔚为大宗。孔氏南宗文化成为历史赋予名城衢州乃至江南地区的宝贵精神财富。

本书作为教育部人文社会科学研究项目成果,立足于孔氏南宗与江南社会文化互动考察的视角,系统地展示了孔氏南宗的历史脉络,阐述了孔氏南宗的文化内涵及其传承机制,揭示了孔氏南宗的文化精神和时代意义。本书对一些重要概念作出了严密而科学的界定,为后续研究奠定了良好基础。关于孔氏南宗这一概念,我们认为它是由三个核心要素组成:一是以衢州孔氏家庙为重要物质遗存;二是以衢州孔氏为核心;三是支派遍布江南广大地区。以此为逻辑起点的孔氏南宗文化,则是南渡以来孔氏文化与江南社会文化在长期融合和互动演进基础上形成的、以儒家思想和儒家文化为核心的一种区域文明教化体系。

本书写作过程中,得到了相关专家和学者的关心与大力支持。衢州市图书馆馆长占剑先生长期致力于衢州历史文化研究,且具有较高造诣,本书第二章之"孔氏南宗嫡派及其家庙"一节即由其完成。衢州职业技术学院陆小赛先生潜心于江南古建筑文化研究,其专著《16—18世纪钱塘江流域建筑构件及其装饰艺术》显示了较深的学术功底,本书第二章之"孔氏南宗家庙与江南祠堂建筑"一节即由其完成。中共衢州市衢江区委常委、宣传部长汪群先生高度重视传承弘扬优秀传统文化,并对中国优秀传统文化颇有研究,本书第五章之"孔氏南宗对孔子和谐思想的发展"一节即由其完成。浙江省书法家协会副主席赵雁君先生欣然为我们题写书名,使本书大为增色。

在项目研究过程中,上海市社科联《探索与争鸣》编辑部给予了有力支持,与项目组联合主办的"孔氏南宗与江南社会文化"学术研讨会,拓展了以孔氏南宗文化为代表的区域历史文化研究思路。徐寿昌、崔铭先等先生在孔氏南宗文献整理方面所取得的成果，为项目研究提供了极大方便。在实地调研和走访过程中，金华、磐安、杭州、萧山、桐乡、抚州、黎川、上海、镇江等地的孔子后裔为我们提供了大量珍贵文献。国家图书馆、上海图书馆、浙江图书馆等馆藏单位为资料查阅和复制提供了各种便利。童献纲、张慧霞、魏俊杰等老师在资料收集与整理方面也做了相应工作。

在本书付梓之际，我们对项目研究和本书写作过程中付出辛劳和心血的所有人士表示由衷的谢意！

最后，我们衷心感谢国家图书馆出版社的大力支持，尤其是张爱芳、靳诺两位编辑，她们一丝不苟的工作作风令我们十分感动，是她们的精心策划、设计和辛勤工作，保证了该书的顺利出版。

吴锡标

乙未夏于至简斋